NCS

주식회사 에스알

SR

직업기초능력평가 + SR 일반상식

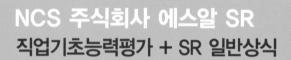

NCS 주식회사 에스알 SR
직업기초능력평가 + SR 일반상식

초판 발행   2020년 10월 14일
2쇄 발행   2021년 4월 28일

편 저 자 | 취업적성연구소
발 행 처 | ㈜서원각
등록번호 | 1999-1A-107호
주   소 | 경기도 고양시 일산서구 덕산로 88-45(가좌동)
교재주문 | 031-923-2051
팩   스 | 031-923-3815
교재문의 | 카카오톡 플러스 친구[서원각]
영상문의 | 070-4233-2505
홈페이지 | www.goseowon.com
책임편집 | 최주연
디 자 인 | 이규희

PREFACE

우리나라 기업들은 1960년대 이후 현재까지 비약적인 발전을 이루었다. 이렇게 급속한 성장을 이룰 수 있었던 배경에는 우리나라 국민들의 근면성 및 도전정신이 있었다. 그러나 빠르게 변화하는 세계 경제의 환경에 적응하기 위해서는 근면성과 도전정신 이외에 또 다른 성장 요인이 필요하다.

최근 많은 공사공단에서는 기존의 직무 관련성에 대한 고려 없이 인·적성, 지식 중심으로 치러지던 필기전형을 탈피하고, 산업현장에서 직무를 수행하기 위해 요구되는 능력을 산업부문별·수준별로 체계화 및 표준화된 NCS를 기반으로 하여 채용공고 단계에서 제시되는 '직무 설명자료'상의 직업기초능력과 직무수행능력을 측정하기 위한 직업기초능력평가, 직무수행능력평가 등을 도입하고 있다.

SR에서도 업무에 필요한 역량 및 책임감과 적응력 등을 구비한 인재를 선발하기 위하여 고유의 필기전형을 실시하고 있다. 본서는 SR 신입직 채용대비를 위한 필독서로 SR 필기시험의 출제경향을 철저히 분석하여 응시자들이 보다 쉽게 시험유형을 파악하고 효율적으로 대비할 수 있도록 구성하였다.

신념을 가지고 도전하는 사람은 반드시 그 꿈을 이룰 수 있습니다. 처음에 품은 신념과 열정이 취업 성공의 그 날까지 빛바래지 않도록 서원각이 수험생 여러분을 응원합니다.

STRUCTURE

핵심이론 정리	출제예상문제	인성검사 및 면접
NCS 직업기초능력평가 핵심이론을 체계적으로 정리하여 단기간에 학습할 수 있도록 하였습니다.	다양한 유형의 출제예상문제를 다수 수록하여 실전에 완벽하게 대비할 수 있습니다.	성공취업을 위한 실전 인성검사와 면접의 기본, 면접기출을 수록하여 취업의 마무리까지 깔끔하게 책임집니다.

CONTENTS

PART

I

SR 소개

01 회사소개

1 개요

안전하고 편리하며, 가치 있는 철도 전문 기업
새로운 상상, 국민의 철도 플랫폼
창의와 혁신으로 새로운 가치를 창조하는 SR

2013년 12월 27일에 설립된 국토교통부 산하 준시장형 공기업으로 설립 당시 수서고속철도 주식회사였으나 2014년 6월 10일 현재의 이름으로 변경하였다. 수서평택고속선을 경유하는 수서발 고속철도를 운영 중이며, 캐치프레이즈로 Supreme Railways와 Safety, Reliable을 표방한다.

2018년 2월에 기타공공기관으로, 2019년 1월에는 준시장형 공기업으로 지정되었다.

2 연혁

2013 새로운 선택	수서고속철도(주) 설립
2014 미래의 도전	• 한국철도시설공단과 업무협약 체결 • 회사명칭 SR로 변경 • 한국철도협회 가입
2015	• 국내 최초 HEC 기반 ERP 시스템 구축 • 호남고속철도 개통 • 대한민국 인터넷 소통대상 소통브랜드 대상
2016 수서시대의 본격화	• 열차명(SRT) 확정 및 BI공개 • 12. 9. SRT 개통
2017	• SRT '올해의 브랜드대상' 철도서비스 대상 • SRT 개통 1주년
2018	기타공공기관 지정
2019	• SR 준시장형 공기업 지정 • 철도 재난관리 최우수 기관 지정 • 국토부 부패방지시책평가 최우수(1위) 기관 선정
2020	• 철도운영기관 최초 안전보건경영시스템 인증 • 모바일 웹 기반 승차권 예매 플랫폼 SRTPlay 시작

3 **경영가치체계**

① **미션** … 안전하고 편리하며 가치있는 철도서비스 구현

국민에게 안전하고 편리한 철도서비스를 제공하고, 철도산업 발전을 선도하며, 공공기관으로서 사회적 가치 창출을 통해 국가·사회에 기여

② **비전** … 새로운 상상, 국민의 철도 플랫폼

철도를 중심으로 사회·기술·문화가 어우러진 융·복합 서비스를 통해 국민이 철도의 모든 것(철도 플랫폼)을 쉽고 편하게 누리고, 운송사업 경쟁력 제고, 운영기반 강화, 다원사업 확장 등 우리가 꿈꿔왔던 상상을 현실로 만들어 완전한 철도 플랫폼을 구축, '이동의 가치'를 더욱 높일 수 있는 철도산업의 혁신 생태계를 조성

③ **핵심가치** … 절대안전, 혁신선도, 국민감동, 가치창출

   ㉠ **절대안전** : 안전을 경영활동의 최우선 가치화

   ㉡ **혁신선도** : 미래의 기회와 가치를 기준으로 생각하며, 철도산업 생태계와 SR의 지속가능한 성장도모

   ㉢ **국민감동** : 국민의 입장에서 생각하고 국민의 감동을 우리 사명으로 인식

   ㉣ **가치창출** : 책임경영(기업가치) 완수, 사회적가치 창출 선도를 통해 국민에게 신뢰받는 기관으로 자리매김

④ **경영방침 및 경영목표**

경영방침		안전한 SR	성장하는 SR	감동을 드리는 SR	신뢰받는 SR
경영목표	2025	철도안전관리율 0.437(건)	SR형 철도뉴딜 추진 100(%)	정시운행률(5분) 99.0(%)	일자리 창출 확대 602(명/누적)
		안전등급제 Cap5(자가발전)	철도 이용객 확대 2,755(만명)	고객만족도 95.5(점)	SR형 사회적가치 지수 95(점)
	2021	철도안전관리율 0.659(건)	SR형 철도뉴딜 추진 43.67(%)	정시운행률(5분) 98.5(%)	일자리 창출 확대 106(명/누적)
		안전등급제 Cap4(성숙)	철도 이용객 확대 2,284(만명)	고객만족도 93.5(점)	SR형 사회적가치 지수 85(점)

⑤ 실행전략 … 경영가치를 실현하기 위한 4대 전략방향과 15대 선략과제

4대 전략방향	국민안심 안전철도 실현	철도혁신 경제활력 제고	차별화된 철도서비스 구현	함께 행복한 사회적가치 확산
15대 전략과제	㉠ 철도안전 관리 역량 강화 ㉡ SRT인프라 안전성 제고 ㉢ 재난안전관리체계 고도화 ㉣ 함께하는 철도 안전문화 선진화	㉤ SR형 뉴딜 추진 ㉥ 철도기반 동반성장 생태계 조성 ㉦ 철도 운송 경쟁력 제고 ㉧ 철도 혁신경영 지속	㉨ 철도서비스 공공성 강화 ㉩ 고객 시간가치 제고 ㉪ 차별화된 첨단 서비스 ㉫ 서비스 혁신체계 고도화	㉬ 일자리 중심 사회 안전망 강화 ㉭ 상생·청렴의 정도 경영 강화 ㉮ 소통과 참여의 조직문화 확산

4 조직도

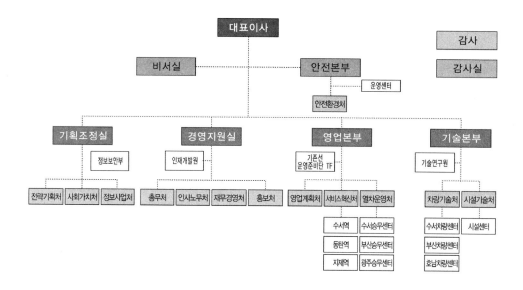

5 CI

① 'S'와 'R'을 결합하여 사람이 팔 벌려 세상을 안고 있는 형태로 고객에게 만족을 주고, 고객의 안전을 약속하는 SR의 가치를 담았습니다.

② SR 신설라인(수서, 동탄, 지제)과 영업노선(경부고속선, 호남고속선)의 형상을 표현하였으며, 화살표 형상의 디자인으로 끊임없이 달리는 고속열차의 속도감을 표현하고 있습니다.

③ 청홍색상은 음양의 조화로 기업의 무궁함을 의미합니다.

6 BI

SRT는 새로운 고속철도 운영회사인 SR이 운영하는 열차(SR Train)를 의미하며, 시속 300km로 목적지까지 빠르게 연결해주는 'Super Rapid Train'을 뜻하기도 합니다.

7 사회적가치

① **미션** … 안전하고 편리하며 가치있는 철도 서비스 구현

② **비전** … 새로운 상상, 국민의 철도 플랫폼

③ **혁신목표** … 공정과 상생의 포용사회를 열어가는 SR

④ **5대 전략**

　㉠ **일자리 창출**
　　• 지속가능한 신규 일자리
　　• 한국형 뉴딜 기반 민간 일자리

　㉡ **국민안전**
　　• 4차산업 기술 적용 안전·방역체계 고도화
　　• 녹색철도 구현 및 국민건강 확보

　㉢ **윤리공정**
　　• 공정거래·갑질근절
　　• 반부패·청렴문화 확산

　㉣ **사회적 형평성**
　　• 채용목표제·인재육성
　　• 사회 안전망 강화

　㉤ **지역상생**
　　• 지역 산업·인재 육성
　　• 지역 경제 활성화

⑤ **15대 대표과제**

일자리 창출	국민안전	윤리·공정	사회적형평성	지역상생
• 공공일자리 창출 • 한국형 뉴딜 민간 일자리 유발 • 벤처·스타트업 지원	• 안전등급제 도입 • 안전관리체계 고도화 • 공기질 관리	• 공정채용절차 강화 • 모범거래모델확산 • 내부감사체계 강화	• 여성관리자 육성 • 사회 형평적 인력 채용 • 경력단절여성 사회 복귀지원	• 지역 벤처·창업 지원 • 지역인재 채용 • 지역판로 지원

02 채용안내

1 성과시스템

① **기본연봉** … 기본연봉은 직무가치, 직무역량 및 성과 원칙에 준거하여 Pay Band 범위 내에서 결정되며, 고정급으로 매월 지급됩니다.

② **직무성과금** … 조직 및 개인 평가결과에 따라 차등 지급합니다.

③ **경영실적 따라 지급되는 성과급** … 경영실적 평가결과에 따라 차등 지급되는 성과급

2 복리후생

① **임직원의 삶의 질 향상** … SR은 전 직원 연봉제를 바탕으로 객관적이고 공정한 평가를 통해 능력과 성과중심의 보상을 실시하고 있습니다.

② **가족**

　　㉠ **자녀학자금 지원** : 고등학교 자녀에 학자금을 지원합니다.

　　㉡ **대여학자금제 운영** : 국내외 대학에 재학중인 자녀에 대하여 대여학자금제를 운영합니다.

　　㉢ **경조비 지원** : 결혼, 출산, 회갑, 상조 등 경조사 발생 시 축하금 및 위로금을 지급합니다.

　　㉣ **재해부조금 지급** : 수재, 화재 등 재해로 인한 피해발생 시 위로금을 지급합니다.

　　㉤ **상조지원서비스** : 임직원 가족의 조사 발생 시 조화, 장례용품 등을 지원합니다.

③ **건강**

　　㉠ **단체보험 가입** : 임직원의 질병, 업무상 사고 및 재해에 대한 치료비 등 생활안정자금을 지원합니다.

　　㉡ **건강검진** : 임직원의 건강관리를 위해 매년 1회 이상 건강검진을 실시합니다.

④ **취미 / 레저**

　　㉠ **휴양시설 제휴** : 유명 콘도 등을 저렴하게 이용할 수 있도록 휴양시설을 운영합니다.

　　㉡ **동호회활동 지원** : 사내동호회 활동비를 지원하며, 회사 대표로 대내외 행사 참가 시 소요경비를 지원합니다.

ⓒ 선택적 복지제도 운영 : 연간 일정금액으로 현금과 동일하게 사용이 가능한 복지포인트를 지급하며, 본인의 필요에 따라 자율적으로 사용하게 됩니다.

ⓔ 체육행사 : 연 2회(봄, 가을) 체육행사를 실시합니다.

⑤ 회사생황

ⓐ 승무원 숙소 운영 : 승무원이 승무출장지에서 숙박 또는 휴식을 할 수 있도록 승무원 숙소를 운영합니다.

ⓑ 기념품 지급 : 창립기념일, 근로자의 날, 철도의 날에 기념품을 지급합니다.

3 인재육성

① SR 인재상 … 전문성을 바탕으로 끊임없이 도전하고 소통하여 탁월한 성과를 창출하는 인재

ⓐ 전문성
- 새롭고 더 나은 방식을 모색하여 지속적으로 개선시킨다.
- 분야 최고전문가가 되기 위한 자기개발활동을 지속적으로 수행한다.

ⓑ 도전
- 항상 자신감과 책임감을 갖고 열정적으로 업무를 추진한다.
- 요청이나 지시를 뛰어 넘어 스스로 업무를 찾아 수행한다.

ⓒ 소통
- 상호 존중과 배려의 자세로 구성원의 다양한 의견을 적극 청취한다.
- 적극적인 커뮤니케이션을 통해 내 · 외부 이해관계자를 설득한다.

② 인재육성 방향

General-Specialist 육성	해당 분야의 전문성을 보유하고 있으면서, 다른 분야의 폭넓은 지식을 보유한 인재 육성	다양한 기능에 종합적 역량을 보유한 Multi-Player를 육성합니다.
유연한 인력 운영	보다 유연한 인력운영을 위해 직렬을 통합하여 직렬단위로 인재를 육성	유연한 인력운영을 위해 유사직렬을 통합하여 운영합니다.
관리자 Generalist 육성	관리자의 경우 해당 분야의 전문성보다 사업의 전체 업무를 이해할 수 있도록 육성	일정 직급 이상 직원은 해당 직무 수행보다 관리 역량이 중요하며, 전사의 Vision을 제시할 수 있도록 폭넓은 시각을 갖도록 육성합니다.

4 채용안내(2020년 신입직 직원 채용공고 기준)

① 공통자격요건

　　㉠ 병역 : 공고일 기준 병역 필 또는 면제자

　　　• 병역법 제76조에서 정한 병역의무 불이행 사실이 없는 자

　　　• 단, 모집분야 [역무(고졸제한)]은 해당없음

　　㉡ 연령 : 제한 없음

　　　　※ 단, 공고일 기준 만 18세 미만자 및 정년(만 60세) 초과자는 지원할 수 없음

　　㉢ 입사일로부터 근무 가능한 자

　　㉣ 결격사유 : 당사 인사규정 제8조의 결격사유 해당되지 않는 자

　　　• 부패방지 및 국민권익위원회의 설치 및 운영에 관한 법률 제82조(비위면직자 등의 취업제한)에 따른 취업제한 대상자

> 제8조(채용제한 사유)
> 다음 각 호의 어느 하나에 해당하는 자는 직원으로 채용할 수 없다. 다만, 제10호의 경우는 채용이 취소된 때로부터 5년간 응시자격이 제한된다.
> 1. 피성년후견인 또는 피한정후견인
> 2. 파산자로서 복권되지 아니한 자
> 3. 금고 이상의 형을 받고 그 집행이 종료되거나 집행을 받지 아니하기로 확정된 후 5년이 지나지 아니한 자
> 4. 금고 이상의 형을 받고 그 집행의 유예기간이 완료된 날로부터 2년이 지나지 아니한 자
> 5. 금고 이상의 형의 선고유예를 받은 경우에 그 선고유예기간 중에 있는 자
> 6. 법원의 판결 또는 다른 법률에 의하여 자격이 상실 또는 정지된 자
> 7. 삭제 〈2018. 4. 11.〉
> 8. 징계에 의하여 해임처분을 받은 날로부터 3년, 파면처분을 받은 날로부터 5년이 지나지 아니한 자
> 9. 채용 신체검사에서 불합격 판정을 받은 자
> 10. 부정한 방법으로 채용된 사실이 발견되어 채용이 취소된 자
> 11. 「성폭력범죄의 처벌 등에 관한 특례법」 제2조에 규정된 죄를 범한 사람으로서 100만원 이상의 벌금형을 선고받고 그 형이 확정된 후 3년이 지나지 아니한 자
> 12. 미성년자에 대한 다음 각 목의 어느 하나에 해당하는 죄를 저질러 파면·해임되거나 형 또는 치료감호를 선고받아 그 형 또는 치료감호가 확정된 자(집행유예를 선고받은 후 그 집행유예기간이 경과한 자를 포함한다)
> 　　가. 「성폭력범죄의 처벌 등에 관한 특례법」 제2조에 따른 성폭력범죄
> 　　나. 「아동·청소년의 성보호에 관한 법률」 제2조제2호에 따른 아동·청소년대상 성범죄

　　㉤ 근무형태 : 일근, 교대, 교번 근무가 가능한 자

ⓗ 장애인전형 · 보훈전형 · 고졸제한사항

- 장애인 : 「장애인고용촉진 및 직업재활법」에 따른 취업지원대상자 限
- 보훈대상 : 「국가유공자 등 예우 및 지원에 관한 법률」에 따른 취업지원대상자 限
- 고졸제한 : 다음에 해당하는 경우에만 지원 가능

－최종학력이 고등학교 졸업인 자(고등학교 검정고시 합격자 포함)

－대학교(전문대학 포함)의 중퇴자 및 재학 · 휴학자는 지원 가능하나, 아래의 경우에는 지원이 불가합니다.

　　가. 졸업자 또는 졸업학년 재학 · 휴학생

　　나. 재학 · 휴학생의 경우에도 별도 수업 없이 졸업이 가능한 자(졸업예정자, 유예자, 수료자 등)

　　→ 향후 지원 불가한 학력사항이 발견 시에는 합격취소 및 직권면직 처리함

－병역 : 병역을 기피한 사실이 없는 자(군필자, 군미필자 모두 지원가능)

ⓢ 기타

- 각 전형단계별 합격자에 한하여 다음 단계 지원 자격을 부여함
- 입사지원서 작성 시, 개인인적사항과 지원자가 불일치 하거나 자격사항 입력 오 기재에 따른 정보 불일치 시 불합격 처리
- 타 공공기관에 부정한 방법으로 채용된 사실이 적발되어 채용이 취소된 자는 지원 제한
  ※ 채용에 관한 부당한 청탁, 압력, 재산상(금품 등)의 이익 제공 또는 허위서류 제출 등 부정행위로 합격한 자는 입사 이후에도 징계해고 또는 직권면직 처리
- 당사 전국 사업장 소재지에서 근무 가능한 자
  ※ 근무지역 : 서울, 경기도, 부산, 광주, 기타지역 등
- 회사 경영 환경변화 또는 모집 분야별 적격자가 없을 경우 채용하지 않을 수 있음

② 평가절차

㉠ 전형절차

전형구분		서류전형	필기전형		면접전형	
			NCS 직업기초 능력평가	직무수행 능력평가	AI 면접	심층 면접
신입직	(6급)일반전형, 보훈전형	○	○	○	○	○
	(7급)보훈전형 · [역무(고졸제한)]	○	○	×	○	○
	(무기계약직)장애인전형 [역무(장애인)]	○	×	×	○	○

ⓛ 배점 및 배수

전형단계		평가내용	배점	선발배수
서류전형		직무능력기반 자기소개서 및 직무적합 요건	100	일반전형 40배수 보훈전형 5배수 장애인전형 5배수
필기전형	6급	• NCS 직업기초능력평가(SR 일반상식 포함) • 직무수행능력평가	60 40	3배수 (단, 채용예정인원이 1명인 경우에는 5배수)
	7급	NCS 직업기초능력평가(SR 일반상식 포함)	100	
면접전형		• AI 면접(인성 및 적성) • 심층 면접	20 80	1배수
신체검사 등 결격사유			적/부	
최종합격				

* 서류, 필기, 면접전형 단계별 각각 100점 만점으로 산정.
* AI 면접 미응시자(결시) 및 4할미만 과락자인 경우는 심층면접 대상에서 제외.
* 무기계약직-역무(장애인)분야의 경우는 필기전형 제외.
* 전형별 선발배수 미달 시, 각 전형별 선발배수 이내로 선발 가능

ⓒ 필기시험 평가항목

구분	평가항목	출제범위	배점(문항수)	가산점
신입직 (6급)	NCS 직업기초능력평가	의사소통능력, 수리능력, 문제해결능력, 정보능력, 자원관리능력(SR 일반상식 10문항 포함)	60점 (40문항)	• 취업지원 (국가유공) • 장애인
	직무수행능력평가	모집분야(평가항목)-기록물관리(기록물관리학), 정보보안(컴퓨터일반), 보건관리(보건관리학), 기술관리(철도차량공학), SRT앱(컴퓨터일반), 역무(보훈일반)(경영학)	40점 (20문항)	
신입직 (7급)	NCS 직업기초능력평가	의사소통능력, 수리능력, 문제해결능력, 정보능력, 자원관리능력(SR 일반상식 10문항 포함)	100점 (40문항)	

* 필기전형 과락기준 : 평가점수 총 100점(NCS+직무수행) 기준으로 40점 미만

합격자 선정 필기시험 점수에 가산점을 합산한 총점의 고득점자 순으로 모집분야별 채용예정인원의 3배수 선발하고, 마지막 순위 동점자는 전원 선발(단, 채용예정인원이 1명인 경우에는 5배수 선발함)

③ 보수수준

채용분야		등급	모집분야	(연)보수수준
신입직	일반전형, 보훈전형	일반직 6급	기록물관리, SRT앱(신입), 보건관리, 정보보안, 역무(보훈일반), 기술관리	약 3,300만 원
	보훈전형	일반직 7급	역무(고졸제한)	약 3,100만 원
	장애인전형	무기계약직	역무(장애인)	약 3,300만 원

※ 정부경영평가성과급(200%이내), 법정수당, 약정수당, 복지포인트 등은 상기 보수 수준에 포함되지 않으며, 정부경영평가결과 및 사규에 따라 별도지급
※ 수습기간(3개월)이 있으며, 해당기간 동안은 기본급의 90% 지급
※ 직무급 기본연봉제로 운영되므로 전 직장 및 군경력은 따로 인정하지 않음

④ 유의사항

주식회사 에스알은 채용과 관련하여 공정성을 위해 다음과 같은 사항을 준수합니다

1. 채용관련 청탁자, 비리연루자 및 부정합격자는 「부정청탁금지법」 등 관련법령에 따라 처리되며, 향후 5년간 숲공공기관 채용시험에 응시자격이 제한됩니다.(입사 후 발견되는 경우에도 동일하게 적용)

> 주식회사 에스알은 투명하고 공정한 채용프로그램을 운영 중입니다. 채용과정에서 부당한 인사청탁(채용담당 이외의 내부직원과의 접촉 및 청탁)이 적발될 경우, 해당 지원자를 사전 배제하고 합격 후에도 불합격 처리, 재응시 자격 제한, 관련기관에 해당 사실을 통보 등 조치를 취할 수 있습니다.
>
> ※ 채용비리 신고센터를 상시적으로 운영하고 있사오니, 국민신문고(www.epeople.go.kr) 또는 국민권익위(www.acrc.go.kr)를 통해 신고바랍니다.
> ※ ㈜에스알 채용비리신고센터(㈜에스알 감사실, ☎02-6484-4373, ethical@srail.co.kr)

2. 모집분야별 및 신입·경력직간 중복지원불가, 중복지원시 불합격처리

3. 고졸 학력만 제시하여 합격된 대학졸업자 또는 당해 졸업예정자의 학력이 사후 발견된 경우에는 합격취소 및 징계해임(직권면직) 됩니다.

4. 모든 입사지원서류 작성시 직·간접적으로 출신학교명, 가족관계, 출신지, 출신지역 등 개인 인적사항이 입력될 경우 불이익을 받을 수 있으므로 유의하시기 바라며, 발견될 경우 전형단계에서 임의로 블라인드 처리됩니다.

5. 접수마감 시간에는 동시접속에 의한 시스템 장애로 접수가 제한될 수 있으므로 시간여유를 두고 지원하시기 바랍니다. (지원서 제출 후 지원서 확인을 통해서 제출여부 및 지원서 내용을 꼭 확인하시기 바랍니다)

6. 입사지원서류 작성 시 기재착오, 내용누락으로 인한 불이익은 지원자 본인의 책임이므로 유의하여 작성하시기 바랍니다. (허위내용 또는 임용 결격사유 발생 시 언제든지 합격 또는 임용 취소)

7. 입사지원서류 작성 관련 타인과 중복되는 사항이 발견되거나 타인과 동일한 입사지원서 발견 시 모두 부정행위로 간주하여 불합격 처리합니다.

8. 취업보호(지원)대상자, 장애인등록자 등 가점의 경우 관련법령 및 내부방침가점 부여합니다.

   * 단, 진행단계별·과목별 부적격(탈락) 또는 과락자 해당시 적용 제외
   * 입사지원 시 정보입력자에 한하여 가점 인정(향후 원본제출 시 입력자료와 대조하여 허위사실이 발견될 경우 불합격 처리)

9. 각 전형시 신분증(주민등록증, 유효기간 만료전 여권, 운전면허증, 주민등록 발급신청서에 한함) 및 수험표를 반드시 지참하여야 하며, 기타 신분증(학생증, 자격증 등)으로는 응시할 수 없습니다.

10. AI면접에 대한 유의사항은 반드시 숙지하시기 바라며, 어떠한 이유(컴퓨터, 마이크, 웹캠, 카메라 준비 등)에도 불구하고 면접시간 내에 응시하지 못하는 경우 모든 귀책사유는 본인에게 있습니다.

11. 채용신체검사 불합격 기준
    -공무원 채용신체검사 규정을 준용하며, 다음 기준을 충족하여야 함.

모집분야	불합격 신체조건	비고
전체공통	• 공무원채용신체검사규정 불합격판정 기준 준용 • 두 눈의 나안시력 중 어느 한쪽이라도 0.5 이하인 자 中 (다만, 한쪽 눈의 시력이 0.7 이상이고 다른 쪽 눈의 시력이 0.3 이상인 경우는 제외) • 두 눈의 교정시력 중 어느 한쪽이라도 0.8 이하인 자(다만, 한쪽 눈의 교정시력이 1.0 이상이고 다른 쪽 눈의 교정시력이 0.5 이상인 경우는 제외) • 시야 협착 1/3 이상인 자 • 색각이상자(색약 및 색맹)	

⑤ 기타사항

1. 각종 증빙서류는 관계기관에 사실여부 확인 예정이며, 모든 지원자는 조회에 필요한 개인정보제공에 동의한 것으로 간주합니다.

2. 각종 증빙서류는 필기전형 합격자에 한해 온라인으로 사본(PDF)을 제출받을 예정이며, 면접 당일 원본서류 일체를 제출하여야 합니다.

3. 코로나-19 사회적 거리두기로 인하여 비대면 화상면접 진행예정이며, 당사 사정에 따라 일정 등은 변경될 수 있습니다.

4. 전형단계별 합격자 발표 및 공지사항은 채용 홈페이지에 공고합니다.

5. 비연고 근무지 배치에 따른 개인별 숙소는 제공하지 않습니다.

6. 면접전형 합격자의 신체검사·신원조회 부적격 판정 시 또는 최종합격자 미입사 등 사유로 예비합격자(차순위자순)를 최종합격 처리할 수 있으며, 예비합격자 명단은 면접전형 합격자 발표 시 별도 공지 예정입니다.

7. 모집분야 지원자가 있다고 하더라도 적격자가 없을 경우 채용하지 않을 수 있습니다.

8. 채용시험 불합격자로 시험에 대한 이의가 있는 경우 양식에 따라 작성하여 "ilkwon.kim @srail.or.kr"로 제출바랍니다.

   ※ 신청기한 : 최종합격자 발표 후 15일 이내
   ※ 기타문의 : 02-6484-4414

9. 각종 자격 및 증빙과 관련된 서류는 "채용절차의 공정화에 관한 법률"에 따라 청구자에 한해 반환할 예정입니다. 채용서류 반환과 관련된 내용(방법 및 청구기간)은 미리 확인하시기 바랍니다.

   ※ 반환청구기간 : 최종합격자 발표일 후 30일 이내

10. AI 면접에 대한 유의사항과 응시방법은 반드시 확인하시고 누락되어 피해가 발생하지 않도록 반드시 확인하시기 바랍니다.

    ※ AI 면접문의 : 02-2205-1700

11. 중복 및 유사 질문이 많으므로 채용공고를 충분히 숙지하시고 기타 의문사항은 채용 홈페이지의 '질문하기' 게시판을 이용해 주시기 바랍니다.

03 관련기사

SR, 대국민 뉴딜 과제 공모전 개최

총 300여만원 상당의 온누리상품권과 SRT 운임 할인권 증정

SRT 운영사 SR(대표이사 권태명)은 국민과 함께 SR형 뉴딜 과제 발굴을 통한 신규 사업을 확대하기 위해 5일(월)부터 '대국민 뉴딜 과제 공모전'을 개최한다.

공모주제는 디지털 뉴딜, 그린 뉴딜, 사회안전망 강화 등 SR과 철도사업에 접목할 수 있는 뉴딜과제로, 참신하고 다양한 아이디어를 공모한다. 대한민국 국민 누구나 참여할 수 있으며 공모기간은 5월 7일(금)까지다.

공모작은 정책부합성, 실현가능성, 혁신성 등 심사를 거쳐 5월 중 최종 수상작을 발표한다. 최우수상 1편, 우수상 3편, 장려상 6편을 선정해 수상자에게는 부상으로 총 300여만 원 상당의 온누리상품권과 SRT 운임할인권도 제공한다. 수상작은 SR 중점 뉴딜과제로써 주요사업 혁신을 위한 사업정책에 반영될 예정이다.

자세한 사항은 SR홈페이지(etk.srail.kr)에서 확인할 수 있으며, 신청서와 제안서를 이메일(contest@srail.or.kr)로 제출하면 응모할 수 있다.

권태명 SR 대표이사는 "국민들이 원하는 SR을 만들기 위해 아이디어와 의견을 공모하는 만큼, 적극적인 참여와 관심을 부탁드린다."라며, "열린 소통을 통해 뉴딜을 선도하는 공공기관이자 철도플랫폼이 되도록 꾸준히 혁신하겠다."라고 밝혔다.

-2021. 4. 4.

면접질문	• 당사가 철도혁신 경제활력 제고를 위해 어떠한 전략을 세우고 있는지 아는 대로 말해보시오. • 기업은 공모전과 같은 시민 참여 행사를 통해 어떠한 이익을 기대할 수 있는가?

SR, 코로나19 감염 없는 '코로나 프리존' 구축

로봇방역, 에어터치 승차권발매기 등 혁신기술 활용해 코로나19 감염 Zero

SRT 운영사 SR(대표이사 권태명)이 혁신기술을 활용한 방역으로 코로나19 감염 없는 '코로나 프리존'을 구축해 고객이 안심하고 SRT를 이용할 수 있는 환경을 조성하고 있다.

SR은 코로나19로 인해 비대면·비접촉 생활이 일상화되면서 고객 간 접촉을 최소화하기 위해 지난해 9월 승차권 자동발매기를 비접촉식 '에어터치' 스크린으로 변경했다. 에어터치 승차권 자동발매기는 스크린을 터치하지 않고도 1.5cm거리에서 조작이 가능해 스크린 접촉 시 발생할 수 있는 바이러스 전염을 최소화 할 수 있다.

추석 명절을 앞두고는 자외선(UV) 광원을 활용한 '방역로봇'을 투입했다. 추석연휴기간 감염병 확산을 철저하게 대비하기 위해 고객 이용 빈도가 높은 매표창구와 고객안내센터 등을 중심으로 로봇방역을 선보였다. 로봇방역은 화학약품을 사용하지 않아 소독용품 폐기물이 발생하지 않고, 인체에 무해한 UV 광원을 이용해 안전하게 방역할 수 있다. 방역로봇은 대학 수능일에도 투입해 수험생이 코로나19 확산 중에도 안심하고 수능시험장으로 이동할 수 있도록 했다.

고객이 많이 이용하는 매표창구에는 철도역사 최초로 전자출입명부를 도입한데 이어 전화출입명부도 도입했다. 전화출입명부는 복잡한 과정 없이 전화 한통으로 간편하게 이용할 수 있어 소요시간을 단축시키고, QR코드 사용이 익숙하지 않은 고령자 등 전자출입명부 사용이 어려운 고객의 불편을 해소했다.

SR은 이러한 혁신기술을 활용한 '코로나 프리존' 구축으로 철도 분야에서 방역 시스템을 선도하며 지난해 SRT 이용객 1,715만 명의 안전을 확보해 코로나19 감염 확산 'Zero'를 기록했다.

권태명 SR 대표이사는 "그동안 철도역사에서 볼 수 없었던 혁신기술 도입이 코로나19 감염 없는 SR을 만들 수 있었다."라며, "앞으로도 4차 산업기술을 접목한 방역체계를 체계적으로 구축해 포스트 코로나 시대를 대비하겠다."라고 밝혔다.

-2021. 3. 22.

면접질문	• 밀폐된 열차를 탑승할 때 가장 걱정되는 점과 그것을 개선할 수 있는 방안에 어떤 것이 있을지 말해보시오.
	• 당사의 안전관리등급을 높이기 위해 어떤 노력을 해야 한다고 생각하는가?

PART

II

NCS 직업기초능력평가
+ SR 일반상식

01 의사소통능력

1 의사소통과 의사소통능력

(1) 의사소통

① 개념 … 사람들 간에 생각이나 감정, 정보, 의견 등을 교환하는 총체적인 행위로, 직장생활에서의 의사소통은 조직과 팀의 효율성과 효과성을 성취할 목적으로 이루어지는 구성원 간의 정보와 지식 전달 과정이라고 할 수 있다.

② 기능 … 공동의 목표를 추구해 나가는 집단 내의 기본적 존재 기반이며 성과를 결정하는 핵심 기능이다.

③ 의사소통의 종류
    ㉠ 언어적인 것 : 대화, 전화통화, 토론 등
    ㉡ 문서적인 것 : 메모, 편지, 기획안 등
    ㉢ 비언어적인 것 : 몸짓, 표정 등

④ 의사소통을 저해하는 요인 … 정보의 과다, 메시지의 복잡성 및 메시지 간의 경쟁, 상이한 직위와 과업지향형, 신뢰의 부족, 의사소통을 위한 구조상의 권한, 잘못된 매체의 선택, 폐쇄적인 의사소통 분위기 등

(2) 의사소통능력

① 개념 … 의사소통능력은 직장생활에서 문서나 상대방이 하는 말의 의미를 파악하는 능력, 자신의 의사를 정확하게 표현하는 능력, 간단한 외국어 자료를 읽거나 외국인의 의사표시를 이해하는 능력을 포함한다.

② 의사소통능력 개발을 위한 방법
    ㉠ 사후검토와 피드백을 활용한다.
    ㉡ 명확한 의미를 가진 이해하기 쉬운 단어를 선택하여 이해도를 높인다.
    ㉢ 적극적으로 경청한다.
    ㉣ 메시지를 감정적으로 곡해하지 않는다.

2 의사소통능력을 구성하는 하위능력

(1) 문서이해능력

① 문서와 문서이해능력

ㄱ 문서 : 제안서, 보고서, 기획서, 이메일, 팩스 등 문자로 구성된 것으로 상대방에게 의사를 전달하여 설득하는 것을 목적으로 한다.

ㄴ 문서이해능력 : 직업현장에서 자신의 업무와 관련된 문서를 읽고, 내용을 이해하고 요점을 파악할 수 있는 능력을 말한다.

■ 예제 1

다음은 신용카드 약관의 주요내용이다. 규정 약관을 제대로 이해하지 못한 사람은?

> [부가서비스]
> 카드사는 법령에서 정한 경우를 제외하고 상품을 새로 출시한 후 1년 이내에 부가서비스를 줄이거나 없앨 수가 없다. 또한 부가서비스를 줄이거나 없앨 경우에는 그 세부내용을 변경일 6개월 이전에 회원에게 알려주어야 한다.
> [중도 해지 시 연회비 반환]
> 연회비 부과기간이 끝나기 이전에 카드를 중도해지하는 경우 남은 기간에 해당하는 연회비를 계산하여 10 영업일 이내에 돌려줘야 한다. 다만, 카드 발급 및 부가서비스 제공에 이미 지출된 비용은 제외된다.
> [카드 이용한도]
> 카드 이용한도는 카드 발급을 신청할 때에 회원이 신청한 금액과 카드사의 심사 기준을 종합적으로 반영하여 회원이 신청한 금액 범위 이내에서 책정되며 회원의 신용도가 변동되었을 때에는 카드사는 회원의 이용한도를 조정할 수 있다.
> [부정사용 책임]
> 카드 위조 및 변조로 인하여 발생된 부정사용 금액에 대해서는 카드사가 책임을 진다. 다만, 회원이 비밀번호를 다른 사람에게 알려주거나 카드를 다른 사람에게 빌려주는 등의 중대한 과실로 인해 부정사용이 발생하는 경우에는 회원이 그 책임의 전부 또는 일부를 부담할 수 있다.

① 혜수 : 카드사는 법령에서 정한 경우를 제외하고는 1년 이내에 부가서비스를 줄일 수 없어.

② 진성 : 카드 위조 및 변조로 인하여 발생된 부정사용 금액은 일괄 카드사가 책임을 지게 돼.

③ 영훈 : 회원의 신용도가 변경되었을 때 카드사가 이용한도를 조정할 수 있어.

④ 영호 : 연회비 부과기간이 끝나기 이전에 카드를 중도 해지하는 경우에는 남은 기간에 해당하는 연회비를 카드사는 돌려줘야 해.

[출제의도]
주어진 약관의 내용을 읽고 그에 대한 상세 내용의 정보를 이해하는 능력을 측정하는 문항이다.

[해설]
② 부정사용에 대해 고객의 과실이 있으면 회원이 그 책임의 전부 또는 일부를 부담할 수 있다.

답 ②

② 문서의 종류

　㉠ 공문서 : 정부기관에서 공무를 집행하기 위해 작성하는 문서로, 단체 또는 일반회사에서 정부기관을 상대로 사업을 진행할 때 작성하는 문서도 포함된다. 엄격한 규격과 양식이 특징이다.

　㉡ 기획서 : 아이디어를 바탕으로 기획한 프로젝트에 대해 상대방에게 전달하여 시행하도록 설득하는 문서이다.

　㉢ 기안서 : 업무에 대한 협조를 구하거나 의견을 전달할 때 작성하는 사내 공문서이다.

　㉣ 보고서 : 특정한 업무에 관한 현황이나 진행 상황, 연구·검토 결과 등을 보고하고자 할 때 작성하는 문서이다.

　㉤ 설명서 : 상품의 특성이나 작동 방법 등을 소비자에게 설명하기 위해 작성하는 문서이다.

　㉥ 보도자료 : 정부기관이나 기업체 등이 언론을 상대로 자신들의 정보를 기사화 되도록 하기 위해 보내는 자료이다.

　㉦ 자기소개서 : 개인이 자신의 성장과정이나, 입사 동기, 포부 등에 대해 구체적으로 기술하여 자신을 소개하는 문서이다.

　㉧ 비즈니스 레터(E-mail) : 사업상의 이유로 고객에게 보내는 편지다.

　㉨ 비즈니스 메모 : 업무상 확인해야 할 일을 메모형식으로 작성하여 전달하는 글이다.

③ 문서이해의 절차 … 문서의 목적 이해 → 문서 작성 배경·주제 파악 → 정보 확인 및 현안문제 파악 → 문서 작성자의 의도 파악 및 자신에게 요구되는 행동 분석 → 목적 달성을 위해 취해야 할 행동 고려 → 문서 작성자의 의도를 도표나 그림 등으로 요약·정리

(2) 문서작성능력

① 작성되는 문서에는 대상과 목적, 시기, 기대효과 등이 포함되어야 한다.

② 문서작성의 구성요소

　㉠ 짜임새 있는 골격, 이해하기 쉬운 구조

　㉡ 객관적이고 논리적인 내용

　㉢ 명료하고 설득력 있는 문장

　㉣ 세련되고 인상적인 레이아웃

다음은 들은 내용을 구조적으로 정리하는 방법이다. 순서에 맞게 배열하면?

> ㉠ 관련 있는 내용끼리 묶는다.
> ㉡ 묶은 내용에 적절한 이름을 붙인다.
> ㉢ 전체 내용을 이해하기 쉽게 구조화한다.
> ㉣ 중복된 내용이나 덜 중요한 내용을 삭제한다.

① ㉠㉡㉢㉣
② ㉠㉡㉣㉢
③ ㉡㉠㉢㉣
④ ㉡㉠㉣㉢

[출제의도]
음성정보는 문자정보와는 달리 쉽게 잊혀 지기 때문에 음성정보를 구조화 시키는 방법을 묻는 문항이다.

[해설]
내용을 구조적으로 정리하는 방법은 '㉠ 관련 있는 내용끼리 묶는다. → ㉡ 묶은 내용에 적절한 이름을 붙인다. → ㉣ 중복된 내용이나 덜 중요한 내용을 삭제한다. → ㉢ 전체 내용을 이해하기 쉽게 구조화한다.'가 적절하다.

답 ②

③ 문서의 종류에 따른 작성방법

　㉠ 공문서

- 육하원칙이 드러나도록 써야 한다.
- 날짜는 반드시 연도와 월, 일을 함께 언급하며, 날짜 다음에 괄호를 사용할 때는 마침표를 찍지 않는다.
- 대외문서이며, 장기간 보관되기 때문에 정확하게 기술해야 한다.
- 내용이 복잡할 경우 '-다음-', '-아래-'와 같은 항목을 만들어 구분한다.
- 한 장에 담아내는 것을 원칙으로 하며, 마지막엔 반드시 '끝'자로 마무리 한다.

　㉡ 설명서

- 정확하고 간결하게 작성한다.
- 이해하기 어려운 전문용어의 사용은 삼가고, 복잡한 내용은 도표화 한다.
- 명령문보다는 평서문을 사용하고, 동어 반복보다는 다양한 표현을 구사하는 것이 바람직하다.

　㉢ 기획서

- 상대를 설득하여 기획서가 채택되는 것이 목적이므로 상대가 요구하는 것이 무엇인지 고려하여 작성하며, 기획의 핵심을 잘 전달하였는지 확인한다.
- 분량이 많을 경우 전체 내용을 한눈에 파악할 수 있도록 목차구성을 신중히 한다.
- 효과적인 내용 전달을 위한 표나 그래프를 적절히 활용하고 산뜻한 느낌을 줄 수 있도록 한다.
- 인용한 자료의 출처 및 내용이 정확해야 하며 제출 전 충분히 검토한다.

ⓔ 보고서

- 도출하고자 한 핵심내용을 구체적이고 간결하게 작성한다.
- 내용이 복잡할 경우 도표나 그림을 활용하고, 참고자료는 정확하게 제시한다.
- 제출하기 전에 최종점검을 하며 질의를 받을 것에 대비한다.

예제 3

다음 중 공문서 작성에 대한 설명으로 가장 적절하지 못한 것은?

① 공문서나 유가증권 등에 금액을 표시할 때에는 한글로 기재하고 그 옆에 괄호를 넣어 숫자로 표기한다.
② 날짜는 숫자로 표기하되 년, 월, 일의 글자는 생략하고 그 자리에 온점(.)을 찍어 표시한다.
③ 첨부물이 있는 경우에는 붙임 표시문 끝에 1자 띄우고 "끝."이라고 표시한다.
④ 공문서의 본문이 끝났을 경우에는 1자를 띄우고 "끝."이라고 표시한다.

---

④ 문서작성의 원칙

ⓐ 문장은 짧고 간결하게 작성한다(간결체 사용).
ⓑ 상대방이 이해하기 쉽게 쓴다.
ⓒ 불필요한 한자의 사용을 자제한다.
ⓓ 문장은 긍정문의 형식을 사용한다.
ⓔ 간단한 표제를 붙인다.
ⓕ 문서의 핵심내용을 먼저 쓰도록 한다(두괄식 구성).

⑤ 문서작성 시 주의사항

ⓐ 육하원칙에 의해 작성한다.
ⓑ 문서 작성시기가 중요하다.
ⓒ 한 사안은 한 장의 용지에 작성한다.
ⓓ 반드시 필요한 자료만 첨부한다.
ⓔ 금액, 수량, 일자 등은 기재에 정확성을 기한다.
ⓕ 경어나 단어사용 등 표현에 신경 쓴다.
ⓖ 문서작성 후 반드시 최종적으로 검토한다.

⑥ 효과적인 문서작성 요령

    ㉠ 내용이해 : 전달하고자 하는 내용과 핵심을 정확하게 이해해야 한다.

    ㉡ 목표설정 : 전달하고자 하는 목표를 분명하게 설정한다.

    ㉢ 구성 : 내용 전달 및 설득에 효과적인 구성과 형식을 고려한다.

    ㉣ 자료수집 : 목표를 뒷받침할 자료를 수집한다.

    ㉤ 핵심전달 : 단락별 핵심을 하위목차로 요약한다.

    ㉥ 대상파악 : 대상에 대한 이해와 분석을 통해 철저히 파악한다.

    ㉦ 보충설명 : 예상되는 질문을 정리하여 구체적인 답변을 준비한다.

    ㉧ 문서표현의 시각화 : 그래프, 그림, 사진 등을 적절히 사용하여 이해를 돕는다.

(3) 경청능력

① 경청의 중요성 ⋯ 경청은 다른 사람의 말을 주의 깊게 들으며 공감하는 능력으로 경청을 통해 상대방을 한 개인으로 존중하고 성실한 마음으로 대하게 되며, 상대방의 입장에 공감하고 이해하게 된다.

② 경청을 방해하는 습관 ⋯ 짐작하기, 대답할 말 준비하기, 걸러내기, 판단하기, 다른 생각하기, 조언하기, 언쟁하기, 옳아야만 하기, 슬쩍 넘어가기, 비위 맞추기 등

③ 효과적인 경청방법

    ㉠ 준비하기 : 강연이나 프레젠테이션 이전에 나누어주는 자료를 읽어 미리 주제를 파악하고 등장하는 용어를 익혀둔다.

    ㉡ 주의 집중 : 말하는 사람의 모든 것에 집중해서 적극적으로 듣는다.

    ㉢ 예측하기 : 다음에 무엇을 말할 것인가를 추측하려고 노력한다.

    ㉣ 나와 관련짓기 : 상대방이 전달하고자 하는 메시지를 나의 경험과 관련지어 생각해 본다.

    ㉤ 질문하기 : 질문은 듣는 행위를 적극적으로 하게 만들고 집중력을 높인다.

    ㉥ 요약하기 : 주기적으로 상대방이 전달하려는 내용을 요약한다.

    ㉦ 반응하기 : 피드백을 통해 의사소통을 점검한다.

다음은 면접스터디 중 일어난 대화이다. 민아의 고민을 해소하기 위한 조언으로 가장 적절한 것은?

> 지섭 : 민아씨, 어디 아파요? 표정이 안 좋아 보여요.
>
> 민아 : 제가 원서 넣은 공단이 내일 면접이어서요. 그동안 스터디를 통해서 면접 연습을 많이 했는데도 벌써부터 긴장이 되네요.
>
> 지섭 : 민아씨는 자기 의견도 명확히 피력할 줄 알고 조리 있게 설명을 잘 하시니 걱정 안 하셔도 될 것 같아요. 아, 손에 꽉 쥐고 계신 건 뭔가요?
>
> 민아 : 아, 제가 예상 답변을 정리해서 모아둔거에요. 내용은 거의 외웠는데 이렇게 쥐고 있지 않으면 불안해서
>
> 지섭 : 그 정도로 준비를 철저히 하셨으면 걱정할 이유 없을 것 같아요.
>
> 민아 : 그래도 압박면접이거나 예상치 못한 질문이 들어오면 어떻게 하죠?
>
> 지섭 : _____

① 시선을 적절히 처리하면서 부드러운 어투로 말하는 연습을 해보는 건 어때요?
② 공식적인 자리인 만큼 옷차림을 신경 쓰는 게 좋을 것 같아요.
③ 당황하지 말고 질문자의 의도를 잘 파악해서 침착하게 대답하면 되지 않을까요?
④ 예상 질문에 대한 답변을 좀 더 정확하게 외워보는 건 어떨까요?

(4) 의사표현능력

① 의사표현의 개념과 종류

　㉠ 개념 : 화자가 자신의 생각과 감정을 청자에게 음성언어나 신체언어로 표현하는 행위이다.

　㉡ 종류

　　• 공식적 말하기 : 사전에 준비된 내용을 대중을 대상으로 말하는 것으로 연설, 토의, 토론 등이 있다.

　　• 의례적 말하기 : 사회 · 문화적 행사에서와 같이 절차에 따라 하는 말하기로 식사, 주례, 회의 등이 있다.

　　• 친교적 말하기 : 친근한 사람들 사이에서 자연스럽게 주고받는 대화 등을 말한다.

② 의사표현의 방해요인

　㉠ 연단공포증 : 연단에 섰을 때 가슴이 두근거리거나 땀이 나고 얼굴이 달아오르는 등의 현상으로 충분한 분석과 준비, 더 많은 말하기 기회 등을 통해 극복할 수 있다.

　㉡ 말 : 말의 장단, 고저, 발음, 속도, 쉼 등을 포함한다.

    ⓒ 음성 : 목소리와 관련된 것으로 음색, 고저, 명료도, 완급 등을 의미한다.

    ⓔ 몸짓 : 비언어적 요소로 화자의 외모, 표정, 동작 등이다.

    ⓜ 유머 : 말하기 상황에 따른 적절한 유머를 구사할 수 있어야 한다.

③ 상황과 대상에 따른 의사표현법

    ㉠ 잘못을 지적할 때 : 모호한 표현을 삼가고 확실하게 지적하며, 당장 꾸짖고 있는 내용에
      만 한정한다.

    ㉡ 칭찬할 때 : 자칫 아부로 여겨질 수 있으므로 센스 있는 칭찬이 필요하다.

    ㉢ 부탁할 때 : 먼저 상대방의 사정을 듣고 응하기 쉽게 구체적으로 부탁하며 거절을 당해
      도 싫은 내색을 하지 않는다.

    ㉣ 요구를 거절할 때 : 먼저 사과하고 응해줄 수 없는 이유를 설명한다.

    ㉤ 명령할 때 : 강압적인 말투보다는 '○○을 이렇게 해주는 것이 어떻겠습니까?'와 같은 식
      으로 부드럽게 표현하는 것이 효과적이다.

    ㉥ 설득할 때 : 일방적으로 강요하기보다는 먼저 양보해서 이익을 공유하겠다는 의지를 보
      여주는 것이 좋다.

    ㉦ 충고할 때 : 충고는 가장 최후의 방법이다. 반드시 충고가 필요한 상황이라면 예화를 들
      어 비유적으로 깨우쳐주는 것이 바람직하다.

    ㉧ 질책할 때 : 샌드위치 화법(칭찬의 말 + 질책의 말 + 격려의 말)을 사용하여 청자의 반발
      을 최소화 한다.

■ 예제 5

당신은 팀장님께 업무 지시내용을 수행하고 결과물을 보고 드렸다. 하지만 팀장님께서는 "최대리 업무를 이렇게 처리하면 어떡하나? 누락된 부분이 있지 않은가."라고 말하였다. 이에 대해 당신이 행할 수 있는 가장 부적절한 대처 자세는?

① "죄송합니다. 제가 잘 모르는 부분이라 이수혁 과장님께 부탁을 했는데 과장님께서 실수를 하신 것 같습니다."

② "주의를 기울이지 못해 죄송합니다. 어느 부분을 수정보완하면 될까요?"

③ "지시하신 내용을 제가 충분히 이해하지 못하였습니다. 내용을 다시 한 번 여쭤보아도 되겠습니까?"

④ "부족한 내용을 보완하는 자료를 취합하기 위해서 하루정도가 더 소요될 것 같습니다. 언제까지 재작성하여 드리면 될까요?"

[출제의도]
상사가 잘못을 지적하는 상황에서 어떻게 대처해야 하는지를 묻는 문항이다.

[해설]
상사가 부탁한 지시사항을 다른 사람에게 부탁하는 것은 옳지 못하며 설사 그렇다고 해도 그 일의 과오에 대해 책임을 전가하는 것은 지양해야 할 자세이다.

답 ①

④ 원활한 의사표현을 위한 지침

    ㉠ 올바른 화법을 위해 독서를 하라.

    ㉡ 좋은 청중이 되라.

    ㉢ 칭찬을 아끼지 마라.

    ㉣ 공감하고, 긍정적으로 보이게 하라.

    ㉤ 겸손은 최고의 미덕임을 잊지 마라.

    ㉥ 과감하게 공개하라.

    ㉦ 뒷말을 숨기지 마라.

    ㉧ 첫마디 말을 준비하라.

    ㉨ 이성과 감성의 조화를 꾀하라.

    ㉩ 대화의 룰을 지켜라.

    ㉪ 문장을 완전하게 말하라.

⑤ 설득력 있는 의사표현을 위한 지침

    ㉠ 'Yes'를 유도하여 미리 설득 분위기를 조성하라.

    ㉡ 대비 효과로 분발심을 불러 일으켜라.

    ㉢ 침묵을 지키는 사람의 참여도를 높여라.

    ㉣ 여운을 남기는 말로 상대방의 감정을 누그러뜨려라.

    ㉤ 하던 말을 갑자기 멈춤으로써 상대방의 주의를 끌어라.

    ㉥ 호칭을 바꿔서 심리적 간격을 좁혀라.

    ㉦ 끄집어 말하여 자존심을 건드려라.

    ㉧ 정보전달 공식을 이용하여 설득하라.

    ㉨ 상대방의 불평이 가져올 결과를 강조하라.

    ㉩ 권위 있는 사람의 말이나 작품을 인용하라.

    ㉪ 약점을 보여 주어 심리적 거리를 좁혀라.

    ㉫ 이상과 현실의 구체적 차이를 확인시켜라.

    ㉬ 자신의 잘못도 솔직하게 인정하라.

    ㉭ 집단의 요구를 거절하려면 개개인의 의견을 물어라.

    ⓐ 동조 심리를 이용하여 설득하라.

    ⓑ 지금까지의 노고를 치하한 뒤 새로운 요구를 하라.

    ⓒ 담당자가 대변자 역할을 하도록 하여 윗사람을 설득하게 하라.

    ⓓ 겉치레 양보로 기선을 제압하라.

    ⓔ 변명의 여지를 만들어 주고 설득하라.

    ⓕ 혼자 말하는 척하면서 상대의 잘못을 지적하라.

(5) 기초외국어능력

① 기초외국어능력의 개념과 필요성
- ㉠ 개념 : 기초외국어능력은 외국어로 된 간단한 자료를 이해하거나, 외국인과의 전화응대와 간단한 대화 등 외국인의 의사표현을 이해하고, 자신의 의사를 기초외국어로 표현할 수 있는 능력이다.
- ㉡ 필요성 : 국제화·세계화 시대에 다른 나라와의 무역을 위해 우리의 언어가 아닌 국제적인 통용어를 사용하거나 그들의 언어로 의사소통을 해야 하는 경우가 생길 수 있다.

② 외국인과의 의사소통에서 피해야 할 행동
- ㉠ 상대를 볼 때 흘겨보거나, 노려보거나, 아예 보지 않는 행동
- ㉡ 팔이나 다리를 꼬는 행동
- ㉢ 표정이 없는 것
- ㉣ 다리를 흔들거나 펜을 돌리는 행동
- ㉤ 맞장구를 치지 않거나 고개를 끄덕이지 않는 행동
- ㉥ 생각 없이 메모하는 행동
- ㉦ 자료만 들여다보는 행동
- ㉧ 바르지 못한 자세로 앉는 행동
- ㉨ 한숨, 하품, 신음소리를 내는 행동
- ㉩ 다른 일을 하며 듣는 행동
- ㉪ 상대방에게 이름이나 호칭을 어떻게 부를지 묻지 않고 마음대로 부르는 행동

③ 기초외국어능력 향상을 위한 공부법
- ㉠ 외국어공부의 목적부터 정하라.
- ㉡ 매일 30분씩 눈과 손과 입에 밸 정도로 반복하라.
- ㉢ 실수를 두려워하지 말고 기회가 있을 때마다 외국어로 말하라.
- ㉣ 외국어 잡지나 원서와 친해져라.
- ㉤ 소홀해지지 않도록 라이벌을 정하고 공부하라.
- ㉥ 업무와 관련된 주요 용어의 외국어는 꼭 알아두자.
- ㉦ 출퇴근 시간에 외국어 방송을 보거나, 듣는 것만으로도 귀가 트인다.
- ㉧ 어린이가 단어를 배우듯 외국어 단어를 암기할 때 그림카드를 사용해 보라.
- ㉨ 가능하면 외국인 친구를 사귀고 대화를 자주 나눠 보라.

01 출제예상문제

1 다음 제시된 단어와 유사한 의미를 지닌 것은?

> 막역하다.

① 할당하다   ② 고취하다

③ 허물없다   ④ 탐닉하다

 막역하다 … 허물이 없이 아주 진하다.
① 몫을 갈라 나누다.
② 힘을 내도록 격려하여 용기를 북돋우다
④ 어떤 일을 몹시 즐겨서 거기에 빠지다.

2 다음 제시된 단어와 상반된 의미를 지닌 것은?

> 예리하다

① 신랄하다   ② 첨예하다

③ 예민하다   ④ 둔탁하다

 예리하다
㉠ 끝이 뾰족하거나 날이 선 상태에 있다.
㉡ 관찰이나 판단이 정확하고 날카롭다.
㉢ 눈매나 시선 따위가 쏘아보는 듯 매섭다.
㉣ 소리가 신경을 거스를 만큼 높고 가늘다.
㉤ 기술이나 재주가 정확하고 치밀하다.
① 사물의 분석이나 비평 따위가 매우 날카롭고 예리하다
② 날카롭고 뾰족하다. 또는 상황이나 사태 따위가 날카롭고 격하다.
③ 무엇인가를 느끼는 능력이나 분석하고 판단하는 능력이 빠르고 뛰어나다.
④ 성질이 굼뜨고 흐리터분하다. 소리가 굵고 거칠며 깊다. 생김새가 거칠고 투박하다.

3 다음 제시된 단어의 의미로 옳은 것은?

> 책망

① 잘못을 꾸짖거나 나무라며 못마땅하게 여김
② 의장이 의안(議案)을 채택 가부를 물어 결정함
③ 못마땅하게 여기어 탓하거나 불평을 품고 미워함
④ 간절히 바람

 책망은 잘못을 꾸짖거나 나무라며 못마땅하게 여김이라는 뜻이다.
② 채결(採決)
③ 원망(怨望)
④ 갈망(渴望)

4 다음 제시된 어구 풀이의 의미와 가장 부합하는 어휘는?

> 무엇을 하고 싶어서 잠자코 있을 수가 없다.

① 오금이 쑤시다
② 오지랖이 넓다
③ 코가 빠지다
④ 발이 뜨다

 ② 주제넘게 남의 일에 간섭하다.
③ 근심이 가득하다.
④ 어떤 곳에 자주 다니지 아니하다.

Answer ☞ 1.③ 2.④ 3.① 4.①

5   다음 제시된 문장의 밑줄 친 어휘와 같은 의미로 사용된 것은?

> 한 치의 숨김도 없이 <u>바르게</u> 대답해야 할 거야.

① 운동장에 선을 <u>바르게</u> 그어놓도록 해라.
② 그는 양심이 <u>바른</u> 사람이라서 거짓말을 하지 못한다.
③ 입에 침이나 <u>바르고</u> 그런 이야기를 해.
④ 창문에 에어 캡을 <u>발랐더니</u> 확실히 따뜻해진 듯 했다.

 ① 겉으로 보기에 비뚤어지거나 굽은 데가 없다.
② 거짓이나 속임이 없이 정직하다.
③ 표면에 고루 묻히다.
④ 풀칠한 종이나 헝겊 따위를 다른 물건의 표면에 고루 붙이다.

▌6~7▌ 다음 제시된 문장을 글의 흐름이 자연스럽도록 순서대로 바르게 배열한 것을 고르시오.

6

> ㈎ 그 덕분에 인류의 문명은 발달될 수 있었다.
> ㈏ 그 대신 사람들은 잠을 빼앗겼고 생물들은 생체 리듬을 잃었다.
> ㈐ 인간은 오랜 세월 태양의 움직임에 따라 신체 조건을 맞추어 왔다.
> ㈑ 그러나 밤에도 빛을 이용해 보겠다는 욕구가 관솔불, 등잔불, 전등을 만들어 냈고,
> 이에 따라 밤에 이루어지는 인간의 활동이 점점 많아졌다.

① ㈎ – ㈏ – ㈐ – ㈑
② ㈏ – ㈎ – ㈑ – ㈐
③ ㈐ – ㈑ – ㈎ – ㈏
④ ㈑ – ㈐ – ㈏ – ㈎

 ㈐ 인간은 태양의 움직임에 따라 신체 조건을 맞춤
㈑ 그러나 전등의 발명으로 밤에도 활동
㈎ 인류의 문명이 발달
㈏ 생체 리듬을 잃음

7

> (개) 디지털 통신 분야에서 일어난 혁명 덕분에 지리적 시장이 사이버스페이스로 전환되면서 인간관계를 조직할 수 있는 새로운 길들이 열렸다.
> (내) 컴퓨터, 통신, 케이블 TV, 가전제품, 방송, 출판, 오락 등이 하나의 종합 통신망 안으로 통합되면 영리를 추구하는 기업들은 인간이 상호 교류하는 방식에 역사상 유례없는 지배력을 행사하게 된다.
> (대) 벌써 20년 전에 다니엘 벨은 앞으로 나타날 시대의 성격을 '통신 서비스에 대한 지배가 권력의 원천이 되고, 통신에 대한 접속이 자유의 조건이 된다.'고 진단했다.

① (개) – (내) – (대)

② (개) – (대) – (내)

③ (내) – (개) – (대)

④ (내) – (대) – (개)

 디지털 문명을 살고 있는 오늘날 점차 다변화되어가는 통신 분야가 사이버 공간으로 전환되어, 종합 통신망을 이용한 기업들이 인간에게 미치는 영향력이 점차 막강해질 것이라는 예측을 중심으로 내용을 전개하고 있다.

Answer → 5.② 6.③ 7.①

8 다음 글의 중심내용으로 적절한 것은?

> 정보 사회라고 하는 오늘날, 우리는 실제적 필요와 지식 정보의 획득을 위해서 독서하는 경우가 많다. 일정한 목적의식이나 문제의식을 안고 달려드는 독서일수록 사실은 능률적인 것이다. 르네상스적인 만능의 인물이었던 괴테는 그림에 열중하기도 했다. 그는 그림의 대상이 되는 집이나 새를 더 관찰하기 위해서 그리는 것이라고, 의아해 하는 주위 사람에게 대답했다고 전해진다. 그림을 그리겠다는 목적의식을 가지고 집이나 꽃을 관찰하면 분명하고 세밀하게 그 대상이 떠오를 것이다. 마찬가지로 일정한 주제의식이나 문제의식을 가지고 독서를 할 때 보다 창조적이고 주체적인 독서 행위가 성립될 것이다.
>
> 오늘날 기술 정보 사회의 시민이 취득해야 할 상식과 정보는 무량하게 많다. 간단한 읽기, 쓰기와 셈하기 능력만 갖추고 있으면 얼마 전까지만 하더라도 문맹(文盲)상태를 벗어날 수 있었다. 오늘날 사정은 이미 동일하지 않다. 자동차 운전이나 컴퓨터 조직이 바야흐로 새 시대의 '문맹' 탈피 조건으로 부상하고 있다. 현대인 앞에는 그만큼 구비해야 할 기본적 조건과 자질이 수없이 기다리고 있다.
>
> 사회가 복잡해짐에 따라 신경과 시간을 바쳐야 할 세목도 증가하게 마련이다. 그러나 어느 시인이 얘기한 대로 인간 정신이 마련해 낸 가장 위대한 세계는 언어로 된 책의 마법 세계이다. 그 세계 속에서 현명한 주민이 되기 위해서는 무엇보다도 자기 삶의 방향에 맞게 시간을 잘 활용해야 할 것이다.

① 정보량의 증가에 비례한 서적의 증가
② 시대에 따라 변화하는 문맹의 조건
③ 목적의식을 가진 독서의 필요성
④ 정보 사회에서 르네상스의 시대적 의미

  첫 문단의 '일정한 목적의식이나 문제의식을 안고 달려드는 독서일수록 사실은 능률적인 것이다.', '마찬가지로 일정한 주제의식이나 문제의식을 가지고 독서를 할 때 보다 창조적이고 주체적인 독서 행위가 성립될 것이다.' 등의 문장을 통해 주제를 유추할 수 있다.

9 다음 글의 (가)~(라)의 중심 내용으로 알맞지 않은 것은?

> (가) 표준어는 맞춤법이나 표준 발음의 대상이 된다. 즉, '한글맞춤법'은 "표준어를 소리대로 적되, 어법에 맞도록 함을 원칙으로 한다."고 하였으며, '표준 발음법'은 "표준어의 실제 발음을 따르되, 국어의 전통성과 합리성을 고려하여 정함을 원칙으로 한다."고 하였으니, 올바른 한글 표기와 표준 발음을 하기 위해서 표준어를 꼭 알아야 함은 물론이다.
>
> (나) 표준어를 정해서 쓰면, 모든 국민이 의사소통이 원활하게 되어, 통합이 용이해진다. 또한 표준어를 통하여 지식이나 정보를 얻을 수 있고, 문화생활도 누릴 수 있다. 그리고 교육적인 면에서도 효율적이며, 국어 순화에도 기여할 수 있다.
>
> (다) 표준어가 아닌 말은 모두 방언이라고 하는데, 방언 중에서 지역적 요인에 의한 것을 지역 방언이라고 하고, 사회적 요인에 의한 것을 사회 방언 또는 계급 방언이라고 한다. 그러나 좁은 의미에서의 방언은 지역 방언만을 의미한다. 지역 방언은 동일한 언어를 사용하는 사람들이 서로 다른 지역에서 살게 되면서 변이된 것이다. 그러므로 가까운 거리의 지역보다는 먼 지역 간의 방언 차이가 더 크며, 교통이 잘 발달되지 않은 지역이나, 옛날에 다른 나라에 속했던 지역 간에도 방언의 차이가 크게 나타난다.
>
> (라) 사회 방언은 언어의 사회적 요인에 의한 변이가 나타난 것인데, 대체로 계층, 세대, 성별, 학력, 직업 등이 중요한 사회적 요인이다. 사회 방언의 예를 들면, '물개'는 군인들이 '해군'을 의미하는 말로 쓰며, '낚다, 건지다'는 신문이나 방송에 종사하는 사람들이 '(좋은) 기사를 취재하다'라는 의미로 사용한다.

① (가) : 표준어의 기능
② (나) : 표준어 사용의 이점
③ (다) : 방언의 분류
④ (라) : 방언의 폐해

 (라)는 사회적 방언에 대해 설명하고 있다.

10 다음 글을 읽고 이 글의 내용으로 알 수 없는 것은?

> 사대부들이 훈민정음의 사용을 반대했던 내면적인 이유는, 문자 체계에 대한 그들의 독점 체제를 유지하려는 데에 있었다. 사대부들은 문자 체계의 독점으로 인한 상대적인 이득을 유지하고 싶었던 것이다. 문자는 일시적으로 사라지는 말과는 달리 원거리 의사소통을 가능하게 하고, 기록으로 남겨 권리의 증거로 삼을 수 있으며, 대대로 지식을 전할 수 있다는 장점이 있다. 한자를 모르던 일반 백성들은 행정절차나 법률, 경제활동 등에 제약을 받을 수밖에 없었다. 조선 후기에, 신분 체계에 유동성이 생기고 상업이나 공업 등 근대적 산업에 대한 인식이 서서히 바뀌기 시작한 것과 – 비록 문학작품을 중심으로 보급되기는 했으나 – 한글의 보급 현상과는 무관하지 않다.
>
> 현대를 일컬어 흔히 '정보화 시대'라고 한다. 정보화 시대란 지식이 곧 권력을 낳는 시대라는 말과 같다. 그러한 의미에서 우리나라 민주주의에도 한글이 공헌한 바가 크다. 한글은 우리나라의 문맹률을 낮추었고, 결과적으로 지식과 정보를 공유하는 데에 결정적인 기여를 했기 때문이다. 권력을 형성하는 지식, 그리고 그 지식을 공유시켜 민주주의에 이바지하기 위한 문자의 보급은 불가분의 관계에 있다. 특히 오늘날, 인터넷을 중심으로 개별적이면서도 대량의 정보가 유통되는 컴퓨터 통신은 기존의 신문이나 방송과 달리 쌍방향 의사소통 체계로 보다 진보적인 민주주의적 의사소통 수단이다. 컴퓨터 통신 시대에는 한글의 역할도 그만큼 증대될 것으로 기대된다.

① 컴퓨터 통신에 이용되는 신조어
② 한글이 민주주의에 끼친 영향
③ 사대부들이 한글 사용을 반대했던 이유
④ 한글이 보급되는 과정

   ② 한글은 우리나라의 문맹률을 낮추었고, 지식과 정보를 공유하는 데에 결정적인 기여를 하여 민주주의에 영향을 끼쳤다.
   ③ 문자 체계에 대한 그들의 독점 체제를 유지하기 위해 사대부들은 한글 보급을 반대했다.
   ④ 비록 문학작품을 중심으로 보급되기는 했지만 조선 후기에 신분 체계에 유동성이 생기고 상업이나 공업 등 근대적 산업에 대한 인식이 서서히 바뀌기 시작되어 한글이 보급되었다.

11 다음 ( ) 안에 들어갈 말로 올바른 것은?

> 공기 : 질소 = ( ) : 염화나트륨

① 소금   ② 설탕

③ 포도당   ④ 물

 질소는 공기의 주성분 중 하나이다. 따라서 비례식이 성립하기 위해서는 괄호 안에 염화나트륨을 주성분으로 하는 소금이 들어가는 것이 적절하다.

12 다음 글의 주제로 가장 적절한 것은?

> 진화론자는 어떠한 한 종에 대해 과거의 진화적 내용을 증명하거나 앞으로의 진화를 예견할 수 없고 단지 어떤 사실을 해석하거나 이에 대하여 이야기를 만들 뿐이다. 왜냐하면 과거 일회성의 사건은 반복되거나 실험적으로 검증할 수 없고 예견은 검증된 사실로부터 가능하기 때문이다. 이러한 관점에서 보면 진화론자와 역사학자는 닮은 점이 있다. 그러나 진화론자는 역사학자보다는 상당히 많은 과학적 이점을 가지고 있다. 즉, 상호 연관성을 가진 생물학적 법칙, 객관적 증거인 상동 기관, 일반적인 과학의 법칙 등으로부터 체계를 세울 수 있다. 상동 기관은 다양한 생물이 전혀 별개로 형성되었다기보다는 하나의 조상으로부터 출발하였다는 가설을 뒷받침하는 좋은 증거이기 때문이다. 진화론은 생물의 속성에 대해 일반적으로 예견할 수 있지만, 아직까지 진화론에는 물리학에 견줄 수 있는 법칙이 정립되어 있지 않다. 이것은 진화론이 해결할 수 없는 본질적인 특성에 기인한다.

① 진화론은 인문 과학의 속성과 자연 과학의 속성을 모두 지니고 있다.

② 진화론은 객관적 증거들을 이용하여 생명 현상의 법칙을 세운다.

③ 진화론이 과학으로서 인정을 받기 위해서는 법칙의 정립이 시급하다.

④ 진화론은 과거의 사실을 증명함으로써 진화 현상에 대한 예측을 가능하게 한다.

 '진화론자와 역사학자는 닮은 점이 있으나 진화론자는 역사학자보다는 상당히 많은 과학적 이점을 가지고 있다'는 것을 통해 ①이 주제문임을 알 수 있다.

Answer ⟶ 10.① 11.① 12.①

13 다음 글의 중심 내용으로 가장 적절한 것은?

> 서로 공유하고 있는 이익의 영역이 확대되면 적국을 뚜렷이 가려내기가 어려워진다. 고도로 상호 작용하는 세계에서 한 국가의 적국은 동시에 그 국가의 협력국이 되기도 한다. 한 예로 소련 정부는 미국을 적국으로 다루는 데 있어서 양면성을 보였다. 그 이유는 소련이 미국을 무역 협력국이자 첨단 기술의 원천으로 필요로 했기 때문이다.
>
> 만일 중복되는 국가 이익의 영역이 계속 증가하게 되면 결국에 한 국가의 이익과 다른 국가의 이익이 같아질까? 그건 아니다. 고도로 상호 작용하는 세계에서 이익과 이익의 충돌은 사라지는 것이 아니라, 단지 수정되고 변형될 뿐이다. 이익이 자연스럽게 조화되는 일은 상호 의존과 진보된 기술로부터 나오지는 않을 것이다. 유토피아란 상호 작용 또는 기술 연속체를 한없이 따라가더라도 발견되는 것은 아니다. 공유된 이익의 영역이 확장될 수는 있겠지만, 가치와 우선순위의 차이와 중요한 상황적 차이 때문에 이익 갈등은 계속 존재하게 될 것이다.

① 주요 국가들 간의 상호 의존적 국가 이익은 미래에 빠른 속도로 증가할 것이다.

② 국가 간에 공유된 이익의 확장은 이익 갈등을 변화시키기는 하지만 완전히 소멸시키지는 못 한다.

③ 국가 이익은 기술적 진보의 차이와 상호 작용의 한계를 고려할 때 궁극적으로는 실현 불가능할 것이다.

④ 세계 경제가 발전해 가면서 더 많은 상호 작용이 이루어지고 기술이 발전함에 따라 국가 이익들은 자연스럽게 조화된다.

 '첫째 문단에서는 공유된 이익이 확장되면 적국과 협력국의 구별이 어려워진다.'는 과제를 제시하였고, 마지막 문장에서 이러한 이익 갈등은 계속 존재하게 될 것이라고 하였다. 따라서 ②가 글의 중심 내용으로 적절하다.

14 다음 제시된 단어와 유사한 의미를 가진 단어를 고르면?

중도(中途)

① 종료   ② 착수
③ 말미   ④ 도중

 중도(中途) … 일이 진행되어 가는 동안
① 어떤 행동이나 일 따위가 끝남
② 어떤 일에 손을 댐 또는 어떤 일을 시작함
③ 어떤 사물의 맨 끄트머리
④ 일이 계속되고 있는 과정이나 일의 중간

15 다음 주어진 단어와 반대 또는 상반되는 단어를 고르면?

곧추다

① 돋우다   ② 추리다
③ 굽히다   ④ 곧차다

 곧추다 … 굽은 것을 곧게 바로잡다.
① 위로 끌어 올려 도드라지거나 높아지게 하다.
② 섞여 있는 것에서 여럿을 뽑아내거나 골라내다.
④ 발길로 곧게 내어 지르다.

Answer⌐→   13.②   14.④   15.③

16 다음 제시된 어구풀이에 해당하는 단어로 적합한 것은?

> 남의 사정을 돌보지 않고 제 일만 생각하는 태도가 있다.

① 야멸치다   ② 야속하다
③ 야무지다   ④ 야물다

 ② 박정하고 쌀쌀함을 이르는 말이다.
③ 사람됨이나 행동이 빈틈이 없이 굳세고 단단함을 이르는 말이다.
④ 과일이나 곡식 따위가 알이 들어 단단하게 익음을 이르는 말이다.

17 다음의 단어에 해당하는 뜻으로 옳은 것은?

> 역성

① 무조건 한쪽 편만 들어 줌   ② 역습하여 나아가 싸움
③ 분개하여 성을 냄   ④ 적대하는 마음

 ② 역전
③ 분노
④ 적대심

18 다음 ( ) 안에 들어갈 단어로 바른 것은?

> 인삼은 한국 고유의 약용 특산물이었으며, 약재로서의 효능과 가치가 매우 높은 물건이었다. 중국과 일본에서는 조선 인삼에 대한 (   )이/가 폭발적으로 증가하였다. 이에 따라 인삼을 상품화하여 상업적 이익을 도모하는 상인들이 등장하였다. 특히 개인 자본을 이용하여 상업 활동을 하던 사상들이 평안도 지방과 송도를 근거지로 하여 인삼거래에 적극적으로 뛰어들었는데, 이들을 삼상이라고 하였다.

① 수요   ② 공급
③ 수출   ④ 제공

 ① 어떤 재화나 용역을 일정한 가격으로 사려고 하는 욕구

19 다음 빈칸에 들어갈 단어들을 바르게 나열한 것은?

> • 전기세 고지서가 (   ) 되었다.
> • 한국은행에서는 화폐를 (   )한다.
> • 이 소포는 해외에서 (   )된 것이다.

① 발부 – 발행 – 발신
② 발행 – 발간 – 발부
③ 발간 – 발행 – 발신
④ 발부 – 발행 – 발간

 ㉠ **발간** : 책, 신문, 잡지 따위를 만들어 내는 것을 뜻한다.
　　㉡ **발부** : 증서, 영장 등을 발행함을 이르는 말이다.
　　㉢ **발신** : 소식이나 우편 또는 전신을 보내는 것을 의미한다.
　　㉣ **발행** : 화폐, 증권, 증명서 따위를 만들어 널리 쓰이도록 함을 이르는 말이다.

20 다음 글에서 밑줄 친 부분의 의미를 나타낼 때 적절한 속담은?

> 　아무리 고사(故事) 취미적이고 고증주의적인 역사가라 하더라도, 단순한 사실적 지식으로 만족하지 않고 조금은 사실 관측을 추구한다고 생각할 때, 사실적 지식만을 추구하는 연구와 관련적 지식을 추구하는 연구로 구분하는 것은 <u>무의미한 현학(衒學)</u>이 될지도 모른다. 결국 역사란 여러 가지 사실들이 복잡하게 얽혀 하나의 상황을 이루는 것이기 때문이다.

① 빈 수레가 더 요란하다.
② 낫 놓고 기역자도 모른다.
③ 가랑잎으로 눈 가리고 아웅한다.
④ 먹지도 못할 제사에 절만 죽도록 한다.

 ① 실속 없는 사람이 겉으로 더 떠들어 댐을 비유적으로 이르는 말
　　② 아주 무식함을 비유적으로 이르는 말
　　③ 얕은꾀로 남을 속이려 함을 이르는 말

Answer┌→　16.①　17.①　18.①　19.①　20.④

21 다음 중 글의 문맥상 관련이 없는 문장은?

①지구는 40억 년 전쯤, 중력 붕괴로 뭉쳐진 거대한 가스 구름이 태양을 만들고 남은 잔재들인 암석과 먼지 고리가 응축되면서 탄생했다. ②지구를 비롯한 태양계 행성들은 일반적인 천체들의 관점에서 본다면 아주 빠른 속도로 천만 년 내지 3천 5백만 년이라는 비교적 짧은 시간 안에 행성체로서의 질량과 회전 타원체로서의 모양을 완성시켰다. 행성이 형성되던 초기 태양계에는 무법천지의 난장판이었다. 행성들 사이의 하늘은 혜성, 소행성, 성간 쓰레기들로 가득 했고 타원형 궤도는 아직 완성되지 않았다. ③철이나 니켈을 비롯한 무거운 원소들로 이루어진 작은 공인 지구의 핵은 말 그대로 공 안에 들어있는 작은 공이다. ④태양계가 탄생하고 5천만 년 정도 흘렀을 때 지구는 자신 크기의 절반 정도 되는 행성과 충돌하는 대사건을 겪게 되는데 이는 지구에 이중으로 영향을 주었다. 지구로 뛰어든 불운한 행성의 질량은 상당 부분 우리 지구로 녹아들어 지구의 순중량을 10퍼센트 정도 늘렸으며, 그와 동시에 원래 지구의 일부였던 덩이리가 충돌 때 밖으로 튀어나가 지구가 혼자 낳은 딸, 유일한 위성인 달이 되었다.

 ③의 내용 앞에서 초기 태양계에 대한 설명이 나오고 있으므로, ④의 태양계 탄생 이후에 관한 이야기가 연결되는 것이 자연스럽다. 따라서 ③의 내용은 글의 문맥상 관련이 없는 문장이다.

22 밑줄 친 단어를 바꾸어 쓰기에 적절한 것은?

조선시대 우리의 전통적인 전술은 흔히 장병(長兵)이라고 불리는 것이었다. 장병은 기병(騎兵)과 보병(步兵)이 모두 궁시(弓矢)나 화기(火器) 같은 장거리 무기를 주무기로 삼아 원격전(遠隔戰)에서 적을 제압하는 것이 특징이었다. 이에 반해 일본의 전술은 창과 검을 주무기로 삼아 근접전(近接戰)에 치중하였기 때문에 단병(短兵)이라 일컬어졌다. 이러한 전술상의 차이로 인해 임진왜란 이전에는 조선의 전력(戰力)이 일본의 전력을 압도하는 형세였다. 조선의 화기 기술은 고려 말 왜구를 효과적으로 격퇴하는 방도로 수용된 이래 발전을 <u>거듭</u>했지만, 단병에 주력하였던 일본은 화기 기술을 습득하지 못하고 있었다.

그러나 이러한 전력상의 우열관계는 임진왜란 직전 일본이 네덜란드 상인들로부터 조총을 구입함으로써 역전되고 말았다. 일본의 새로운 장병 무기가 된 조총은 조선의 궁시나 화기보다도 사거리나 정확도 등에서 훨씬 우세하였다. 조총은 단지 조선의 장병 무기류를 압도하는데 그치지 않고 일본이 본래 가지고 있던 단병 전술의 장점을 십분 발휘하게 하였다. 조선이 임진왜란 때 육전(陸戰)에서 참패를 <u>거듭</u>한 것은 정치·사회 전반의 문제가 일차적 원인이겠지만, 이러한 전술상의 문제에도 전혀 까닭이 없지 않았던 것이다. 그러나 일본은 근접전이 불리한 해전(海戰)에서 조총의 화력을 압도하는 대형 화기의 위력에 눌려 끝까지 열세를 만회하지 못했다. 일본은 화약무기 사용의 전통이 길지 않았기 때문에 해전에서도 조총만을 사용하였다. 반면 화기 사용의 전통이 오래된 조선의 경우 비록 육전에서는 소형화기가 조총의 성능을 당해내지 못했지만, 해전에서는 함선에 탑재한 대형 화포의 화력이 조총의 성능을 압도하였다. 해전에서 조선 수군이 거둔 승리는 이순신의 탁월한 지휘력에도 힘입은 바 컸지만, 이러한 장병 전술의 우위가 승리의 기본적인 토대가 되었던 것이다.

① 반복 　　　　　　　　　　② 제압

③ 장만 　　　　　　　　　　④ 작용

 ② 위력이나 위엄으로 세력이나 기세 따위를 억눌러서 통제함
③ 필요한 것을 사거나 만들거나 하여 갖춤
④ 어떠한 현상을 일으키거나 영향을 미침

23 다음 중 ㉠과 동일한 의미로 쓰인 것은?

> 화학반응이 일어나기 위해서는 반드시 어느 정도의 에너지 장벽을 넘어야만 한다. 반응물의 에너지가 생성물의 에너지보다 작은 경우는 당연히 말할 것도 없거니와 반응물의 에너지가 생성물의 에너지보다 큰 경우에도 마찬가지다. 에너지 장벽을 낮추는 것은 화학반응의 속도를 증가시키고 에너지 장벽을 높이는 것은 화학반응의 속도를 감소시킨다. 에너지 장벽의 높이를 조절하는 물질을 화학반응의 촉매라고 한다. 촉매에는 에너지 장벽을 낮추는 정촉매도 있지만 장벽을 높이는 부촉매도 있다.
>
> 촉매는 산업 생산에서 요긴하게 활용된다. 특히, 수요가 큰 화학제품을 생산하는 경우 충분히 빠른 화학반응 속도를 얻는 것이 중요하다. 반응 속도가 충분히 빠르지 않으면 생산성이 떨어져 경제성이 악화된다. 생산 공정에서는 반응로의 온도를 높여서 반응 속도를 증가시킨다. 이 때 적절한 촉매를 사용하면, 그런 비용을 획기적으로 절감하면서 생산성을 ㉠높이는 것이 가능하다.
>
> 그러나 반응하는 분자들이 복잡한 구조를 지닐 경우에는 반응에 얽힌 상황도 더 복잡해져서 촉매의 투입만으로는 반응 속도를 조절하기 어려워진다. 그런 분자들 간의 반응에서는 분자들이 서로 어떤 방향으로 충돌하는가도 문제가 된다. 즉 에너지 장벽을 넘어설 수 있을 만큼의 에너지가 주어지더라도 반응이 일어날 수 있는 올바른 방향으로 충돌하지 못할 경우에는 화학반응이 일어나지 않는다.

① 우리 회사는 제품의 관심도를 <u>높이는</u> 데 주력하고 있다.
② 회사에서 그의 직급을 과장으로 <u>높여</u> 주었다.
③ 자동차 타이어의 압력을 지나치게 <u>높이면</u> 사고의 가능성이 커진다.
④ 그녀는 우울한 기분을 떨쳐 버리려고 애써 목소리를 <u>높여</u> 말했다.

 ① 값이나 비율 따위가 보통보다 위에 있다.
　　　② 지위나 신분 따위가 보통보다 위에 있다.
　　　③ 온도, 습도, 압력 따위가 기준치보다 위에 있다.
　　　④ 소리가 음계에서 위쪽에 있거나 진동수가 큰 상태에 있다.

24 다음 밑줄 친 단어를 교체하기에 가장 적절한 것은?

> 프랑스의 과학기술학자인 브루노 라투르는 아파트 단지 등에서 흔히 보이는 과속방지용 둔덕을 통해 기술이 인간에게 어떤 역할을 수행하는지를 흥미롭게 설명한다. 운전자들은 둔덕 앞에서 자연스럽게 속도를 줄인다. 그런데 운전자가 이렇게 하는 이유는 이웃을 생각해서가 아니라, 빠른 속도로 둔덕을 넘었다가는 차에 무리가 가기 때문이다. 즉 둔덕은 "타인을 위해 과속을 하면 안 된다."는 (사람들이 잘 지키지 않는) 도덕적 심성을 "과속을 하면 내 차에 고장이 날 수 있다."는 (사람들이 잘 지키는) 이기적 태도로 바꾸는 역할을 한다. 라투르는 과속방지용 둔덕을 "잠자는 경찰'이라고 부르면서, 이것이 교통경찰의 역할을 대신한다고 보았다. 이렇게 라투르는 인간이 했던 역할을 기술이 대신 수행함으로써 우리 사회의 훌륭한 행위자가 된다고 하였다.
>
> 라투르는 총기의 예도 즐겨 사용한다. 총기 사용 규제를 주장하는 사람들은 총이 없으면 일어나지 않을 살인 사건이 총 때문에 발생한다고 주장한다. 반면에 총기 사용 규제에 반대하는 그룹은 살인은 사람이 <u>저지르는</u> 것이며, 총은 중립적인 도구일 뿐이라고 주장한다. 라투르는 전자를 기술결정론, 후자를 사회결정론으로 분류하면서 이 두 가지 입장을 모두 비판한다. 그의 주장은 사람이 총을 가짐으로써 사람도 바뀌고 총도 바뀐다는 것이다. 즉 총과 사람의 합체라는 잡종이 새로운 행위자로 등장하며, 이 잡종 행위자는 이전에 가졌던 목표와는 다른 목표를 가지게 된다. 예를 들어, 원래는 다른 사람에게 겁만 주려 했는데, 총이 손에 쥐어져 있어 살인을 저지르게 되는 식이다.
>
> 라투르는 서양의 학문이 자연, 사회, 인간만을 다루어 왔다고 강하게 비판한다. 라투르에 의하면 서양의 학문은 기술과 같은 '비인간'을 학문의 대상에서 제외했다. 과학이 자연을 탐구하려면 기술이 바탕이 되는 실험기기에 의존해야 하지만, 과학은 기술을 학문 대상이 아닌 도구로 취급했다. 사회 구성 요소 중에 가장 중요한 것은 기술이지만, 사회과학자들은 기술에는 관심이 거의 없었다. 철학자들은 인간을 주체/객체로 나누면서, 기술을 저급하고 수동적인 대상으로만 취급했다. 그 결과 기술과 같은 비인간이 제외된 자연과 사회가 근대성의 핵심이 되었다. 결국 라투르는 행위자로서 기술의 능동적 역할에 주목하면서, 이를 통해 서구의 근대적 과학과 철학이 범했던 자연/사회, 주체/객체의 이분법을 극복하고자 하였다.

① 반하는　　　　　　　　　② 범하는

③ 전달하는　　　　　　　　④ 중립적인

 '저지르다'의 유의어는 '범하다'이다.
- **저지르다** : 죄를 짓거나 잘못이 생겨나게 행동하다.
- **범하다** : 법률, 도덕, 규칙 따위를 어기다.

25 다음은 신용카드 약관의 주요내용이다. 규정 약관을 제대로 이해하지 못한 사람은?

[부가서비스]

카드사는 법령에서 정한 경우를 제외하고 상품을 새로 출시한 후 1년 이내에 부가서비스를 줄이거나 없앨 수가 없다. 또한 부가서비스를 줄이거나 없앨 경우에는 그 세부내용을 변경일 6개월 이전에 회원에게 알려주어야 한다.

[중도 해지 시 연회비 반환]

연회비 부과기간이 끝나기 이전에 카드를 중도해지하는 경우 남은 기간에 해당하는 연회비를 계산하여 10 영업일 이내에 돌려줘야 한다. 다만, 카드 발급 및 부가서비스 제공에 이미 지출된 비용은 제외된다.

[카드 이용한도]

카드 이용한도는 카드 발급을 신청할 때에 회원이 신청한 금액과 카드사의 심사 기준을 종합적으로 반영하여 회원이 신청한 금액 범위 이내에서 책정되며 회원의 신용도가 변동되었을 때에는 카드사는 회원의 이용한도를 조정할 수 있다.

[부정사용 책임]

카드 위조 및 변조로 인하여 발생된 부정사용 금액에 대해서는 카드사가 책임을 진다. 다만, 회원이 비밀번호를 다른 사람에게 알려주거나 카드를 다른 사람에게 빌려주는 등의 중대한 과실로 인해 부정사용이 발생하는 경우에는 회원이 그 책임의 전부 또는 일부를 부담할 수 있다.

---

① 혜수 : 카드사는 법령에서 정한 경우를 제외하고는 1년 이내에 부가서비스를 줄일 수 없어.
② 진성 : 카드 위조 및 변조로 인하여 발생된 부정사용 금액은 일괄 카드사가 책임을 지게 돼.
③ 영훈 : 회원의 신용도가 변경되었을 때 카드사가 이용한도를 조정할 수 있어.
④ 영호 : 연회비 부과기간이 끝나기 이전에 카드를 중도해지하는 경우에는 남은 기간에 해당하는 연회비를 카드사는 돌려줘야 해.

> (Tip) ② 부정사용에 대해 고객의 과실이 있으면 회원이 그 책임의 전부 또는 일부를 부담할 수 있다.

26 다음 글을 읽고 '이것'에 대한 설명으로 가장 적절한 것은?

> 미국 코넬 대학교 심리학과 연구팀은 본교 32명의 여대생을 대상으로 미국의 식품산업 전반에 대한 의견 조사를 실시하였다. '텔레비전에 등장하는 음식 광고가 10년 전에 비해 줄었는지 아니면 늘었는지'를 중심으로 여러 가지 질문을 던졌다. 모든 조사가 끝난 후 설문에 참가한 여대생들에게 다이어트 여부에 대한 추가 질문을 하였다. 식사량에 신경을 쓰고 있는지, 지방이 많은 음식은 피하려고 노력하고 있는지 등에 대한 질문들이었다. 현재 다이어트에 신경 쓰고 있는 여대생들은 그렇지 않은 여대생보다 텔레비전의 식품 광고가 더 늘었다고 인식한 분석 결과가 나타났다. 이들은 서로 다른 텔레비전 프로그램을 봤기 때문일까? 물론 그렇지 않다. 이유는 간단하다. 다이어트를 하는 여대생들은 음식에 대한 '이것'으로 세상을 보고 있었기 때문이다.
>
> 코넬 대학교 연구팀은 미국의 한 초등학교 교사와 교직원을 대상으로 아동들이 직면하고 있는 위험 요소가 5년 전에 비하여 증가했는지 감소했는지 조사했다. 그런 다음 응답자들에게 신상 정보를 물었는데, 그 중 한 질문이 첫 아이가 태어난 연도였다. 그 5년 사이에 첫 아이를 낳은 응답자와 그렇지 않은 응답자의 위험 지각 정도를 비교했다. 그 기간 동안에 부모가 된 교사와 직원들이, 그렇지 않은 사람들에 비해 아이들이 직면한 위험 요소가 훨씬 더 늘었다고 답했다. 부모가 되는 순간 세상을 위험한 곳으로 인식하기 시작하는 것이다. 그런 이유로 이들은 영화나 드라마에 등장하는 'F'로 시작하는 욕도 더 예민하게 받아들인다. 이 점에 대해 저널리스트 엘리자베스 오스틴은 이렇게 지적한다. "부모가 되고 나면 영화, 케이블 TV, 음악 그리고 자녀가 없는 친구들과의 대화 중에 늘 등장하는 비속어에 매우 민감해진다." 이처럼 우리가 매일 보고 듣는 말이나 그 내용은 개개인의 '이것'에 의해 결정된다.

① 자기 자신의 관심에 따라 세상을 규정하는 사고방식이다.
② 자기 자신에 의존하여 자신이 모든 것을 결정하려고 하는 욕구이다.
③ 특정한 부분에 순간적으로 집중하여 선택적으로 지각하는 능력이다.
④ 자기 자신의 경험과 인식이 정확하고 객관적이라고 믿는 입장이다.

 이 글에서 말하고 있는 '이것'은 자기 자신의 관심에 따라 세상을 규정하는 사고방식에 따라 세상을 보고 결정을 한다는 것을 의미한다. 다이어트를 하고 있는 여대생은 그렇지 않은 여대생에 비해 식품광고가 늘었다고 생각하고, 5년 사이에 아이를 낳은 사람은 5년 전에 비하여 아동들이 직면하고 있는 위험요소가 증가했다고 생각하는 것을 보면 알 수 있다.

27 다음 글의 내용과 가장 부합하는 진술은?

> 여행을 뜻하는 서구어의 옛 뜻에 고역이란 뜻이 들어 있다는 사실이 시사하듯이 여행은 금리생활자들의 관광처럼 속 편한 것만은 아니다. 그럼에도 불구하고 고생스러운 여행이 보편적인 심성에 호소하는 것은 일상의 권태로부터의 탈출과 해방의 이미지를 대동하고 있기 때문일 것이다. 술 익는 강마을의 저녁노을은 '고약한 생존의 치욕에 대한 변명'이기도 하지만 한편으로는 그 치욕으로부터의 자발적 잠정적 탈출의 계기가 되기도 한다. 그리고 그것은 결코 가볍고 소소한 일이 아니다. 직업적 나그네와는 달리 보통 사람들은 일상생활에 참여하고 잔류하면서 해방의 순간을 간접 경험하는 것이다. 인간 삶의 난경은, 술 익는 강마을의 저녁노을을 생존의 치욕을 견디게 할 수 있는 매혹으로 만들어 주기도 하는 것이다.

① 여행은 고생으로부터의 해방이다.

② 금리생활자들이 여행을 하는 것은 고약한 생존의 치욕에 대한 변명을 위해서이다.

③ 윗글에서 '보편적인 심성'이라는 말은 문맥으로 보아 여행은 고생스럽다는 생각을 가리키는 것이다.

④ 사람들은 여행에서 일시적인 해방을 맛본다.

 여행을 일상의 권태로부터의 탈출과 해방의 이미지, 생존의 치욕을 견디게 할 수 있는 매혹과 자발적 잠정적 탈출이라고 하고 있다.

28 다음 글을 읽고 알 수 있는 내용으로 가장 적절한 것은?

> 어떤 시점에 당신만이 느끼는 어떤 감각을 지시하여 'W'라는 용어의 의미로 삼는다고 하자. 그 이후에 가끔 그 감각을 느끼게 되면, "W라고 불리는 그 감각이 나타났다."고 당신은 말할 것이다. 그렇지만 그 경우에 당신이 그 용어를 올바로 사용했는지 그렇지 않은지를 어떻게 결정할 수 있는가? 만에 하나 첫 번째 감각을 잘못 기억할 수도 있을 것이고, 혹은 실제로는 단지 희미하고 어렴풋한 유사성밖에 없는데도 첫 번째 감각과 두 번째 감각 사이에 밀접한 유사성이 있는 것으로 착각할 수도 있다. 더구나 그것이 착각인지 아닌지를 판단할 근거가 없다. 만약 "W"라는 용어의 의미가 당신만이 느끼는 그 감각에만 해당한다면, "W"라는 용어의 올바른 사용과 잘못된 사용을 구분할 방법은 어디에도 없게 될 것이다. 올바른 적용에 관해 결론을 내릴 수 없는 용어는 아무런 의미도 갖지 않는다.

① 본인만이 느끼는 감각을 지시하는 용어는 아무 의미도 없다.
② 어떤 용어도 구체적 사례를 통해서 의미를 얻게 될 수 없다.
③ 감각을 지시하는 용어는 사용하는 사람에 따라 상대적인 의미를 갖는다.
④ 감각을 지시하는 용어의 의미는 그것이 무엇을 지시하는가와 아무 상관이 없다.

 '만약 "W"라는 용어의 의미가 당신만이 느끼는 그 감각에만 해당한다면, "W"라는 용어의 올바른 사용과 잘못된 사용을 구분할 방법은 어디에도 없게 될 것이다. 올바른 적용에 관해 결론을 내릴 수 없는 용어는 아무런 의미도 갖지 않는다.'를 통해 알 수 있다.

Answer ↦ 27.④ 28.①

29 다음 글을 읽고 이 글을 뒷받침할 수 있는 주장으로 가장 적합한 것은?

> X선 사진을 통해 폐질환 진단법을 배우고 있는 의과대학 학생을 생각해 보자. 그는 암실에서 환자의 가슴을 찍은 X선 사진을 보면서, 이 사진의 특징을 설명하는 방사선 전문의의 강의를 듣고 있다. 그 학생은 가슴을 찍은 X선 사진에서 늑골뿐만 아니라 그 밑에 있는 폐, 늑골의 음영, 그리고 그것들 사이에 있는 아주 작은 반점들을 볼 수 있다. 하지만 처음부터 그럴 수 있었던 것은 아니다. 첫 강의에서는 X선 사진에 대한 전문의의 설명을 전혀 이해하지 못했다. 그가 가리키는 부분이 무엇인지, 희미한 반점이 과연 특정질환의 흔적인지 전혀 알 수가 없었다. 전문의가 상상력을 동원해 어떤 가상적 이야기를 꾸며내는 것처럼 느껴졌을 뿐이다. 그러나 몇 주 동안 이론을 배우고 실습을 하면서 지금은 생각이 달라졌다. 그는 문제의 X선 사진에서 이제는 늑골 뿐 아니라 폐와 관련된 생리적인 변화, 흉터나 만성 질환의 병리학적 변화, 급성질환의 증세와 같은 다양한 현상들까지도 자세하게 경험하고 알 수 있게 된 것이다. 그는 전문가로서 새로운 세계에 들어선 것이고, 그 사진의 명확한 의미를 지금은 대부분 해석할 수 있게 되었다. 이론과 실습을 통해 새로운 세계를 볼 수 있게 된 것이다.

① 관찰은 배경지식에 의존한다.
② 과학에서의 관찰은 오류가 있을 수 있다.
③ 과학 장비의 도움으로 관찰 가능한 영역은 확대된다.
④ 관찰정보는 기본적으로 시각에 맺혀지는 상에 의해 결정된다.

 배경지식이 전혀 없던 상태에서는 X선 사진을 관찰하여도 아무 것도 찾을 수 없었으나 이론과 실습 등을 통하여 배경지식을 갖추고 난 후에는 X선 사진을 관찰하여 생리적 변화, 만성 질환의 병리적 변화, 급성질환의 증세 등의 현상을 알게 되었다는 것을 보면 관찰은 배경지식에 의존한다고 할 수 있다.

30 다음 글을 읽고 가장 잘 이해한다고 볼 수 있는 사람은?

> 사회에는 위법행위에 호의적인 가치와 호의적이지 않은 가치가 모두 존재한다. 사회
> 구성원들의 가치와 태도도 그러한 가치들로 혼합되어 나타나는데, 어떤 사람은 위법행위
> 에 호의적인 가치를, 또 어떤 사람은 위법행위에 호의적이지 않은 가치를 더 많이 갖고
> 있다. 또한 청소년들은 그러한 주변 사람들로부터 가치와 태도를 학습한다. 그들이 위법
> 행위에 더 호의적인 주위 사람과 자주 접촉하고 상호 작용하게 되면 그만큼 위법행위에
> 호의적인 가치와 관대한 태도를 학습하고 내면화하여, 그러한 가치와 태도대로 행동하다
> 보면 비행을 하게 된다. 예컨대 청소년 주위에는 비행청소년도 있고 모범청소년도 있을
> 수 있는데, 어떤 청소년이 모범청소년보다 비행청소년과 자주 접촉할 경우, 그는 다른
> 청소년들보다 위법행위에 호의적인 가치와 관대한 태도를 보다 많이 학습하게 되어 비
> 행을 더 저지르게 된다.

① 갑 : 바늘 가는데 실 간다.
② 을 : 잘되면 내 탓! 못되면 남의 탓!
③ 병 : 까마귀 노는 곳에 백로야 가지 마라!
④ 정 : 잘못한 일은 누구를 막론하고 벌을 주자!

 주위 환경이 중요함을 이야기하는 글이다. 청소년이 모범청소년보다 비행청소년과 자주 접
촉할 경우, 그는 다른 청소년들보다 위법행위에 호의적인 가치와 관대한 태도를 학습하여
비행을 더 저지르게 된다.

17, 18세기에 걸쳐 각 지역 양반들에 의해 서원이나 사당 건립이 활발하게 진행되었다. 서원이나 사당 대부분은 일정 지역의 유력 가문이 주도하여 자신들의 지위를 유지하고 지역 사회에서 영향력을 행사하는 구심점으로 건립·운영되었다.

이러한 경향은 향리층에게도 파급되어 18세기 후반에 들어서면 안동, 충주, 원주 등에서 향리들이 사당을 신설하거나 중창 또는 확장하였다. 향리들이 건립한 사당은 양반들이 건립한 것에 비하면 얼마 되지 않는다. 하지만 향리들에 의한 사당 건립은 향촌사회에서 향리들의 위세를 짐작할 수 있는 좋은 지표이다.

향리들이 건립한 사당은 그 지역 향리 집단의 공동노력으로 건립한 경우도 있지만, 대부분은 향리 일족 내의 특정한 가계(家系)가 중심이 되어 독자적으로 건립한 것이었다. 이러한 사당은 건립과 운영에 있어서 향리 일족 내의 특정 가계의 이해를 반영하고 있는데, 대표적인 것으로 경상도 거창에 건립된 창충사(彰忠祠)를 들 수 있다.

창충사는 거창의 여러 향리 가운데 신씨가 중심이 되어 세운 사당이나. 영조 4년(1728) 무신란(戊申亂)을 진압하다가 신씨 가문의 다섯 향리가 죽는데, 이들을 추모하기 위해 무신란이 일어난 지 50년이 되는 정조 2년(1778)에 건립되었다. 처음에는 죽은 향리의 자손들이 힘을 모아 사적으로 세웠으나, 10년 후인 정조 12년에 국가에서 제수(祭需)를 지급하는 사당으로 승격하였다.

원래 무신란에서 죽은 향리 중 신씨는 일곱 명이며, 이들의 공로는 모두 비슷하였다. 하지만 두 명의 신씨는 사당에 모셔지지 않았고, 관직이 추증되지도 않았다. 창충사에 모셔진 다섯 명의 향리는 모두 그 직계 자손의 노력에 의한 것이었고, 국가로부터의 포상도 이들의 노력에 의한 것이었다. 반면 두 명의 자손들은 같은 신씨임에도 불구하고 가세가 빈약하여 향촌사회에서 조상을 모실 만큼 힘을 쓸 수 없었다. 향리사회를 주도해 가는 가계는 독점적인 위치를 확고하게 구축하려고 노력하였으며, 사당의 건립은 그러한 노력의 산물이었다.

㉠ 창충사는 양반 가문이 세운 사당이다.
㉡ 양반보다 향리가 세운 사당이 더 많다.
㉢ 양반뿐 아니라 향리가 세운 서원도 존재하였다.
㉣ 창충사에 모셔신 신씨 가문의 향리는 다섯 명이다.

① ㉠, ㉡ 　　　　　　　　　　② ㉠, ㉣

③ ㉢, ㉣ 　　　　　　　　　　④ ㉠, ㉡, ㉢

 상충되는 것은 지문의 내용과 양립할 수 없다는 것을 찾는 것이다. 틀린 것과는 다른 의미임을 명심하여야 한다.
　㉠ 창충사는 거창의 여러 향리 가운데 신씨가 중심이 되어 세운 사당이다.
　㉡ 향리들이 건립한 사당은 양반들이 건립한 사당에 비하면 얼마 되지 않는다.
　㉢ 향리가 세운 서원이 존재하는지 안 하는지 알 수 없다.
　㉣ 창충사에 모셔진 향리는 다섯 명이다. 원래 무신란에 죽은 향리는 일곱 명이었으나 두 명의 신씨는 사당에 모셔지지 않았다.

32 다음 글을 읽고 추론할 수 없는 내용은?

> 우리나라의 고분, 즉 무덤은 크게 나누어 세 가지 요소로 구성되어 있다. 첫째는 목관(木棺), 옹관(甕棺)과 같이 시신을 넣어두는 용기이다. 둘째는 이들 용기를 수용하는 내부 시설로 광(壙), 곽(槨), 실(室) 등이 있다. 셋째는 매장시설을 감싸는 외부 시설로 이에는 무덤에서 지상에 성토한, 즉 흙을 쌓아 올린 부분에 해당하는 분구(墳丘)와 분구 주위를 둘러 성토된 부분을 보호하는 호석(護石) 등이 있다.
>
> 일반적으로 고고학계에서는 무덤에 대해 '묘(墓)-분(墳)-총(塚)'의 발전단계를 상정한다. 이러한 구분은 성토의 정도를 기준으로 삼은 것이다. 매장시설이 지하에 설치되고 성토하지 않은 무덤을 묘라고 한다. 묘는 또 목관묘와 같이 매장시설, 즉 용기를 가리킬 때도 사용된다. 분은 지상에 분명하게 성토한 무덤을 가리킨다. 이 중 성토를 높게 하여 뚜렷하게 구분되는 대형 분구를 가리켜 총이라고 한다.
>
> 고분 연구에서는 지금까지 설명한 매장시설 이외에도 함께 묻힌 피장자(被葬者)와 부장품이 그 대상이 된다. 부장품에는 일상품, 위세품, 신분표상품이 있다. 일상품은 일상생활에 필요한 물품들로 생산 및 생활도구 등이 이에 해당한다. 위세품은 정치, 사회적 관계를 표현하기 위해 사용된 물품이다. 당사자 사이에만 거래되어 일반인이 입수하기 어려운 물건으로 피장자가 착장(着裝)하여 위세를 드러내던 것을 착장형 위세품이라고 한다. 생산도구나 무기 및 마구 등은 일상품이기도 하지만 물자의 장악이나 군사력을 상징하는 부장품이기도 하다. 이것들은 피장자의 신분이나 지위를 상징하는 물건으로 일상품적 위세품이라고 한다. 이러한 위세품 중에 6세기 중엽 삼국의 국가체제 및 신분질서가 장비되어 관등(官等)이 체계화된 이후 사용된 물품을 신분표상품이라고 한다.

① 묘에는 분구와 호석이 발견되지 않는다.

② 묘는 무덤의 구성요소뿐 아니라 무덤 발전단계를 가리킬 때에도 사용되는 말이다.

③ 피장자의 정치, 사회적 신분 관계를 표현하기 위해 장식한 칼을 사용하였다면 이는 위세품에 해당한다.

④ 생산도구가 물자의 장악이나 군사력을 상징하는 부장품에 사용되었다면, 이는 위세품이지 일상품은 아니다.

 위세품은 정치, 사회적 관계를 표현하기 위해 사용된 물품이다. 당사자 사이에만 거래되어 일반인이 입수하기 어려운 물건으로 피장자가 착장(着裝)하여 위세를 드러내던 것을 착장형 위세품이라고 한다. 생산도구나 무기 및 마구 등은 일상품이기도 하지만 물자의 장악이나 군사력을 상징하는 부장품이기도 하다. 이것들은 피장자의 신분이나 지위를 상징하는 물건으로 일상품적 위세품이라고 한다.

Answer⟶ 31.① 32.④

33 다음 A ~ F에 대한 평가로 적절하지 못한 것은?

> 어느 때부터 인간으로 간주할 수 있는가와 관련된 주제는 인문학뿐만 아니라 자연과학에서도 흥미로운 주제이다. 특히 태아의 인권 취득과 관련하여 이러한 주제는 다양하게 논의되고 있다. 과학적으로 볼 때, 인간은 수정 후 시간이 흐름에 따라 수정체, 접합체, 배아, 태아의 단계를 거쳐 인간의 모습을 갖추게 되는 수준으로 발전한다. 수정 후에 태아가 형성되는 데까지는 8주 정도가 소요되는데 배아는 2주 경에 형성된다. 10달의 임신 기간은 태아 형성기, 두뇌의 발달 정도 등을 고려하여 4기로 나뉘는데, 1 ~ 3기는 3개월 단위로 나뉘고 마지막 한 달은 4기에 해당한다. 이러한 발달 단계의 어느 시점에서부터 그 대상을 인간으로 간주할 것인지에 대해서는 다양한 견해들이 있다.
>
> A에 따르면 태아가 산모의 뱃속으로부터 밖으로 나올 때 즉 태아의 신체가 전부 노출이 될 때부터 인간에 해당한다. B에 따르면 출산의 진통 때부터는 태아가 산모로부터 독립해 생존이 가능하기 때문에 그때부터 인간에 해당한다. C는 태아가 형성된 후 4개월 이후부터 인간으로 간주한다. 지각력이 있는 태아는 보호받아야 하는데 지각력이 있어서 필수 요소인 전뇌가 2기부터 발달하기 때문이다. D에 따르면 정자와 난자가 합쳐졌을 때, 즉 수정체부터 인간에 해당한다. 그 이유는 수정체는 생물학적으로 인간으로 태어날 가능성을 갖고 있기 때문이다. E에 따르면 합리적 사고를 가능하게 하는 뇌가 생기는 시점 즉 배아에 해당하는 때부터 인간에 해당한다. F는 수정될 때 영혼이 생기기 때문에 수정체부터 인간에 해당한다고 본다.

① A가 인간으로 간주하는 대상은 B도 인간으로 간주한다.
② C가 인간으로 간주하는 대산은 E도 인간으로 간주한다.
③ D가 인간으로 간주하는 대상은 E도 인간으로 간주한다.
④ D가 인간으로 간주하는 대상은 F도 인간으로 간주하지만, 그렇게 간주하는 이유는 다르다.

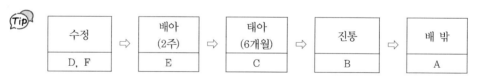

수정		배아 (2주)		태아 (6개월)		진통		배 밖
D, F	⇨	E	⇨	C	⇨	B	⇨	A

34 다음에 설명된 '자연적'의 의미를 바르게 적용한 것은?

> 미덕은 자연적인 것이고 악덕은 자연적이지 않은 것이라는 주장보다 더 비철학적인 것은 없다. 자연이라는 단어가 다의적이기 때문이다. '자연적'이라는 말의 첫 번째 의미는 '기적적'인 것의 반대로서, 이런 의미에서는 미덕과 악덕 둘 다 자연적이다. 자연법칙에 위배되는 현상인 기적을 제외한 세상의 모든 사건이 자연적이다. 둘째로, '자연적'인 것은 '흔하고 일상적'인 것을 의미하기도 한다. 이런 의미에서 미덕은 아마도 가장 '비자연적'일 것이다. 적어도 흔하지 않다는 의미에서의 영웅적인 덕행은 짐승 같은 야만성만큼이나 자연적이지 못할 것이다. 세 번째 의미로서, '자연적'은 '인위적'에 반대된다. 행위라는 것 자체가 특정 계획과 의도를 지니고 수행되는 것이라는 점에서, 미덕과 악덕은 둘 다 인위적인 것이라 할 수 있다. 그러므로 '자연적이다', '비자연적이다'라는 잣대로 미덕과 악덕의 경계를 그을 수 없다.

① 수재민을 돕는 것은 첫 번째와 세 번째 의미에서 자연적이다.
② 논개의 살신성인적 행위는 두 번째와 세 번째 의미에서 자연적이지 않다.
③ 내가 산 로또 복권이 당첨되는 일은 첫 번째와 두 번째 의미에서 자연적이지 않다.
④ 벼락을 두 번이나 맞고도 살아남은 사건은 첫 번째와 두 번째 의미에서 자연적이다.

 첫 번째 의미 - 기적적인 것의 반대
　　　두 번째 의미 - 흔하고 일상적인 것
　　　세 번째 의미 - 인위적의 반대
　　　① 기적적인 것의 반대는 맞으나 인위적인 것의 반대는 아니다.
　　　② 흔하고 일상적인 것이 아니고, 인위적인 행위에 해당한다.
　　　③ 기적적인 것의 반대이므로 맞으나 흔하고 일상적인 것은 아니다.
　　　④ 기적적인 것의 반대이므로 맞으나 흔하고 일상적인 것은 아니다.

Answer↷ 33.③ 34.②

35 다음 글의 내용과 부합하는 것은?

> '청렴(淸廉)'은 현대 사회에서 좁게는 반부패와 동의어로 사용되며 넓게는 투명성과 책임성 등을 포괄하는 통합적 개념으로 사용되고 있다. 유학자들은 청렴을 효제와 같은 인륜의 덕목보다는 하위에 두었지만 군자라면 마땅히 지켜야 할 일상의 덕목으로 중시하였다. 조선의 대표적 유학자였던 이황과 이이는 청렴을 사회 규율이자 개인 처세의 지침으로 강조하였다. 특히 공적 업무에 종사하는 사람이라면 사회 규율로서의 청렴이 개인의 처세와 직결된다는 점에 유념해야 한다고 보았다.
>
> 청렴에 대한 논의는 정약용의 「목민심서」에서 본격적으로 나타난다. 정약용은 청렴이야말로 목민관이 지켜야 할 근본적인 덕목이며 목민관의 직무는 청렴이 없이는 불가능하다고 강조하였다. 정약용은 청렴을 당위의 차원에서 주장하는 기존의 학자들과 달리 행위자 자신에게 실질적 이익이 된다는 점을 들어 설득하고자 한다. 그는 청렴은 큰 이득이 남는 장사라고 말하면서, 지혜롭고 욕심이 큰 사람은 청렴을 택하지만 지혜가 짧고 욕심이 작은 사람은 탐욕을 택한다고 설명한다. 정약용은 "지자(知者)는 인(仁)을 이롭게 여긴다."라는 공자의 말을 빌려 "지혜로운 자는 청렴함을 이롭게 여긴다."라고 하였다. 비록 재물을 얻는 데 뜻이 있더라도 청렴함을 택하는 것이 결과적으로는 지혜로운 선택이라고 정약용은 말한다. 목민관의 작은 탐욕은 단기적으로 보면 눈앞의 재물을 취하여 이익을 얻을 수 있겠지만 궁극에는 개인의 몰락과 가문의 불명예를 가져올 수 있기 때문이다.
>
> 정약용은 청렴을 지키는 것은 두 가지 효과가 있다고 보았다. 첫째, 청렴은 다른 사람에게 긍정적 효과를 미친다. 목민관이 청렴할 경우 백성을 비롯한 공동체 구성원에게 좋은 혜택이 돌아갈 것이다. 둘째, 청렴한 행위를 하는 것은 목민관 자신에게도 좋은 결과를 가져다준다. 청렴은 그 자신의 덕을 높이는 것일 뿐 아니라 자신의 가문에 빛나는 명성과 영광을 가져다줄 것이다.

① 정약용은 청렴이 목민관이 반드시 지켜야 할 덕목임을 당위론 차원에서 정당화하였다.

② 정약용은 탐욕을 택하는 것보다 청렴을 택하는 것이 이롭다는 공자의 뜻을 계승하였다.

③ 정약용은 청렴한 사람은 욕심이 작기 때문에 재물에 대한 탐욕에 빠지지 않는다고 보았다.

④ 정약용은 청렴이 백성에게 이로움을 줄 뿐 아니라 목민관 자신에게도 이로운 행위라고 보았다.

 ① 정약용은 청렴을 당위의 차원에서 주장하는 기존의 학자들과 달리 행위자 자신에게 실질적 이익이 된다는 점을 들어 설득하고자 하였다.

② 정약용은 "지자(知者)는 인(仁)을 이롭게 여긴다."라는 공자의 말을 빌려 "지혜로운 자는 청렴함을 이롭게 여긴다."라고 하였다.

③ 청렴은 큰 이득이 남는 장사라고 말하면서, 지혜롭고 욕심이 큰 사람은 청렴을 택하지만 지혜가 짧고 욕심이 작은 사람은 탐욕을 택한다고 설명한다.

36 다음 글을 통해 추론할 수 있는 것은?

> '핸드오버'란 이동단말기가 이동함에 따라 기존 기지국에서 이탈하여 새로운 기지국으로 넘어갈 때 통화가 끊기지 않도록 통화 신호를 새로운 기지국으로 넘겨주는 것을 말한다. 이런 핸드오버는 이동단말기, 기지국, 이동전화교환국 사이의 유무선 연결을 바탕으로 실행된다. 이동단말기가 기지국에 가까워지면 그 둘 사이의 신호가 점점 강해지는데 반해, 이동단말기와 기지국이 멀어지면 그 둘 사이의 신호는 점점 약해진다. 이 신호의 세기가 특정값 이하로 떨어지게 되면 핸드오버가 명령되어 이동단말기와 새로운 기지국 간의 통화 채널이 형성된다. 이 과정에서 이동전화교환국과 기지국 간 연결에 문제가 발생하면 핸드오버가 실패하게 된다.
>
> 핸드오버는 이동단말기와 기지국 간 통화 채널 형성 순서에 따라 '형성 전 단절 방식'과 '단절 전 형성 방식'으로 구분될 수 있다. FDMA와 TDMA에서는 형성 전 단절 방식을, CDMA에서는 단절 전 형성 방식을 사용한다. 형성 전 단절 방식은 이동단말기와 새로운 기지국 간의 통화 채널이 형성되기 전에 기존 기지국과의 통화 채널을 단절하는 것을 말한다. 이와 반대로 단절 전 형성 방식은 이동단말기와 기존 기지국 간의 통화 채널이 단절되기 전에 새로운 기지국과의 통화 채널을 형성하는 방식이다. 이런 핸드오버 방식의 차이는 각 기지국이 사용하는 주파수 간 차이에서 비롯된다. 만약 각 기지국이 다른 주파수를 사용하고 있다면, 이동단말기는 기존 기지국과의 통화 채널을 미리 단절한 뒤 새로운 기지국에 맞는 주파수를 할당 받은 후 통화 채널을 형성해야 한다. 그러나 각 기지국이 같은 주파수를 사용하고 있다면, 그런 주파수 조정이 필요 없으며 새로운 통화 채널을 형성하고 나서 기존 통화 채널을 단절할 수 있다.

① 단절 전 형성 방식의 각 기지국은 서로 다른 주파수를 사용한다.
② 형성 전 단절 방식은 단절 전 형성 방식보다 더 빨리 핸드오버를 명령할 수 있다.
③ 이동단말기와 기존 기지국 간의 통화 채널이 단절되면 핸드오버가 성공한다.
④ CDMA에서는 하나의 이동단말기가 두 기지국과 동시에 통화 채널을 형성할 수 있지만 FDMA에서는 그렇지 않다.

 ① 단절 전 형성 방식은 이동단말기와 기존 기지국 간의 통화 채널이 단절되기 전에 새로운 기지국과의 통화 채널을 형성하는 방식이다.
　　각 기지국이 같은 주파수를 사용하고 있다면, 그런 주파수 조정이 필요 없으며 새로운 통화 채널을 형성하고 나서 기존 통화 채널을 단절할 수 있다.
② 신호의 세기가 특정값 이하로 떨어지게 되면 핸드오버가 명령되어 이동단말기와 새로운 기지국 간의 통화 채널이 형성된다. 형성 전 단절 방식과 단절 전 형성 방식의 차이와는 상관 없다.
③ 새로운 기지국 간의 통화 채널이 형성되어야 함도 포함되어야 한다.

37 다음은 행복 아파트의 애완동물 사육규정의 일부이다. 다음과 같은 규정을 참고할 때, 거주자들에게 안내되어야 할 사항으로 적절하지 않은 것은?

제4조 (애완동물 사육 시 준수사항)

1. 애완동물은 훈련 철저 및 항상 청결상태를 유지하고, 소음발생 등으로 입주자 등에게 피해를 주지 않아야 한다.
2. 애완동물의 사육은 규정된 종류의 동물에 한하며, 년 ○회 이상 정기검진을 실시하고 진드기, 해충기생 등의 예방을 철저히 하여야 한다.
3. 애완동물을 동반하여 승강기에 탑승할 경우 반드시 안고 탑승, 타인에게 공포감을 주지 말아야 한다.
4. 애완동물과 함께 산책할 경우 반드시 목줄을 사용하여야 하며, 배설물을 수거할 수 있는 장비를 지참하여 즉시 수거하여야 한다.
5. 애완동물을 동반한 야간 외출 시 손전등을 휴대하여 타인에게 공포감을 주지 않도록 하여야 한다.
6. 앞, 뒤 베란다 배수관 및 베란다 밖으로 배변처리를 금지한다.
7. 애완동물과 함께 체육시설, 화단 등 공공시설의 출입은 금지한다.

제5조 (애완동물 사육에 대한 동의)

1. 애완견동물을 사육하고자 하는 세대에서는 단지 내 애완동물 동호회를 만들거나 가입하여 공공의 이익을 위하여 활동할 수 있다.
2. 애완동물을 제외한 기타 가축을 사육하고자 하는 세대에서는 반드시 관리주체의 동의를 구하여야 한다.
3. 애완동물 사육 시 해당동의 라인에서 입주민 다수의 민원(반상회 건의 등)이 있는 세대에는 재발방지를 위하여 서약서를 징구할 수 있으며, 이후 재민원이 발생할 경우 관리규약에 의거하여 애완동물을 사육할 수 없도록 한다.
4. 세대 당 애완동물의 사육두수는 ○마리로 제한한다.

제6조 (환경보호)

1. 애완동물을 사육하는 세대는 동호회에서 정기적으로 실시하는 단지 내 공용부분의 청소에 참여하여야 한다.
2. 청소는 동호회에서 관리하며, 청소에 참석하지 않는 세대는 동호회 회칙으로 정한 청소비를 납부하여야 한다.

---

① "애완동물 동호회에 가입하지 않으신 애완동물 사육 세대에서도 공용부분 청소에 참여하셔야 합니다."

② "애완동물을 사육하는 세대는 사육 동물의 종류와 마리 수를 관리실에 반드시 고지하셔야 합니다."

③ "단지 내 주민 체육관에는 애완동물을 데리고 입장하실 수 없으니 착오 없으시기 바랍니다."

④ "애완동물을 동반하고 이동하실 경우, 승강기 이용이 제한되오니 반드시 계단을 이용해 주시기 바랍니다."

 애완동물을 데리고 승강기에 탑승할 경우 반드시 안고 탑승해야 하며, 타인에게 공포감을 주지 말아야 한다는 규정은 있으나, 승강기 이용이 제한되거나 반드시 계단을 이용해야만 하는 것은 아니므로 잘못된 안내 사항이다.

① 애완동물을 사육하는 세대는 동호회에서 정기적으로 실시하는 단지 내 공용부분의 청소에 참여하여야 한다고 규정하고 있으므로 공용부분 청소는 동호회 가입과 무관하게 애완동물을 사육하는 세대의 의무사항으로 볼 수 있다.

② 애완동물의 종류를 규정하고 있으며 사육두수에 대한 제한 사항도 마련되어 있으므로 사육 동물의 상세 내역을 고지하는 것은 의무사항이라고 할 수 있다.

③ 애완동물에 대한 체육시설, 화단 등 공공시설의 출입은 금지되어 있다.

Answer 37.④

38 다음 불만 고객 응대 서비스 매뉴얼을 참고하여 고객과 나눈 대화 중 매뉴얼에 입각한 상담 직원의 적절한 답변이라고 볼 수 없는 것은?

〈불만 고객 응대 서비스 매뉴얼〉

• 경청 : 고객이 불만족한 사유를 듣는다.
    → 끝까지 전부 듣고 반드시 메모한다.
     절대로 피하지 않는다.
     변명하거나 논쟁하지 않는다.

• 원인파악 : 불평불만의 원인을 알아야 한다.
     → 원인의 파악이 충분치 못하면 불평하는 고객을 납득시킬 수 없으며 그 대책을 세울 수가 없다.

• 해결책 강구 : 고객의 불만에 관심을 나타내 고객을 이해하려고 노력한다.
  ㉠ 담당자가 처리하기 어려운 경우
   담당 직원 직접 처리 → 책임자가 즉각 처리 → 책임자가 별도 공간에서 처리
  ㉡ 불만이 심한 경우
   1. 응대자를 바꾼다. 윗사람을 내세워 다시금 처음부터 들어보고 정중하게 사과한다.
   2. 장소를 바꾼다. 고객이 큰소리로 불만을 늘어놓게 되면 다른 고객에게도 영향을 미치므로 별도 공간으로 안내하여 편안하게 이야기를 주고받는다.
   3. 따끈한 차를 대접하고 시간적 여유를 갖는다. 감정을 이성적으로 바꿀 수 있는 시간도 벌고 불평불만 해소 대응책 강구의 여유도 갖는다.

• 불만 해소 : 반드시 성의 있는 태도로 불만을 해소시킨다.
     → 감정을 표시하지 않고 조용히 성의 있는 태도로 응대한다.

• 종결 : 처리 결과를 알려주고 효과를 검토한다.
    → 감정적으로 적당히 처리하여 넘어가는 임시방편이 되어서는 안 되며 반드시 피드백하여 업무에 반영하도록 한다.

고객 : 그렇게는 안 된다고 몇 번을 말해야 알아듣겠소? 어떻게 이런 일처리 방식으로 고객의 요청에 응할 수 있지요?

직원 : ① 죄송합니다, 고객님. 그런 방법에 따라주실 수 없는 이유를 설명해 주신다면 제가 다른 방법을 찾아서 권해드려 보겠습니다.

고객 : 그럼 내가 이렇게 직접 찾아오기까지 했는데 오늘 안 되면 나한테 어떻게 하라는 겁니까?

직원 : ② 고객님께서 내일 점심시간에 필요하신 서류라고 하셨으니 늦어도 내일 오전 10시까지는 반드시 처리해 드리겠습니다. 고객님께서도 서류를 받으신 후에 이상 없으셨는지 저에게 편하신 방법으로 알려주신다면 업무에 큰 도움 되겠습니다.

고객 : 아니, 이봐요, 내가 보니까 은행 마감 시간 전에 일처리를 끝내줄 수 있을 것 같지가 않군요. 처리 시간을 앞당길 수 있도록 책임자를 좀 불러줘야겠어요.

직원 : ③ 죄송합니다만 고객님, 이 건은 고객님의 상황을 제가 가장 잘 알고 있으니 담당자인 제가 어떻게든 마무리를 지어드리도록 하겠습니다. 잠시만 더 기다려 주세요.

고객 : 아니 도대체 왜 나만 불이익을 당하라는 거지요? 내 얘기는 그렇게 무시해도 됩니까?

직원 : ④ 고객님, 우선 왜 그러시는지 저에게 차근차근 말씀을 좀 해 주실 수 있으신지요? 고객님의 말씀을 들어보고 제가 처리해 드리도록 하겠습니다.

 고객에게 불친절하거나 불손한 응대법을 사용하고 있지는 않으나, 책임자의 권한으로 보다 신속히 처리될 수 있는 다급한 업무인 경우, 굳이 담당자가 원칙에만 입각하여 경직된 업무 태도를 보이는 것은 매뉴얼의 내용과도 부합되지 않는다고 볼 수 있으므로, 책임자에게 즉각적인 처리를 요청하는 것이 더욱 바람직한 상황이라고 판단할 수 있다.

① 고객의 불평에 직접적으로 대응하기보다 불평의 원인을 찾으려는 바람직한 자세로 볼 수 있다.

② 적절한 업무 처리를 고객에게 통보하고 있으며, 처리결과에 대한 사후 관리까지 신경 쓰는 자세를 보이고 있으므로 바람직하다고 볼 수 있다.

④ 고객의 불만족 사유를 다 들어보려는 태도를 보이고 있으므로 바람직한 경청의 자세라고 할 수 있다.

Answer▸ 38.③

39 다음은 K공사의 신입사원 채용에 관한 안내문의 일부 내용이다. 다음 내용을 근거로 할 때, K공사가 안내문의 내용에 부합되게 취할 수 있는 행동이라고 볼 수 없는 것은?

- 모든 응시자는 1인 1개 분야만 지원할 수 있습니다.
- 응시희망자는 지역제한 등 응시자격을 미리 확인하고 응시원서를 접수하여야 하며, 응시원서의 기재사항 착오·누락, 공인어학능력시험 점수·자격증·장애인·취업지원대상자 가산점수·가산비율 기재 착오, 연락불능 등으로 발생되는 불이익은 일체 응시자의 책임으로 합니다.
- 입사지원서 작성내용은 추후 증빙서류 제출 및 관계기관에 조회할 예정이며 내용을 허위로 입력한 경우에는 합격이 취소됩니다.
- 응시자는 시험장소 공고문, 답안지 등에서 안내하는 응시자 주의사항에 유의하여야 하며, 이를 준수하지 않을 경우에 본인에게 불이익이 될 수 있습니다.
- 원서접수결과 지원자가 채용예정인원 수와 같거나 미달하더라도 적격자가 없는 경우 선발하지 않을 수 있습니다.
- 시험일정은 사정에 의하여 변경될 수 있으며 변경내용은 7일 전까지 공사 채용홈페이지를 통해 공고할 계획입니다.
- 제출된 서류는 본 채용목적 이외에는 사용하지 않으며, 채용절차의 공정화에 관한 법령에 따라 최종합격자 발표일 이후 180일 이내에 반환청구를 할 수 있습니다.
- 최종합격자 중에서 신규임용후보자 등록을 하지 않거나 관계법령에 의한 신체검사에 불합격한 자 또는 공사 인사규정 제21조에 의한 응시자격 미달자는 신규임용후보자 자격을 상실하고 차순위자를 추가합격자로 선발할 수 있습니다.
- 임용은 교육성적을 포함한 채용시험 성적순으로 순차적으로 임용하되, 장애인 또는 경력자의 경우 성적순위에도 불구하고 우선 임용될 수 있습니다.

※ 공사 인사규정 제22조제2항에 의거 신규임용후보자의 자격은 임용후보 등록일로부터 1년으로 하며, 필요에 따라 1년의 범위 안에서 연장될 수 있습니다.

---

① 동일한 응시자가 기계직과 운영직에 동시 응시를 한 사실이 뒤늦게 발견되어 임의로 기계직 응시 관련 사항 일체를 무효처리하였다.

② 대학 졸업예정자로 채용된 A씨는 마지막 학기 학점이 부족하여 졸업이 미뤄지는 바람에 채용이 취소되었다.

③ 50명 선발이 계획되어 있었고, 45명이 지원을 하였으나 42명만 선발하였다.

④ 최종합격자 중 신규임용후보자 자격을 상실한 자가 있어 불합격자 중 임의의 인원을 추가 선발하였다.

(Tip) 결원이 생겼을 때에는 그대로 추가 선발 없이 채용을 마감할 수 있으며, 추가합격자를 선발할 경우 반드시 차순위자를 선발하여야 한다.
① 모든 응시자는 1인 1개 분야만 지원할 수 있다.
② 입사지원서 작성 내용과 다르게 된 결과이므로 취소 처분이 가능하다.
③ 지원자가 채용예정인원 수와 같거나 미달하더라도 적격자가 없는 경우 선발하지 않을 수 있다.

40 아래에 제시된 네 개의 문장 (가)~(라)를 문맥에 맞는 순서대로 나열한 것은?

> (가) 공산품을 제조·유통·사용·폐기하는 과정에서 생태계가 정화시킬 수 있는 정도 이상의 오염물이 배출되고 있기 때문에 다양한 형태의 생태계 파괴가 일어나고 있다.
>
> (나) 생태계 파괴는 곧 인간에게 영향을 미치므로 생태계의 건강관리에도 많은 주의를 기울여야 할 것이다.
>
> (다) 최근 '웰빙'이라는 말이 유행하면서 건강에 더 많은 신경을 쓰는 사람들이 늘어나고 있다.
>
> (라) 그러나 인간이 살고 있는 환경 자체의 건강에 대해서는 아직도 많은 관심을 쏟고 있지 않는 것 같다.

① (나) - (가) - (다) - (라)

② (가) - (나) - (라) - (다)

③ (나) - (가) - (라) - (다)

④ (다) - (라) - (가) - (나)

 (다)에서 웰빙에 대한 화두를 던지고 있으나, (라)에서 반전을 이루며 인간의 건강이 아닌 환경의 건강을 논하고자 하는 필자의 의도를 읽을 수 있다. 이에 따라 환경 파괴에 의한 생태계의 변화와 그러한 생태계의 변화가 곧 인간에게 영향을 미치게 된다는 논리를 펴고 있으므로 이어서 (가), (나)의 문장이 순서대로 위치하는 것이 가장 적절한 문맥의 흐름이 된다.

Answer 39.④ 40.④

02 수리능력

1 직장생활과 수리능력

(1) 기초직업능력으로서의 수리능력

① 개념 … 직장생활에서 요구되는 사칙연산과 기초적인 통계를 이해하고 도표의 의미를 파악하거나 도표를 이용해서 결과를 효과적으로 제시하는 능력을 말한다.

② 수리능력은 크게 기초연산능력, 기초통계능력, 도표분석능력, 도표작성능력으로 구성된다.
  ㉠ 기초연산능력: 직장생활에서 필요한 기초적인 사칙연산과 계산방법을 이해하고 활용할 수 있는 능력
  ㉡ 기초통계능력: 평균, 합계, 빈도 등 직장생활에서 자주 사용되는 기초적인 통계기법을 활용하여 자료의 특성과 경향성을 파악하는 능력
  ㉢ 도표분석능력: 그래프, 그림 등 도표의 의미를 파악하고 필요한 정보를 해석하는 능력
  ㉣ 도표작성능력: 도표를 이용하여 결과를 효과적으로 제시하는 능력

(2) 업무수행에서 수리능력이 활용되는 경우

① 업무상 계산을 수행하고 결과를 정리하는 경우

② 업무비용을 측정하는 경우

③ 고객과 소비자의 정보를 조사하고 결과를 종합하는 경우

④ 조직의 예산안을 작성하는 경우

⑤ 업무수행 경비를 제시해야 하는 경우

⑥ 다른 상품과 가격비교를 하는 경우

⑦ 연간 상품 판매실적을 제시하는 경우

⑧ 업무비용을 다른 조직과 비교해야 하는 경우

⑨ 상품판매를 위한 지역조사를 실시해야 하는 경우

⑩ 업무수행과정에서 도표로 주어진 자료를 해석하는 경우

⑪ 도표로 제시된 업무비용을 측정하는 경우

예제 1

다음 자료를 보고 주어진 상황에 대한 물음에 답하시오.

〈근로소득에 대한 간이 세액표〉

월 급여액(천 원) [비과세 및 학자금 제외]		공제대상 가족 수				
이상	미만	1	2	3	4	5
2,500	2,520	38,960	29,280	16,940	13,570	10,190
2,520	2,540	40,670	29,960	17,360	13,990	10,610
2,540	2,560	42,380	30,640	17,790	14,410	11,040
2,560	2,580	44,090	31,330	18,210	14,840	11,460
2,580	2,600	45,800	32,680	18,640	15,260	11,890
2,600	2,620	47,520	34,390	19,240	15,680	12,310
2,620	2,640	49,230	36,100	19,900	16,110	12,730
2,640	2,660	50,940	37,810	20,560	16,530	13,160
2,660	2,680	52,650	39,530	21,220	16,960	13,580
2,680	2,700	54,360	41,240	21,880	17,380	14,010
2,700	2,720	56,070	42,950	22,540	17,800	14,430
2,720	2,740	57,780	44,660	23,200	18,230	14,850
2,740	2,760	59,500	46,370	23,860	18,650	15,280

※ 갑근세는 제시되어 있는 간이 세액표에 따름
※ 주민세＝갑근세의 10%
※ 국민연금＝급여액의 4.50%
※ 고용보험＝국민연금의 10%
※ 건강보험＝급여액의 2.90%
※ 교육지원금＝분기별 100,000원(매 분기별 첫 달에 지급)

박○○ 사원의 5월 급여내역이 다음과 같고 전월과 동일하게 근무하였으나 특별수당은 없고, 차량지원금으로 100,000원을 받게 된다면, 6월에 받게 되는 급여는 얼마인가? (단, 원 단위 절삭)

(주) 서원플랜테크 5월 급여내역			
성명	박○○	지급일	5월 12일
기본급여	2,240,000	갑근세	39,530
직무수당	400,000	주민세	3,950
명절 상여금		고용보험	11,970
특별수당	20,000	국민연금	119,700
차량지원금		건강보험	77,140
교육지원		기타	
급여계	2,660,000	공제합계	252,290
		지급총액	2,407,710

① 2,443,910
② 2,453,910
③ 2,463,910
④ 2,473,910

[출제의도]
업무상 계산을 수행하거나 결과를 정리하고 업무비용을 측정하는 능력을 평가하기 위한 문제로서, 주어진 자료에서 문제를 해결하는 데에 필요한 부분을 빠르고 정확하게 찾아내는 것이 중요하다.

[해설]

기본 급여	2,240,000	갑근세	46,370
직무 수당	400,000	주민세	4,630
명절 상여금		고용 보험	12,330
특별 수당		국민 연금	123,300
차량 지원금	100,000	건강 보험	79,460
교육 지원		기타	
급여계	2,740,000	공제 합계	266,090
		지급 총액	2,473,910

답 ④

(3) 수리능력의 중요성

① 수학적 사고를 통한 문제해결

② 직업세계의 변화에의 적응

③ 실용적 가치의 구현

(4) 단위환산표

구분	단위환산
길이	1cm = 10mm, 1m = 100cm, 1km = 1,000m
넓이	$1cm^2 = 100mm^2$, $1m^2 = 10,000cm^2$, $1km^2 = 1,000,000m^2$
부피	$1cm^3 = 1,000mm^3$, $1m^3 = 1,000,000cm^3$, $1km^3 = 1,000,000,000m^3$
들이	$1m\ell = 1cm^3$, $1d\ell = 100cm^3$, $1L = 1,000cm^3 = 10d\ell$
무게	1kg = 1,000g, 1t = 1,000kg = 1,000,000g
시간	1분 = 60초, 1시간 = 60분 = 3,600초
할푼리	1푼 = 0.1할, 1리 = 0.01할, 1모 = 0.001할

| 예제 2

둘레의 길이가 4.4km인 정사각형 모양의 공원이 있다. 이 공원의 넓이는 몇 a인가?

① 12,100a

② 1,210a

③ 121a

④ 12.1a

[출제의도]
길이, 넓이, 부피, 들이, 무게, 시간, 속도 등 단위에 대한 기본적인 환산 능력을 평가하는 문제로서, 소수점 계산이 필요하며, 자릿수를 읽고 구분할 줄 알아야 한다.

[해설]
공원의 한 변의 길이는
$4.4 \div 4 = 1.1(km)$ 이고
$1km^2 = 10,000a$ 이므로
공원의 넓이는
$1.1km \times 1.1km = 1.21km^2$
$= 12,100a$

답 ①

2 수리능력을 구성하는 하위능력

(1) 기초연산능력

① **사칙연산** … 수에 관한 덧셈, 뺄셈, 곱셈, 나눗셈의 네 종류의 계산법으로 업무를 원활하게 수행하기 위해서는 기본적인 사칙연산뿐만 아니라 다단계의 복잡한 사칙연산까지도 수행할 수 있어야 한다.

② **검산** … 연산의 결과를 확인하는 과정으로 대표적인 검산방법으로 역연산과 구거법이 있다.

  ㉠ **역연산** : 덧셈은 뺄셈으로, 뺄셈은 덧셈으로, 곱셈은 나눗셈으로, 나눗셈은 곱셈으로 확인하는 방법이다.

  ㉡ **구거법** : 원래의 수와 각 자리 수의 합이 9로 나눈 나머지가 같다는 원리를 이용한 것으로 9를 버리고 남은 수로 계산하는 것이다.

■ 예제 3

다음 식을 바르게 계산한 것은?

$$1+\frac{2}{3}+\frac{1}{2}-\frac{3}{4}$$

① $\frac{13}{12}$

② $\frac{15}{12}$

③ $\frac{17}{12}$

④ $\frac{19}{12}$

[출제의도]
직장생활에서 필요한 기초적인 사칙연산과 계산방법을 이해하고 활용할 수 있는 능력을 평가하는 문제로서, 분수의 계산과 통분에 대한 기본적인 이해가 필요하다.

[해설]

$$\frac{12}{12}+\frac{8}{12}+\frac{6}{12}-\frac{9}{12}=\frac{17}{12}$$

답 ③

---

(2) 기초통계능력

① **업무수행과 통계**

  ㉠ **통계의 의미** : 통계란 집단현상에 대한 구체적인 양적 기술을 반영하는 숫자이다.

  ㉡ **업무수행에 통계를 활용함으로써 얻을 수 있는 이점**

  • 많은 수량적 자료를 처리가능하고 쉽게 이해할 수 있는 형태로 축소

  • 표본을 통해 연구대상 집단의 특성을 유추

  • 의사결정의 보조수단

  • 관찰 가능한 자료를 통해 논리적으로 결론을 추줄·검증

ⓒ 기본적인 통계치

- 빈도와 빈도분포 : 빈도란 어떤 사건이 일어나거나 증상이 나타나는 정도를 의미하며, 빈도분포란 빈도를 표나 그래프로 종합적으로 표시하는 것이다.
- 평균 : 모든 사례의 수치를 합한 후 총 사례 수로 나눈 값이다.
- 백분율 : 전체의 수량을 100으로 하여 생각하는 수량이 그중 몇이 되는가를 퍼센트로 나타낸 것이다.

② 통계기법

㉠ 범위와 평균

- 범위 : 분포의 흩어진 정도를 가장 간단히 알아보는 방법으로 최곳값에서 최젓값을 뺀 값을 의미한다.
- 평균 : 집단의 특성을 요약하기 위해 가장 자주 활용하는 값으로 모든 사례의 수치를 합한 후 총 사례 수로 나눈 값이다.
- 관찰값이 1, 3, 5, 7, 9일 경우 범위는 $9 - 1 = 8$이 되고, 평균은 $\dfrac{1+3+5+7+9}{5} = 5$가 된다.

㉡ 분산과 표준편차

- 분산 : 관찰값의 흩어진 정도로, 각 관찰값과 평균값의 차의 제곱의 평균이다.
- 표준편차 : 평균으로부터 얼마나 떨어져 있는가를 나타내는 개념으로 분산값의 제곱근 값이다.
- 관찰값이 1, 2, 3이고 평균이 2인 집단의 분산은 $\dfrac{(1-2)^2 + (2-2)^2 + (3-2)^2}{3} = \dfrac{2}{3}$ 이고 표준편차는 분산값의 제곱근 값인 $\sqrt{\dfrac{2}{3}}$ 이다.

③ 통계자료의 해석

㉠ 다섯숫자요약

- 최솟값 : 원자료 중 값의 크기가 가장 작은 값
- 최댓값 : 원자료 중 값의 크기가 가장 큰 값
- 중앙값 : 최솟값부터 최댓값까지 크기에 의하여 배열했을 때 중앙에 위치하는 사례의 값
- 하위 25%값 · 상위 25%값 : 원자료를 크기 순으로 배열하여 4등분한 값

㉡ 평균값과 중앙값 : 평균값과 중앙값은 그 개념이 다르기 때문에 명확하게 제시해야 한다.

예제 4

인터넷 쇼핑몰에서 회원가입을 하고 디지털캠코더를 구매하려고 한다. 다음은 구입하고자 하는 모델에 대하여 인터넷 쇼핑몰 세 곳의 가격과 조건을 제시한 표이다. 표에 있는 모든 혜택을 적용하였을 때 디지털캠코더의 배송비를 포함한 실제 구매가격을 바르게 비교한 것은?

구분	A 쇼핑몰	B 쇼핑몰	C 쇼핑몰
정상가격	129,000원	131,000원	130,000원
회원혜택	7,000원 할인	3,500원 할인	7% 할인
할인쿠폰	5% 쿠폰	3% 쿠폰	5,000원
중복할인여부	불가	가능	불가
배송비	2,000원	무료	2,500원

① A<B<C
② B<C<A
③ C<A<B
④ C<B<A

(3) 도표분석능력

① 도표의 종류

㉠ 목적별 : 관리(계획 및 통제), 해설(분석), 보고

㉡ 용도별 : 경과 그래프, 내역 그래프, 비교 그래프, 분포 그래프, 상관 그래프, 계산 그래프

㉢ 형상별 : 선 그래프, 막대 그래프, 원 그래프, 점 그래프, 층별 그래프, 레이더 차트

② 도표의 활용

㉠ 선 그래프

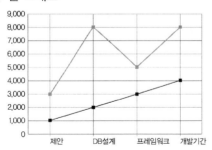

• 주로 시간의 경과에 따라 수량에 의한 변화 상황(시계열 변화)을 절선의 기울기로 나타내는 그래프이다.
• 경과, 비교, 분포를 비롯하여 상관관계 등을 나타낼 때 쓰인다.

㉡ 막대 그래프

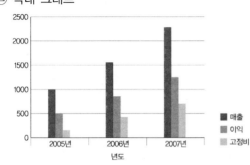

• 비교하고자 하는 수량을 막대 길이로 표시하고 그 길이를 통해 수량 간의 대소관계를 나타내는 그래프이다.
• 내역, 비교, 경과, 도수 등을 표시하는 용도로 쓰인다.

㉢ 원 그래프

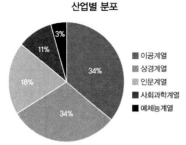

• 내역이나 내용의 구성비를 원을 분할하여 나타낸 그래프이다.
• 전체에 대해 부분이 차지하는 비율을 표시하는 용도로 쓰인다.

ㄹ 점 그래프

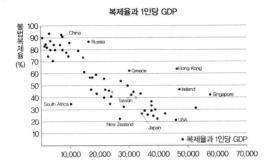

- 종축과 횡축에 2요소를 두고 보고자 하는 것이 어떤 위치에 있는가를 나타내는 그래프이다.
- 지역분포를 비롯하여 도시, 기방, 기업, 상품 등의 평가나 위치·성격을 표시하는데 쓰인다.

ㅁ 층별 그래프

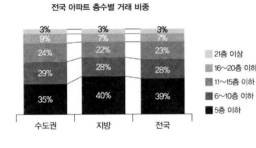

- 선 그래프의 변형으로 연속내역 봉 그래프라고 할 수 있다. 선과 선 사이의 크기로 데이터 변화를 나타낸다.
- 합계와 부분의 크기를 백분율로 나타내고 시간적 변화를 보고자 할 때나 합계와 각 부분의 크기를 실수로 나타내고 시간적 변화를 보고자 할 때 쓰인다.

ㅂ 레이더 차트(거미줄 그래프)

- 원 그래프의 일종으로 비교하는 수량을 직경, 또는 반경으로 나누어 원의 중심에서의 거리에 따라 각 수량의 관계를 나타내는 그래프이다.
- 비교하거나 경과를 나타내는 용도로 쓰인다.

③ 도표 해석상의 유의사항
  ㉠ 요구되는 지식의 수준을 넓힌다.
  ㉡ 도표에 제시된 자료의 의미를 정확히 숙지한다.
  ㉢ 도표로부터 알 수 있는 것과 없는 것을 구별한다.
  ㉣ 총량의 증가와 비율의 증가를 구분한다.
  ㉤ 백분위수와 사분위수를 정확히 이해하고 있어야 한다.

예제 5

다음 표는 2009 ~ 2010년 지역별 직장인들의 자기개발에 관해 조사한 내용을 정리한 것이다. 이에 대한 분석으로 옳은 것은?

(단위 : %)

연도\구분\지역	2009				2010			
	자기개발 하고 있음	자기개발 비용 부담 주체			자기개발 하고 있음	자기개발 비용 부담 주체		
		직장 100%	본인 100%	직장50%+본인50%		직장 100%	본인 100%	직장50%+본인50%
충청도	36.8	8.5	88.5	3.1	45.9	9.0	65.5	24.5
제주도	57.4	8.3	89.1	2.9	68.5	7.9	68.3	23.8
경기도	58.2	12	86.3	2.6	71.0	7.5	74.0	18.5
서울시	60.6	13.4	84.2	2.4	72.7	11.0	73.7	15.3
경상도	40.5	10.7	86.1	3.2	51.0	13.6	74.9	11.6

① 2009년과 2010년 모두 자기개발 비용을 본인이 100% 부담하는 사람의 수는 응답자의 절반 이상이다.

② 자기개발을 하고 있다고 응답한 사람의 수는 2009년과 2010년 모두 서울시가 가장 많다.

③ 자기개발 비용을 직장과 본인이 각각 절반씩 부담하는 사람의 비율은 2009년과 2010년 모두 서울시가 가장 높다.

④ 2009년과 2010년 모두 자기개발을 하고 있다고 응답한 비율이 가장 높은 지역에서 자기개발비용을 직장이 100% 부담한다고 응답한 사람의 비율이 가장 높다.

[출제의도]
그래프, 그림, 도표 등 주어진 자료를 이해하고 의미를 파악하여 필요한 정보를 해석하는 능력을 평가하는 문제이다.
[해설]
② 지역별 인원수가 제시되어 있지 않으므로, 각 지역별 응답자 수는 알 수 없다.
③ 2009년에는 경상도에서, 2010년에는 충청도에서 가장 높은 비율을 보인다.
④ 2009년과 2010년 모두 '자기개발을 하고 있다'고 응답한 비율이 가장 높은 지역은 서울시이며, 2010년의 경우 자기개발 비용을 직장이 100% 부담한다고 응답한 사람의 비율이 가장 높은 지역은 경상도이다.

답 ①

(4) 도표작성능력

① 도표작성 절차
  ㉠ 어떠한 도표로 작성할 것인지를 결정
  ㉡ 가로축과 세로축에 나타낼 것을 결정
  ㉢ 한 눈금의 크기를 결정
  ㉣ 자료의 내용을 가로축과 세로축이 만나는 곳에 표현
  ㉤ 표현한 점들을 선분으로 연결
  ㉥ 도표의 제목을 표기

② 도표작성 시 유의사항
  ㉠ 선 그래프 작성 시 유의점
    • 세로축에 수량, 가로축에 명칭구분을 제시한다.
    • 선의 높이에 따라 수치를 파악하는 경우가 많으므로 세로축의 눈금을 가로축보다 크게 하는 것이 효과적이다.
    • 선이 두 종류 이상일 경우 반드시 그 명칭을 기입한다.
  ㉡ 막대 그래프 작성 시 유의점
    • 막대 수가 많을 경우에는 눈금선을 기입하는 것이 알아보기 쉽다.
    • 막대의 폭은 모두 같게 하여야 한다.
  ㉢ 원 그래프 작성 시 유의점
    • 정각 12시의 선을 기점으로 오른쪽으로 그리는 것이 보통이다.
    • 분할선은 구성비율이 큰 순서로 그린다.
  ㉣ 층별 그래프 작성 시 유의점
    • 눈금은 선 그래프나 막대 그래프보다 적게 하고 눈금선은 넣지 않는다.
    • 층별로 색이나 모양이 완전히 다른 것이어야 한다.
    • 같은 항목은 옆에 있는 층과 선으로 연결하여 보기 쉽도록 한다.

1 10%의 소금물과 20%의 소금물, 100g의 물을 섞어 10%의 소금물 500g이 되었다. 섞기 전의 10%의 소금물은 몇 g이었는가?

① 150g

② 200g

③ 250g

④ 300g

 10%의 소금물을 xg, 20%의 소금물을 $(400-x)$g이라 할 때, 섞은 소금물의 농도를 구하는 식은 다음과 같다.

$$\frac{0.1x+0.2(400-x)}{500} \times 100 - 10\%$$

$$0.1x+80-0.2x=50$$

$$0.1x=30$$

$$\therefore x=300\,\text{g}$$

2 100km 떨어진 목적지를 향하여 A버스가 먼저 출발하고, 20분 뒤에 같은 장소에서 B버스가 출발하여 목적지에 동시에 도착하였다. B버스가 A버스보다 시속 10km가 더 빠르다고 할 때, B버스의 속력은?

① 50km/h

② 60km/h

③ 70km/h

④ 80km/h

 B버스의 속력을 v라면, A버스의 속력은 $v-10$이므로 $\dfrac{100}{v-10}=\dfrac{100}{v}+\dfrac{1}{3}$ 에서

$$v^2-10v-3,000=0$$

$$(v-60)(v+50)=0$$

$$\therefore v \equiv 60$$

3 창고에 가득 찬 짐을 기계의 도움 없이 하루 만에 바로 옆 창고로 옮기기 위해서는 남자 8명 또는 여자 11명이 필요하다. 오늘 하루에 짐을 다 옮겨야 하는데 남자 인부를 6명밖에 구하지 못했다면 여자 인부가 최소 몇 명이 필요한가?

① 3명
② 4명
③ 5명
④ 6명

 남자 1명이 하루에 옮길 수 있는 양은 $\frac{1}{8}$, 여자 1명이 하루에 옮길 수 있는 양은 $\frac{1}{11}$이다.

남자 6명과 여자 x명이 하루 만에 창고의 모든 짐을 옮기려면 $6 \times \frac{1}{8} + x \times \frac{1}{11} = 1$이어야 하므로 $x = 2.75$, 즉 3명의 여자 인부가 필요하다.

4 연속한 세 자연수 중, 가운데 숫자에 5를 곱한 후에 세 수를 합쳐보니 49가 나왔다. 연속한 세 숫자 중 가장 작은 수는 얼마인가?

① 6
② 7
③ 8
④ 9

 연속한 세 자연수를 $a-1$, a, $a+1$이라고 할 때
$a-1+5a+a+1 = 7a = 49$이므로 $a = 7$이다.
연속하는 세 숫자 $a-1$, a, $a+1$ 중 가장 작은 숫자는 $7-1=6$이다.

5 세 사람의 나이를 모두 곱하면 2,450이고, 모두 더하면 46이다. 최고령자의 나이는?

① 21
② 25
③ 28
④ 35

 $xyz = 2,450 = 2 \times 5^2 \times 7^2$에서, 세 사람의 나이로 가능한 숫자는 2, 5, 7, 10, 14, 25, 35이다. 이 중 세 수의 합이 46인 조합은 (7, 14, 25)만 가능하고, 이 때 최고령자의 나이는 25세이다.

Answer ↪ 1.④ 2.② 3.① 4.① 5.②

6 세 가지 육류가 들어가는 어느 요리에 3인분당 돼지고기 100g, 4인분당 닭고기 100g, 6인분냥 소고기 100g이 쓰인다. 세 가지 육류 3,600g을 남김없이 사용하여 그 요리를 만들었다면, 몇 인분인가?

① 24

② 36

③ 48

④ 52

 요리에 대해 몇 인분을 만들었는지는 동시에 적용된다. 총 x인분의 요리를 만들었다고 할 때, 각각의 재료에 대하여 1인분당 고기량과 인분수의 곱을 합한 값이 사용한 총 육류량이 된다.

$$\frac{100}{3}x + \frac{100}{4}x + \frac{100}{6}x = 3,600$$

$$\therefore x = 3,600 \times \frac{12}{900} = 48 \text{인분}$$

7 40%의 소금물 300g을 가열하여, 50g의 물을 증발시키면 몇 %의 소금물이 되는가?

① 44%

② 46%

③ 48%

④ 50%

 40% 소금물 300g에 들어 있는 소금의 양은 $300 \times 0.4 = 120$g이고, 물의 양은 $300 - 120 = 180$g이다.
물이 50g 증발했으므로 $180 - 50 = 130$g이므로
소금물의 농도는 $\frac{120}{130+120} \times 100 = \frac{120}{250} \times 100 = 48\%$

8 A, B, C, D, E 5명 중에서 3명을 순서를 고려하지 않고 뽑을 경우 방법의 수는?

① 7가지

② 10가지

③ 15가지

④ 20가지

 순서를 고려하지 않고 3명을 뽑으므로
$_5C_3 = \frac{5!}{3! \times (5-3)!} = \frac{5 \times 4 \times 3 \times 2 \times 1}{3 \times 2 \times 1 \times 2 \times 1} = 10$가지

9   민수의 제 작년 나이의 $\frac{1}{4}$ 과 내년 나이의 $\frac{1}{5}$ 이 같을 때 민수의 올해 나이는?

① 10세   ② 12세

③ 14세   ④ 16세

 민수의 올해 나이를 x라 하면

$\frac{1}{4}(x-2) = \frac{1}{5}(x+1)$

$5(x-2) = 4(x+1)$

$5x-10 = 4x+4$

$\therefore x = 14$세

10   A기업에서는 매년 3월에 정기 승진 시험이 있다. 시험을 치른 사람이 남자사원, 여자사원을 합하여 총 100명이고 시험의 평균이 남자사원은 72점, 여자사원은 76점이며, 남녀 전체 평균은 73일 때 시험을 치른 여자사원의 수는?

① 25명   ② 30명

③ 35명   ④ 40명

 시험을 치른 여자사원이 수를 x라 하고, 여자사원의 총점+남자사원의 총점=전체 사원의 총점이므로

$76x + 72(100-x) = 73 \times 100$

식을 간단히 하면 $4x = 100$

$x = 25$

$\therefore$ 여자사원은 25명이다.

Answer → 6.③ 7.③ 8.② 9.③ 10.①

11 다음은 1봉(1회 제공량)의 포장단위가 20g인 K사 아몬드초콜릿의 영양성분표이다. 이에 대한 설명으로 옳지 않은 것은?

	100g당 함량	% 영양소 기준치
열량	605kcal	
탄수화물	30g	10%
당류	20g	
단백질	20g	35%
지방	45g	90%
포화지방	7.5g	50%
트랜스지방	0g	
콜레스테롤	25mg 미만	5%
나트륨	25mg	0%

① K사 아몬드초콜릿 1회 제공량의 탄수화물 함량은 6g이다.

② K사 아몬드초콜릿이 제공하는 열량 중 60% 이상이 지방으로부터 얻어진다.

③ K사 아몬드초콜릿으로 지방의 1일 영양소 기준치를 100% 이상 섭취하려면 6봉 이상 섭취해야 한다.

④ K사 아몬드초콜릿 2봉을 섭취하면 1일 영양소 기준치 이상의 포화지방을 섭취하게 된다.

① 1회 제공량(1봉)은 20g이므로 탄수화물의 함량은 $\frac{30}{5} = 6g$이다.

② K사 아몬드초콜릿 100g에서 지방이 제공하는 열량은 $45g \times 9kcal/g = 405kcal$이다. 총 605kcal 중 지방이 제공하는 열량의 비율은 $\frac{405}{605} \times 100 ≒ 66.9\%$이다.

③ 1봉당 지방의 '% 영양소 기준치'는 18%이므로 100% 이상 섭취하려면 6봉 이상 섭취해야 한다.

④ 주어진 표는 100g(5봉)에 대한 정보이므로 10봉을 섭취해야 1일 영양소 기준치 이상의 포화지방을 섭취하게 된다.

┃12~13┃ 다음은 2016 ~ 2019년 창업지원금 신청자를 대상으로 직업을 조사한 표이다. 자료를 보고 물음에 답하시오.

(단위 : 명)

연도 직업	2016	2017	2018	2019
교수	54	34	152	183
연구원	49	73	90	118
대학생	23	17	59	74
대학원생	12	31	74	93
회사원	357	297	481	567
기타	295	350	310	425
계	790	802	1,166	1,460

12 전체 창업지원금 신청자 대비 회사원 비율이 가장 높은 해는?

① 2016년 ② 2017년
③ 2018년 ④ 2019년

 $\dfrac{\text{회사원 수}}{\text{전체 창업지원금 신청자}} \times 100$

2016년 : $\dfrac{357}{790} \times 100 = 45.19\%$

2017년 : $\dfrac{297}{802} \times 100 = 37.03\%$

2018년 : $\dfrac{481}{1,166} \times 100 = 41.25\%$

2019년 : $\dfrac{567}{1,460} \times 100 = 38.84\%$

Answer↱ 11.④ 12.①

13 2016년 대비 2019년의 신청자 수의 증가율이 가장 큰 직업은 무엇인가?

① 교수   ② 연구원

③ 대학생   ④ 대학원생

$$\frac{2019년\ 신청자수 - 2016년\ 신청자\ 수}{2016년\ 신청자수} \times 100$$

교수 : $\frac{183-54}{54} \times 100 = 238.9\%$

연구원 : $\frac{118-49}{49} \times 100 = 140.8\%$

대학생 : $\frac{74-23}{23} \times 100 = 221.7\%$

대학원생 : $\frac{93-12}{12} \times 100 = 675\%$

회사원 : $\frac{597-357}{357} \times 100 = 58.8\%$

14 길이가 300m인 화물열차가 어느 다리를 건너는 데 60초가 걸리고, 길이가 150m인 새마을호는 이 다리를 화물열차의 2배의 속력으로 27초 안에 통과한다. 이 때, 다리의 길이는?

① 1km   ② 1.2km

③ 1.4km   ④ 2km

열차의 속력 x, 다리의 길이 y

$60x = 300 + y$

$2 \times 27x = 150 + y$

$\therefore\ y = 1,200\text{m}$

15 다음 제시된 표는 주식회사 에스알의 채용 전형에서 실시된 직업기초능력평가의 영역별 상위 점수자 5명에 대한 자료이다. 이에 대한 〈보기〉의 설명 중 옳지 않은 것은?

순위	의사소통능력		수리능력		문제해결능력	
	이름	점수	이름	점수	이름	점수
1	김미영	94	신경은	91	유준현	97
2	이나라	93	김미영	90	박기호	95
3	김현식	90	이나라	88	황지우	90
4	유준현	88	황지우	82	신경은	88
5	황지우	85	유준현	76	김미영	84

※ 전체 순위 : 총점(세 영역 점수의 합)이 높은 순서대로 정함
※ 주식회사 에스알의 직업기초능력평가는 '의사소통능력, 수리능력, 문제해결능력'으로만 구성되며, 입사 지원자라면 반드시 응시하여야 함

〈보기〉
㉠ 주식회사 에스알의 응시자 중 총점이 가장 높은 사람은 김미영이다.
㉡ 유준현은 총점을 기준으로 할 때, 전체 순위 2위이다.
㉢ 신경은의 총점은 260점을 초과하지 못한다.
㉣ 주식회사 에스알 직업기초능력평가의 합격 최저점이 총점 기준 251점이라면 김현식은 불합격이다.

① ㉠, ㉡
② ㉠, ㉣
③ ㉡, ㉢
④ ㉠, ㉢, ㉣

 ㉡ 유준현의 점수의 합 : 88+76+97=261점
이나라의 **점수** 합의 **최댓값** : 93+88+(84)=265점, 문제해결능력의 5위 동점자가 없어도 264점이므로 이나라가 2위일 수 있다.
㉢ 신경은의 점수의 합의 최댓값은 (85)+91+88=264점, 의사소통능력의 5위 동점자가 없어도 263점이므로 260을 초과할 수 있다.
㉠ 김미영의 점수의 합은 94+90+84=268점, 특정 영역에서 5위권에 못 들어간 사람의 경우 해당 영역의 5위인 사람의 점수를 이용하여 최댓값을 구해도 이 점수보다 높은 사람은 없다.
㉣ 김현식의 점수의 합의 최댓값은 90+(76)+(84)=250점, 각 영역의 5위 동점자가 없다면 248점이다. 따라서 총점 기준이 251점이라면 불합격이다.

Answer ┌→ 13.④ 14.② 15.③

16 럭키 여행사의 8월 여행자 수는 전 달에 비하여 중국인은 10% 증가하고, 일본인은 8% 감소하여 전체 여행자 수는 48명이 증가한 2,148명이 되었다. 8월의 중국인 여행자 수는?

① 1,118명

② 1,264명

③ 1,280명

④ 1,320명

 8월의 전체 여행자 수가 2,148명이므로 7월의 전체 여행자 수는 2,100명이다.
7월의 중국인 여행자 수를 x라 하면, 일본인 여행자 수는 $2,100-x$이다.
$0.1x - 0.08(2,100-x) = 48$
$10x - 8(2,100-x) = 4,800$, $18x = 21,600$, $\therefore x = 1,200$
8월의 중국인 여행자 수는 10% 증가하였으므로 이를 구하면
$1,200 + 1,200 \times 0.1 = 1,200 + 120 = 1,320$명
따라서 8월의 중국인 여행자는 1,320명이다.

17 어떤 제품을 만들어서 하나를 팔면 이익이 5,000원 남고, 불량품을 만들게 되면 10,000원 손실을 입게 된다. 이 제품의 기댓값이 3,500원이라면 이 제품을 만드는 공정의 불량률은 몇 %인가?

① 4%

② 6%

③ 8%

④ 10%

 불량률을 x라고 하면, 정상품이 생산되는 비율은 $100-x$
$5,000 \times \dfrac{100-x}{100} - 10,000 \times \dfrac{x}{100} = 3,500$
$50(100-x) - 100x = 3,500$
$5,000 - 50x - 100x = 3,500$
$150x = 1,500$
$x = 10$

18 15cm의 초가 다 타는데 10분이 걸렸다면 30cm의 초가 다 타는데 걸리는 시간은?

① 15분 ② 18분
③ 20분 ④ 25분

 1분은 60초, 10분은 600초
15cm의 초가 600초에 다 타므로 1cm에 40초가 걸리는 셈이므로 30cm의 초가 다 타려면
1,200초
즉, 20분이 걸린다.

19 A주식의 가격은 B주식의 가격의 2배이다. 민재가 두 주식을 각각 10주씩 구입 후 A주식은 30%, B주식은 20% 올라 총 주식의 가격이 76,000원이 되었다. 오르기 전의 B주식의 주당 가격은 얼마인가?

① 1,000원 ② 1,500원
③ 2,000원 ④ 3,000원

 A주식의 가격을 x, B주식의 가격을 y라 하면
$x = 2y$
두 주식을 각각 10주씩 사서 각각 30%, 20% 올랐으므로
$1.3x \times 10 + 1.2y \times 10 = 76,000$
B주식의 가격을 구해야 하므로 y에 해대 정리하면
$1.3 \times 2y \times 10 + 1.2y \times 10 = 76,000$
$38y = 76,000$
$y = 2,000$

Answer 16.④ 17.④ 18.③ 19.③

20 은정이의 진구들은 은정이의 생일선물을 사기 위해 논을 모았다. 한 친구가 24,000원을 내고 나머지 다른 친구들을 10,000원씩 걷었더니 평균 한 사람당 12,000원씩 낸 것이 된다면 친구들의 인원수는?

① 7명

② 9명

③ 11명

④ 13명

 10,000원을 낸 친구들의 인원수를 x라 하면

$$\frac{24,000+10,000x}{x+1}=12,000$$

$x=6$

총 친구들의 인원수는 $6+1=7$명

21 어떤 일을 영수가 혼자하면 6일, 순희가 혼자하면 12일 걸린다. 영수와 순희가 함께 동시에 일을 시작했지만 영수가 중간에 쉬어서 일을 끝마치는데 8일이 걸렸다고 한다. 이 때 영수가 쉬었던 기간은?

① 3일

② 4일

③ 5일

④ 6일

 하루에 영수가 하는 일의 양은 $\frac{1}{6}$, 하루에 순희가 하는 일의 양은 $\frac{1}{12}$

순희는 처음부터 8일 동안 계속해서 일을 하였으므로 순희가 한 일의 양은 $\frac{1}{12}\times8$

(일의 양)−(순희가 한 일의 양)=(영수가 한 일의 양)

$1-\frac{8}{12}=\frac{4}{12}$

영수가 일을 하는데 걸린 시간은 $\frac{4}{12}\div\frac{1}{6}=2$일

작업기간−영수가 일한 기간=영수가 쉬었던 날이므로 $8-2=6$

즉, 6일이 된다.

22 지금 6시로 같은 시각인 시계 2개가 있다. 어떤 시계는 1시간마다 1분씩 빨라지고 다른 시계는 1분마다 1.5초씩 느려질 때 며칠이 지난 후에 두 시계의 시각이 같아지는가?

① 7일

② 10일

③ 12일

④ 30일

 두 시계의 4시간마다 시간 차이는 10분이고, 두 시계의 시간차가 12시간이 되어야 두 시계의 시각이 같아지므로 12일이 지나야 한다.

23 다음 자료를 참고할 때, 산림율이 가장 큰 국가부터 순서대로 알맞게 나열된 것은? (단, 모든 수치는 반올림하여 소수 첫째 자리까지 표시함)

(단위 : 만 명, 명/km²)

국가	인구수	인구밀도	산림 인구밀도
갑	1,200	24	65
을	1,400	36	55
병	2,400	22	30
정	3,500	40	85

* 인구밀도=인구수÷국토 면적
* 산림 인구밀도=인구수÷산림 면적
* 산림율=산림 면적÷국토 면적×100

① 병 – 을 – 정 – 갑

② 을 – 병 – 정 – 갑

③ 병 – 을 – 갑 – 정

④ 병 – 정 – 을 – 갑

 주어진 산식에 의하여 국토 면적, 산림 면적, 산림율을 확인해 보면 다음 표와 같다.

(단위 : 만 명, 명/km²)

국가	인구수	인구밀도	산림 인구밀도	국토 면적	산림 면적	산림율
갑	1,200	24	65	$1,200 \div 24 = 50$	$1,200 \div 65 = 18.5$	$18.5 \div 50 \times 100 = 37\%$
을	1,400	36	55	$1,400 \div 36 = 38.9$	$1,400 \div 55 = 25.5$	$25.5 \div 38.9 \times 100 = 65.6\%$
병	2,400	22	30	$2,400 \div 22 = 109.1$	$2,400 \div 30 = 80$	$80 \div 109.1 \times 100 = 73.3\%$
정	3,500	40	85	$3,500 \div 40 = 87.5$	$3,500 \div 85 = 41.2$	$41.2 \div 87.5 \times 100 = 47.1\%$

따라서 산림율이 가장 큰 국가는 병 – 을 – 정 – 갑국의 순이다.

Answer↪ 20.① 21.④ 22.③ 23.①

24 형과 동생은 함께 집안 정리를 하려고 한다. 형 혼자 정리를 하면 30분, 동생 혼자 정리를 하면 20분이 걸린다. 처음 10분 동안은 두 형제가 함께 정리를 하고 남은 일은 형 혼자 정리를 하게 된다면 집안 정리를 끝마치는 데 걸리는 총 시간은 얼마인가?

① 13분

② 15분

③ 18분

④ 20분

 형과 동생의 분당 정리량은 각각 $\frac{1}{30}$ 과 $\frac{1}{20}$ 이다. 따라서 두 형제가 함께 정리할 때의 분당 정리량은 $\frac{1}{30}+\frac{1}{20}=\frac{1}{12}$ 이 된다. 그러므로 10분 동안 함께 일을 하면 총 정리량은 $10\times\frac{1}{12}=\frac{5}{6}$ 이 된다. 나머지 $\frac{1}{6}$ 을 형이 정리해야 하므로 형의 분당 정리량인 $\frac{1}{30}$ 에 필요한 시간 x를 곱하여 $\frac{1}{6}$ 이 되어야 한다. 따라서 $\frac{1}{30}\times x=\frac{1}{6}$ 이 된다.

그러므로 형이 혼자 정리하는 데 필요한 시간은 5분이 된다.

따라서 총 소요 시간은 10분+5분=15분이 된다.

25 다음은 한 통신사의 요금제별 요금 및 할인 혜택에 관한 표이다. 이번 달에 전화통화와 함께 100건 이상의 문자메시지를 사용하였는데, A요금제를 이용했을 경우 청구되는 요금은 14,000원, B요금제를 이용했을 경우 청구되는 요금은 16,250원이다. 이번 달에 사용한 문자메시지는 모두 몇 건인가?

요금제	기본료	통화요금	문자메시지요금	할인 혜택
A	없음	5원/초	10원/건	전체 요금의 20% 할인
B	5,000원/월	3원/초	15원/건	문자메시지 월 100건 무료

① 125건

② 150건

③ 200건

④ 250건

 통화량을 x, 문자메시지를 y라고 하면

A요금제 → $(5x+10y)\times\left(1-\frac{1}{5}\right)=4x+8y=14,000$ 원

B요금제 → $5,000+3x+15\times(y-100)=16,250$ 원

두 식을 정리해서 풀면

$y=250$, $x=3,000$

26 다음 자료를 보고 바르게 설명한 것을 모두 고른 것은?

연도	해외여행자(만 명)	전년대비 증가율(%)
2010	434.2	41.6
2011	550.8	28.9
2012	608.4	10.5
2013	712.3	17.1
2014	708.6	−0.5
2015	882.6	24.5
2016	1,007.8	14.2
2017	1,161.0	15.2
2018	1,333.0	14.8
2019	1,199.6	−10.0

ⓐ 2018년에는 전년대비 14.8% 증가한 1,333.0만 명이 해외여행을 다녀왔다.
ⓑ 해외여행인구는 계속 증가하였으나, 2014년과 2019년에만 감소하였다.
ⓒ 가장 많은 인구가 해외여행을 한 해는 2018년도이다.

① ⓐ
② ⓑ
③ ⓐ, ⓑ
④ ⓐ, ⓑ, ⓒ

 ⓐ, ⓑ, ⓒ 모두 옳은 설명이다.

27 다음은 K사 직원들의 인사이동에 따른 4개의 지점별 직원 이동 현황을 나타낸 자료이다. 다음 자료를 참고할 때, 빈 칸 Ⓐ, Ⓑ에 들어갈 수치로 알맞은 것은?

〈인사이동에 따른 지점별 직원 이동 현황〉

(단위 : 명)

이동 전 \ 이동 후	A	B	C	D
A	-	32	44	28
B	16	-	34	23
C	22	18	-	32
D	31	22	17	-

〈지점별 직원 현황〉

(단위 : 명)

지점 \ 시기	인사이동 전	인사이동 후
A	425	(Ⓐ)
B	390	389
C	328	351
D	375	(Ⓑ)

① 13, −35　　　　　　　　　　② −35, 13

③ −1, 23　　　　　　　　　　④ 13, 23

 인사이동에 따라 A지점에서 근무지를 다른 곳으로 이동한 직원 수는 모두 $32+44+28=104$ 명이다. 또한 A지점으로 근무지를 이동해 온 직원 수는 모두 $16+22+31=69$명이 된다. 따라서 $69-104=-35$명이 이동한 것이므로 인사이동 후 A지점의 근무 직원 수는 $425-35=390$ 명이 된다.

같은 방식으로 D지점의 직원 이동에 따른 증감 수는 $83-70=13$명이 된다. 따라서 인사이동 후 D지점의 근무 직원 수는 $375+13=388$명이 된다.

28 다음과 같은 표를 통하여 알 수 있는 사항을 설명한 것으로 올바른 것을 모두 고른 것은?

	1995년	2005
원/달러 환율	800	1,000
한국 TV 가격(만 원)	50	100
미국 TV 가격(달러)	800	1,000

> ㉠ 1995년에 비해 2005년에 미 달러화 대비 한국 원화의 가치는 올랐다.
> ㉡ 1995~2005년 기간 동안 한국의 TV 가격 상승률이 미국보다 높았다.
> ㉢ 1995년에 비해 2005년에 한국에서 TV 한 대를 팔아서 미국에서 살 수 있는 TV 대수가 증가했다.
> ㉣ 1995년에 비해 2005년에 한국의 대미 TV 순수출량은 증가했다.

① ㉠, ㉡　　　　　　　　　　② ㉠, ㉢

③ ㉡, ㉢　　　　　　　　　　④ ㉡, ㉣

 ㉠ 달러화 1단위를 얻는데 필요한 한국 원화의 양이 증가하였으므로(즉, 원화 가치가 하락하였으므로) 옳지 않은 설명이다.

㉡ 한국 TV 가격이 2배가 되는 동안 미국 TV는 25% 상승하였으므로 올바른 설명이다.

㉢ 한국 TV 1대가 1995년에는 미국 TV 1/1.28대(=500,000원/[800원/달러×800달러])와 교환 가능하였으나, 2005년에는 미국 TV 1.00대(=1,000,000원/[1,000원/달러×1,000달러])와 교환되므로 올바른 설명이 된다. 즉, 이 기간 중 한국의 통화 가치는 하락하였으나, 한국의 물가가 상승한 정도가 미국의 물가 상승 정도보다 훨씬 높아 한국의 TV 1대 가격이 1995보다 2005년에 더 비싸졌음을 나타낸다.

㉣ 명목환율이 상승했더라도 실질환율이 하락함(한국 TV가 상대적으로 비싸짐)에 따라 순수출은 감소할 것이므로 옳지 않은 설명이다.

Answer ➟ 27.② 28.③

29 다음 설명에서 빈 칸 ㈎∼㈒에 들어갈 숫자가 순서대로 올바르게 나열된 것은?

> K는 2접시의 인절미를 먹을 때 반드시 1잔의 수정과를 마신다. 또한 K는 수정과나 인절미만을 따로 먹지는 않는다.
>
> 인절미는 1접시에 500원이고, 수정과는 1잔에 800원이다.
>
> 떡집에 간 K는 지갑에 2,800원이 있다는 것을 알고 (㈎) 접시의 인절미와 (㈏) 잔의 수정과를 사 먹었다.
>
> 일주일 후 이 떡집은 인절미 가격을 1접시에 250원으로 내렸다. 그 날 3,100원을 가지고 떡집에 간 K는 (㈐) 접시의 인절미와 (㈒) 잔의 수정과를 사 먹었다.
>
> K는 지갑에 있는 돈으로 최대한 사 먹는다고 가정한다.

	㈎	㈏	㈐	㈒			㈎	㈏	㈐	㈒
①	4	1	6	2		②	2	- 1	- 4	- 2
③	4	- 2	- 4	- 2		④	2	- 1	- 6	- 3

 K는 항상 인절미와 수정과를 함께 소비하므로, 2접시의 인절미와 1잔의 수정과는 한 묶음으로 소비된다고 볼 수 있다. 인절미와 수정과의 가격이 각각 500원, 800원일 때 이 묶음의 가격은 1,800원이고, 2,800원의 소득이 있으면 한 묶음만을 소비할 수 있어 2접시의 인절미와 1잔의 수정과를 사 먹는다. 인절미 가격이 250원이 되면 이 묶음의 가격은 1,300원이고, 3,100원의 소득으로 2묶음까지 소비할 수 있어 4접시의 인절미와 2잔의 수정과를 사 먹는다.

30 다음은 A사의 직원들을 대상으로 대중교통을 이용하는 횟수에 대한 설문 조사를 한 결과를 나타 낸 자료이다. 설문에 참여한 총 인원의 월 평균 대중교통을 이용하는 횟수가 65회라면, 빈 칸에 들어갈 알맞은 인원수는 몇 명인가?

월 평균 대중교통 이용 횟수(회)	인원 수(명)
0 ~ 20	10
20 ~ 40	20
40 ~ 60	30
60 ~ 80	( )
80 ~ 100	25
100 ~ 120	20

① 30

② 32

③ 35

④ 38

 각 계급에 속하는 정확한 변량을 알 수 없는 경우에는 중간값인 계급값을 사용하여 평균을 구할 수 있다. 따라서 빈칸의 인원수를 x로 두고 다음과 같이 계산한다.

$(10 \times 10) + (30 \times 20) + (50 \times 30) + (70 \times x) + (90 \times 25) + (110 \times 20) \div (10 + 20 + 30 + x + 25 + 20)$
$= 65$

이를 정리하면 $(6,650 + 70x) \div (105 + x) = 65$가 된다. 이것은 다시

$6,650 + 70x = 6,825 + 65x \rightarrow 5x = 175$가 되어 $x = 35$명이 된다.

31 다음은 서울 시민의 '이웃에 대한 신뢰도'를 나타낸 자료이다. 다음 자료를 올바르게 분석하지 못한 것은?

(단위 : %, 10점 만점)

구분		신뢰하지 않음	보통	신뢰함	평균(10점)
전체		18.9	41.1	40.0	5.54
성	남성	18.5	42.2	39.3	5.54
	여성	19.2	40.1	40.7	5.54
연령	10대	22.6	38.9	38.5	5.41
	20대	21.8	41.6	36.5	5.35
	30대	18.9	42.8	38.2	5.48
	40대	18.8	42.4	38.8	5.51
	50대	17.0	42.0	41.1	5.65
	60세 이상	17.2	38.2	44.6	5.70

① 서울 시민 10명 중 4명은 이웃을 신뢰한다.

② 이웃을 신뢰하는 사람의 비중과 평점의 연령별 증감 추이는 동일하지 않다.

③ 20대 이후 연령층에서는 고령자일수록 이웃을 신뢰하는 사람의 비중이 더 높다.

④ 남성과 여성은 같은 평점을 주었으나, 이웃을 신뢰하는 사람의 비중은 남성이 1%p 이상 낮다.

 이웃을 신뢰하는 사람의 비중은 20대(36.5%)가 10대(38.5%)보다 낮으며, 20대 이후에는 연령이 높아질수록 신뢰도가 비례하여 높아졌다. 이러한 추이는 연령별 평점의 증감 추이와도 일치하고 있음을 알 수 있다.

32 다음에 제시된 도시철도운영기관별 교통약자 편의시설에 대한 도표를 참고할 때, 이에 대한 보기와 같은 설명 중 도표의 내용을 올바르게 이해한 것은? (단, 한 역에는 한 종류의 편의시설만 설치된다)

구분	A도시철도운영기관		B도시철도운영기관		C도시철도운영기관	
	설치역수	설치대수	설치역수	설치대수	설치역수	설치대수
엘리베이터	116	334	153	460	95	265
에스컬레이터	96	508	143	742	92	455
휠체어리프트	28	53	53	127	50	135

① B도시철도운영기관은 모든 종류의 교통약자 편의시설의 개수가 A, C도시철도운영기관 보다 많다.
② 세 도시철도운영기관의 평균 휠체어리프트 설치대수는 100개 미만이다.
③ 총 교통약자 편의시설의 설치역당 설치대수는 A도시철도운영기관이 가장 많다.
④ 휠체어리프트의 설치역당 설치대수는 C도시철도운영기관이 가장 많다.

 A기관 : $53 \div 28 =$ 약 1.9대, B기관 : $127 \div 53 =$ 약 2.4대, C기관 : $135 \div 50 = 2.7$대이므로 C도시철도운영기관이 가장 많다.
① 휠체어리프트는 C도시철도운영기관이 가장 많다.
② $(53 + 127 + 135) \div 3 = 105$이므로 100개보다 많다.
③ A기관 : $895 \div 240 =$ 약 3.7대, B기관 : $1,329 \div 349 =$ 약 3.8대, C기관 : $855 \div 237 =$ 약 3.6대이다.

Answer⌐→ 31.② 32.④

33 다음 자료를 참고할 때, 남 대리가 소비하는 B 물품의 개당 가격은 얼마인가?

> 남 대리는 월급에서 매달 일정한 금액을 떼어 A와 B 물품을 소비한다. 예전에는 A 물품 39개와 B 물품 12개를 구입할 수 있었지만, 현재는 남 대리의 월급이 올랐고 일정하게 떼어 놓는 금액도 두 배로 늘어나 A 물품 48개와 B 물품 34개를 구입할 수 있게 되었다. A 물품의 개당 가격은 900원이다.

① 300원
② 600원
③ 1,200원
④ 2,700원

 주어진 자료에서 B 물품의 가격을 x라고 하면, $(39 \times 900 + 12 \times x) \times 2 = (48 \times 900 + 34 \times y)$ 가 성립한다. 따라서 이를 풀면, B 물품의 가격 $= 2,700$이 된다.

34 다음 A, B 두 국가 간의 시간차와 비행시간으로 옳은 것은?

A ↔ B 국가 간의 운항 시간표

구간	출발시각	도착시각
A → B	09 : 00	13 : 00
B → A	18 : 00	06 : 00(다음날)

> • 출발 및 도착시간은 모두 현지시각이다.
> • 비행시간은 A → B 구간, B → A 구간 동일하다.
> • A가 B보다 1시간 빠르다는 것은 A가 오전 5시일 때, B가 오전 4시임을 의미한다.

시차	비행시간
① A가 B보다 4시간 느리다.	12시간
② A가 B보다 4시간 빠르다.	8시간
③ A가 B보다 2시간 느리다.	10시간
④ A가 B보다 2시간 빠르다.	8시간

 출발시각과 도착시각은 모두 현지 시각이므로 시차를 고려하지 않으면 A → B가 4시간, B → A가 12시간 차이가 난다. 비행시간은 양 구간이 동일하므로 $\frac{4+12}{2} = 8$, 비행시간은 8시간이 된다.
비행시간이 8시간인데 시차를 고려하지 않은 A → B 구간의 이동시간이 4시간이므로 A가 B보다 4시간 빠르다는 것을 알 수 있다.

35 서울에서 부산까지 자동차를 타고 가는데, 갑이 먼저 출발하였고, 갑이 출발한 후 30분이 지나 을이 출발하였다. 갑이 시속 80km로 가고, 을이 시속 100km의 속력으로 간다고 할 때, 을이 출발한지 몇 시간 후에 갑을 따라잡을 수 있는가?

① 1시간   ② 1시간 30분

③ 2시간   ④ 2시간 30분

 속력은 달라도 갑과 을이 만난다는 것은 이동한 거리가 같다는 것을 의미함을 인지하여야 한다.

거리＝시간×속력이므로 이를 이동시간과 속력의 식에 대입하면 된다.

을을 기준으로 을이 이동거리만큼 가는데 걸리는 시간을 x로 놓으면

갑은 을보다 30분 먼저 출발했으므로 $x+0.5$를 속력에 곱하면 된다.

$100x = 80(x+0.5)$

여기서 x를 구하면 $x = 2$시간이므로 을은 2시간 후에 갑을 따라잡을 수 있다.

36 용인의 한 놀이공원의 입장료는 어른이 8,000원이고, 학생은 6,000원이다. 오늘 하루 입장권이 총 1,200장이 팔렸는데 입장료 총 수입이 8,320,000원이라고 할 때, 입장한 학생의 수는 몇 명인가?

① 540명   ② 560명

③ 600명   ④ 640명

 어른을 x, 학생을 y로 놓으면

$8,000x + 6,000y = 8,320,000$

$x + y = 1,200$

이 두 식을 연립하여 계산하면

$y = 640$, $x = 560$

학생수는 총 640명이다.

Answer↪ 33.④ 34.② 35.③ 36.④

37 다음은 소정연구소에서 제습기 A～E의 습도별 연간소비전력량을 측정한 자료이다. 이에 대한 설명 중 옳은 것끼리 바르게 짝지어진 것은?

제습기 A～E의 습도별 연간소비전력량

(단위 : kWh)

습도 제습기	40%	50%	60%	70%	80%
A	550	620	680	790	840
B	560	640	740	810	890
C	580	650	730	800	880
D	600	700	810	880	950
E	660	730	800	920	970

ㄱ 습도가 70%일 때 연간소비전력량이 가장 적은 제습기는 A이다.

ㄴ 각 습도에서 연간소비전력량이 많은 제습기부터 순서대로 나열하면, 습도 60%일 때와 습도 70%일 때의 순서를 동일하다.

ㄷ 습도가 40%일 때 제습기 E의 연산소비전력량은 습도가 50%일 때 제습기 B의 연간소비전력량보다 많다.

ㄹ 제습기 각각에서 연간소비전력량은 습도가 80%일 때가 40%일 때의 1.5배 이상이다.

① ㄱ, ㄴ
② ㄱ, ㄷ
③ ㄴ, ㄹ
④ ㄱ, ㄷ, ㄹ

ㄱ 습도가 70%일 때 연간소비전력량은 790으로 A가 가장 적다.

ㄴ 60%와 70%를 많은 순서대로 나열하면 60%일 때 D － E － B － C － A, 70%일 때 E － D － B － C － A이다.

ㄷ 40%일 때 E＝660, 50%일 때 B＝640이다.

ㄹ 40%일 때의 값에 1.5배를 구하여 80%와 비교해 보면 E는 1.5배 이하가 된다.

A＝550×1.5＝825   840
B＝560×1.5＝840   890
C＝580×1.5＝870   880
D＝600×1.5＝900   950
E＝660×1.5＝990   970

38 다음 표는 통신사 A, B, C의 스마트폰 소매가격 및 평가점수 자료이다. 이에 대한 〈보기〉의 설명 중 옳은 것만을 모두 고른 것은?

통신사별 스마트폰의 소매가격 및 평가점수

(단위 : 달러, 점)

통신사	스마트폰	소매가격	평가항목					종합품질점수
			화질	내비게이션	멀티미디어	배터리 수명	통화성능	
A	a	150	3	3	3	3	1	13
	b	200	2	2	3	1	2	10
	c	200	3	3	3	1	1	11
B	d	180	3	3	3	2	1	12
	e	100	2	3	3	2	1	11
	f	70	2	1	3	2	1	9
C	g	200	3	3	3	2	2	13
	h	50	3	2	3	2	1	11
	i	150	3	2	2	3	2	12

> ㉠ 소매가격이 200달러인 스마트폰 중 '종합품질점수'가 가장 높은 스마트폰은 c이다.
> ㉡ 소매가격이 가장 낮은 스마트폰은 '종합품질점수'도 가장 낮다.
> ㉢ 통신사 각각에 대해서 해당 통신사 스마트폰의 '통화성능' 평가점수의 평균을 계산하여 통신사별로 비교하면 C가 가장 높다.
> ㉣ 평가항목 각각에 대해서 스마트폰 a~i 평가점수의 합을 계산하여 평가항목별로 비교하면 '멀티미디어'가 가장 높다.

① ㉠

② ㉢

③ ㉠, ㉡

④ ㉢, ㉣

 ㉠ 200달러인 스마트폰 중 종합품질점수가 가장 높은 스마트폰은 g이다.
㉡ 소매가격이 가장 낮은 스마트폰은 h이며, 종합품질점수가 가장 낮은 스마트폰은 f이다.
㉢ A : $\frac{1+2+1}{3}=\frac{4}{3}$, B : $\frac{1+1+1}{3}=1$, C : $\frac{2+1+2}{3}=\frac{5}{3}$
㉣ 화질 : $3+2+3+3+2+2+3+3+3=24$
내비게이션 : $3+2+3+3+3+1+3+2+2=22$
멀티미디어 : $3+3+3+3+3+3+3+3+2=26$
배터리 수명 : $3+1+1+2+2+2+2+2+3=18$
통화성능 : $1+2+1+1+1+1+2+1+2=12$

Answer → 37.② 38.④

39 다음은 물품 A ~ E의 가격에 대한 자료이다. 아래 조건에 부합하는 물품의 가격으로 가장 가능한 것은?

(단위 : 원/개)

물품	가격
A	24,000
B	㉠
C	㉡
D	㉢
E	16,000

[조건]
• 갑, 을, 병이 가방에 담긴 물품은 각각 다음과 같다.
 -갑 : B, C, D
 -을 : A, C
 -병 : B, D, E
• 가방에는 해당 물품이 한 개씩만 담겨 있다.
• 가방에 담긴 물품 가격의 합이 높은 사람부터 순서대로 나열하면 갑 > 을 > 병 순이다.
• 병의 가방에 담긴 물품 가격의 합은 44,000원이다.

	㉠	㉡	㉢
①	11,000	23,000	14,000
②	12,000	14,000	16,000
③	12,000	19,000	16,000
④	13,000	21,000	15,000

 조건을 잘 보면 병의 가방에 담긴 물품 가격의 합이 44,000원
병의 가방에는 B, D, E가 들어 있고 E의 가격은 16,000원
그럼 B와 D의 가격의 합이(㉠+㉢) 44,000 − 16,000 = 28,000원이 되어야 한다.
①은 답이 될 수 없다.
가방에 담긴 물품 가격의 합이 높은 사람부터 순서대로 나열하면 갑 > 을 > 병 순이므로
을은 A와 C를 가지고 있는데 A는 24,000원, 병의 44,000원보다 많아야 하므로 C의 가격
(㉡)은 적어도 44,000 − 24,000 = 20,000원 이상이 되어야 한다.
②, ③는 답이 될 수 없다.

40 다음은 2009 ~ 2018년 5개 자연재해 유형별 피해금액에 관한 자료이다. 이에 대한 설명으로 옳은 것만을 모두 고른 것은?

5개 자연재해 유형별 피해금액

(단위 : 억 원)

유형 \ 연도	2009	2010	2011	2012	2013	2014	2015	2016	2017	2018
태풍	3,416	1,385	118	1,609	9	0	1,725	2,183	8,765	17
호우	2,150	3,520	19,063	435	581	2,549	1,808	5,276	384	1,581
대설	6,739	5,500	52	74	36	128	663	480	204	113
강풍	0	93	140	69	11	70	2	0	267	9
풍랑	0	0	57	331	0	241	70	3	0	0
전체	12,305	10,498	19,430	2,518	637	2,988	4,268	7,942	9,620	1,720

㉠ 2009 ~ 2018년 강풍 피해금액 합계는 풍랑 피해금액 합계보다 적다.

㉡ 2017년 태풍 피해금액은 2017년 5개 자연재해 유형 전체 피해금액의 90% 이상이다.

㉢ 피해금액이 매년 10억 원보다 큰 자연재해 유형은 호우뿐이다.

㉣ 피해금액이 큰 자연재해 유형부터 순서대로 나열하면 2015년과 2016년의 순서는 동일하다.

① ㉠, ㉡

② ㉠, ㉢

③ ㉢, ㉣

④ ㉠, ㉡, ㉣

Tip ㉠ 주어진 기간 동안 강풍 피해금액과 풍랑 피해금액의 합계를 각각 계산하여 비교하기 보다는 소거법을 이용하여 비교하는 것이 좋다. 비슷한 크기의 값들을 서로 비교하여 소거한 뒤 남은 값들의 크기를 비교해주는 것으로 2014년 강풍과 2015년 풍랑 피해금액이 70억 원으로 동일하고 2010, 2011, 2013년 강풍 피해금액의 합 244억 원과 2014년 풍랑 피해금액 241억 원이 비슷하다. 또한 2012, 2017년 강풍 피해금액의 합 336억 원과 2012년 풍랑 피해금액 331억 원이 비슷하다. 이 값들을 소거한 뒤 남은 값들을 비교해보면 강풍 피해금액의 합계가 풍랑 피해금액의 합계보다 더 작다는 것을 알 수 있다.

㉡ 2017년 태풍 피해금액이 2017년 5개 자연재해 유형 전체 피해금액의 90% 이상이라는 것은 즉, 태풍을 제외한 나머지 4개 유형 피해금액의 합이 전체 피해금액의 10% 미만이라는 것을 의미한다. 2017년 태풍을 제외한 나머지 4개 유형 피해금액의 합을 계산하면 전체 피해금액의 10% 밖에 미치지 못함을 알 수 있다.

㉢ 피해금액이 매년 10억 원보다 큰 자연재해 유형은 호우, 대설이 있다.

㉣ 피해금액이 큰 자연재해 유형부터 순서대로 나열하면 2015년 호우, 태풍, 대설, 풍랑, 강풍이며 이 순서는 2016년의 순서와 동일하다.

Answer → 39.④ 40.④

03 문제해결능력

1 문제와 문제해결

(1) 문제의 정의와 분류

① 정의 … 문제란 업무를 수행함에 있어서 답을 요구하는 질문이나 의논하여 해결해야 되는 사항이다.

② 문제의 분류

구분	창의적 문제	분석적 문제
문제제시 방법	현재 문제가 없더라도 보다 나은 방법을 찾기 위한 문제 탐구 → 문제 자체가 명확하지 않음	현재의 문제점이나 미래의 문제로 예견될 것에 대한 문제 탐구 → 문제 자체가 명확함
해결방법	창의력에 의한 많은 아이디어의 작성을 통해 해결	분석, 논리, 귀납과 같은 논리적 방법을 통해 해결
해답 수	해답의 수가 많으며, 많은 답 가운데 보다 나은 것을 선택	답의 수가 적으며 한정되어 있음
주요특징	주관적, 직관적, 감각적, 정성적, 개별적, 특수성	객관적, 논리적, 정량적, 이성적, 일반적, 공통성

(2) 업무수행과정에서 발생하는 문제 유형

① 발생형 문제(보이는 문제) … 현재 직면하여 해결하기 위해 고민하는 문제이다. 원인이 내재되어 있기 때문에 원인지향적인 문제라고도 한다.
  ㉠ 일탈문제 : 어떤 기준을 일탈함으로써 생기는 문제
  ㉡ 미달문제 : 어떤 기준에 미달하여 생기는 문제

② 탐색형 문제(찾는 문제) … 현재의 상황을 개선하거나 효율을 높이기 위한 문제이다. 방치할 경우 큰 손실이 따르거나 해결할 수 없는 문제로 나타나게 된다.
  ㉠ 잠재문제 : 문제가 잠재되어 있어 인식하지 못하다가 확대되어 해결이 어려운 문제
  ㉡ 예측문제 : 현재로는 문제가 없으나 현 상태의 진행 상황을 예측하여 찾아야 앞으로 일어날 수 있는 문제가 보이는 문제

ⓒ 발견문제 : 현재로서는 담당 업무에 문제가 없으나 선진기업의 업무 방법 등 보다 좋은 제도나 기법을 발견하여 개선시킬 수 있는 문제

③ **설정형 문제(미래 문제)** … 장래의 경영전략을 생각하는 것으로 앞으로 어떻게 할 것인가 하는 문제이다. 문제해결에 창조적인 노력이 요구되어 창조적 문제라고도 한다.

■ 예제 1

D회사 신입사원으로 입사한 귀하는 신입사원 교육에서 업무수행과정에서 발생하는 문제 유형 중 설정형 문제를 하나씩 찾아오라는 지시를 받았다. 이에 대해 귀하는 교육받은 내용을 다시 복습하려고 한다. 설정형 문제에 해당하는 것은?

① 현재 직면하여 해결하기 위해 고민하는 문제
② 현재의 상황을 개선하거나 효율을 높이기 위한 문제
③ 앞으로 어떻게 할 것인가 하는 문제
④ 원인이 내재되어 있는 원인지향적인 문제

[출제의도]
업무수행 중 문제가 발생하였을 때 문제 유형을 구분하는 능력을 측정하는 문항이다.
[해설]
업무수행과정에서 발생하는 문제 유형으로는 발생형 문제, 탐색형 문제, 설정형 문제가 있으며 ①④는 발생형 문제이며 ②는 탐색형 문제, ③이 설정형 문제이다.

답 ③

---

(3) 문제해결

① **정의** … 목표와 현상을 분석하고 이 결과를 토대로 과제를 도출하여 최적의 해결책을 찾아 실행·평가해 가는 활동이다.

② 문제해결에 필요한 기본적 사고
　ⓐ **전략적 사고** : 문제와 해결방안이 상위 시스템과 어떻게 연결되어 있는지를 생각한다.
　ⓑ **분석적 사고** : 전체를 각각의 요소로 나누어 그 의미를 도출하고 우선순위를 부여하여 구체적인 문제해결방법을 실행한다.
　ⓒ **발상의 전환** : 인식의 틀을 전환하여 새로운 관점으로 바라보는 사고를 지향한다.
　ⓓ **내·외부자원의 활용** : 기술, 재료, 사람 등 필요한 자원을 효과적으로 활용한다.

③ 문제해결의 장애요소
　ⓐ 문제를 철저하게 분석하지 않는 경우
　ⓑ 고정관념에 얽매이는 경우
　ⓒ 쉽게 떠오르는 단순한 정보에 의지하는 경우
　ⓓ 너무 많은 자료를 수집하려고 노력하는 경우

④ 문제해결방법
　　㉠ **소프트 어프로치** : 문제해결을 위해서 직접적인 표현보다는 무언가를 시사하거나 암시를 통하여 의사를 전달하여 문제해결을 도모하고자 한다.
　　㉡ **하드 어프로치** : 상이한 문화적 토양을 가지고 있는 구성원을 가정하고, 서로의 생각을 직설적으로 주장하고 논쟁이나 협상을 통해 서로의 의견을 조정해 가는 방법이다.
　　㉢ **퍼실리테이션(facilitation)** : 촉진을 의미하며 어떤 그룹이나 집단이 의사결정을 잘 하도록 도와주는 일을 의미한다.

2　문제해결능력을 구성하는 하위능력

(1) 사고력

① **창의적 사고** … 개인이 가지고 있는 경험과 지식을 통해 새로운 가치 있는 아이디어를 산출하는 사고능력이다.
　　㉠ 창의적 사고의 특징
　　　• 정보와 정보의 조합
　　　• 사회나 개인에게 새로운 가치 창출
　　　• 창조적인 가능성

| 예제 2 |

M사 홍보팀에서 근무하고 있는 귀하는 입사 5년차로 창의적인 기획안을 제출하기로 유명하다. S부장은 이번 신입사원 교육 때 귀하에게 창의적인 사고란 무엇인지 교육을 맡아달라고 부탁하였다. 창의적인 사고에 대한 귀하의 설명으로 옳지 않은 것은?

① 창의적인 사고는 새롭고 유용한 아이디어를 생산해 내는 정신적인 과정이다.
② 창의적인 사고는 특별한 사람들만이 할 수 있는 대단한 능력이다.
③ 창의적인 사고는 기존의 정보들을 특정한 요구조건에 맞거나 유용하도록 새롭게 조합시킨 것이다.
④ 창의적인 사고는 통상적인 것이 아니라 기발하거나, 신기하며 독창적인 것이다.

[출제의도]
창의적 사고에 대한 개념을 정확히 파악하고 있는지를 묻는 문항이다.
[해설]
흔히 사람들은 창의적인 사고에 대해 특별한 사람들만이 할 수 있는 대단한 능력이라고 생각하지만 그리 대단한 능력이 아니며 이미 알고 있는 경험과 지식을 해체하여 다시 새로운 정보로 결합하여 가치 있는 아이디어를 산출하는 사고라고 할 수 있다.

답 ②

ⓛ 발산적 사고 : 창의적 사고를 위해 필요한 것으로 자유연상법, 강제연상법, 비교발상법 등을 통해 개발할 수 있다.

구분	내용
자유연상법	생각나는 대로 자유롭게 발상 ex) 브레인스토밍
강제연상법	각종 힌트에 강제적으로 연결 지어 발상 ex) 체크리스트
비교발상법	주제의 본질과 닮은 것을 힌트로 발상 ex) NM법, Synectics

Point ≫ 브레인스토밍
  ㉠ 진행방법
    • 주제를 구체적이고 명확하게 정한다.
    • 구성원의 얼굴을 볼 수 있는 좌석 배치와 큰 용지를 준비한다.
    • 구성원들의 다양한 의견을 도출할 수 있는 사람을 리더로 선출한다.
    • 구성원은 다양한 분야의 사람들로 5~8명 정도로 구성한다.
    • 발언은 누구나 자유롭게 할 수 있도록 하며, 모든 발언 내용을 기록한다.
    • 아이디어에 대한 평가는 비판해서는 안 된다.
  ㉡ 4대 원칙
    • 비판엄금(Support) : 평가 단계 이전에 결코 비판이나 판단을 해서는 안 되며 평가는 나중까지 유보한다.
    • 자유분방(Silly) : 무엇이든 자유롭게 말하고 이런 바보 같은 소리를 해서는 안 된다는 등의 생각은 하지 않아야 한다.
    • 질보다 양(Speed) : 질에는 관계없이 가능한 많은 아이디어들을 생성해내도록 격려한다.
    • 결합과 개선(Synergy) : 다른 사람의 아이디어에 자극되어 보다 좋은 생각이 떠오르고, 서로 조합하면 재미있는 아이디어가 될 것 같은 생각이 들면 즉시 조합시킨다.

② 논리적 사고 … 사고의 전개에 있어 전후의 관계가 일치하고 있는가를 살피고 아이디어를 평가하는 사고능력이다.
  ㉠ 논리적 사고를 위한 5가지 요소 : 생각하는 습관, 상대 논리의 구조화, 구체적인 생각, 타인에 대한 이해, 설득
  ㉡ 논리적 사고 개발 방법
    • 피라미드 구조 : 하위의 사실이나 현상부터 사고하여 상위의 주장을 만들어가는 방법
    • so what기법 : '그래서 무엇이지?'하고 자문자답하여 주어진 정보로부터 가치 있는 정보를 이끌어 내는 사고 기법

③ 비판적 사고 … 어떤 주제나 주장에 대해서 적극적으로 분석하고 종합하며 평가하는 능동적인 사고이다.
  ㉠ 비판적 사고 개발 태도 : 비판적 사고를 개발하기 위해서는 지적 호기심, 객관성, 개방성, 융통성, 지적 회의성, 지적 정직성, 체계성, 지속성, 결단성, 다른 관점에 대한 존중과 같은 태도가 요구된다.

ⓛ 비판적 사고를 위한 태도
- 문제의식 : 비판적인 사고를 위해서 가장 먼저 필요한 것은 바로 문제의식이다. 자신이 지니고 있는 문제와 목적을 확실하고 정확하게 파악하는 것이 비판적인 사고의 시작이다.
- 고정관념 타파 : 지각의 폭을 넓히는 일은 정보에 대한 개방성을 가지고 편견을 갖지 않는 것으로 고정관념을 타파하는 일이 중요하다.

(2) 문제처리능력과 문제해결절차

① 문제처리능력 … 목표와 현상을 분석하고 이를 토대로 문제를 도출하여 최적의 해결책을 찾아 실행·평가하는 능력이다.

② 문제해결절차 … 문제 인식 → 문제 도출 → 원인 분석 → 해결안 개발 → 실행 및 평가
- ㉠ 문제 인식 : 문제해결과정 중 'waht'을 결정하는 단계로 환경 분석 → 주요 과제 도출 → 과제 선정의 절차를 통해 수행된다.
  - 3C 분석 : 환경 분석 방법의 하나로 사업환경을 구성하고 있는 요소인 자사(Company), 경쟁사(Competitor), 고객(Customer)을 분석하는 것이다.

예제 3

L사에서 주력 상품으로 밀고 있는 TV의 판매 이익이 감소하고 있는 상황에서 귀하는 B부장으로부터 3C분석을 통해 해결방안을 강구해 오라는 지시를 받았다. 다음 중 3C에 해당하지 않는 것은?

① Customer   ② Company
③ Competitor   ④ Content

[출제의도]
3C의 개념과 구성요소를 정확히 숙지하고 있는지를 측정하는 문항이다.
[해설]
3C 분석에서 사업 환경을 구성하고 있는 요소인 자사(Company), 경쟁사(Competitor), 고객을 3C(Customer)라고 한다. 3C 분석에서 고객 분석에서는 '고객은 자사의 상품·서비스에 만족하고 있는지를, 자사 분석에서는 '자사가 세운 달성목표와 현상 간에 차이가 없는지를, 경쟁사 분석에서는 '경쟁기업의 우수한 점과 자사의 현상과 차이가 없는지'에 대한 질문을 통해서 환경을 분석하게 된다.

답 ④

- SWOT 분석 : 기업내부의 강점과 약점, 외부환경의 기회와 위협요인을 분석·평가하여 문제해결 방안을 개발하는 방법이다.

		내부환경요인	
		강점(Strengths)	약점(Weaknesses)
외부환경요인	기회 (Opportunities)	SO 내부강점과 외부기회 요인을 극대화	WO 외부기회를 이용하여 내부약점을 강점으로 전환
	위협 (Threat)	ST 외부위협을 최소화하기 위해 내부 강점을 극대화	WT 내부약점과 외부위협을 최소화

ⓛ 문제 도출 : 선정된 문제를 분석하여 해결해야 할 것이 무엇인지를 명확히 하는 단계로, 문제 구조 파악 → 핵심 문제 선정 단계를 거쳐 수행된다.

- Logic Tree : 문제의 원인을 파고들거나 해결책을 구체화할 때 제한된 시간 안에서 넓이와 깊이를 추구하는데 도움이 되는 기술로 주요 과제를 나무모양으로 분해·정리하는 기술이다.

ⓒ 원인 분석 : 문제 도출 후 파악된 핵심 문제에 대한 분석을 통해 근본 원인을 찾는 단계로 Issue 분석 → Data 분석 → 원인 파악의 절차로 진행된다.

ⓔ 해결안 개발 : 원인이 밝혀지면 이를 효과적으로 해결할 수 있는 다양한 해결안을 개발하고 최선의 해결안을 선택하는 것이 필요하다.

ⓜ 실행 및 평가 : 해결안 개발을 통해 만들어진 실행계획을 실제 상황에 적용하는 활동으로 실행계획 수립 → 실행 → Follow-up의 절차로 진행된다.

예제 4

C사는 최근 국내 매출이 지속적으로 하락하고 있어 사내 분위기가 심상치 않다. 이에 대해 Y부장은 이 문제를 극복하고자 문제처리 팀을 구성하여 해결방안을 모색하도록 지시하였다. 문제처리 팀의 문제해결 절차를 올바른 순서로 나열한 것은?

① 문제 인식 → 원인 분석 → 해결안 개발 → 문제 도출 → 실행 및 평가
② 문제 도출 → 문제 인식 → 해결안 개발 → 원인 분석 → 실행 및 평가
③ 문제 인식 → 원인 분석 → 문제 도출 → 해결안 개발 → 실행 및 평가
④ 문제 인식 → 문제 도출 → 원인 분석 → 해결안 개발 → 실행 및 평가

[출제의도]
실제 업무 상황에서 문제가 일어났을 때 해결 절차를 알고 있는지를 측정하는 문항이다.
[해설]
일반적인 문제해결절차는 '문제 인식 → 문제 도출 → 원인 분석 → 해결안 개발 → 실행 및 평가로 이루어진다.

답 ④

┃1~3┃ 다음 제시된 사실들을 통해 추론할 때, 결론에 대한 판단으로 알맞은 것을 고르시오.

1

> • 동남아시아의 태국, 베트남, 라오스를 여행하고 돌아온 사람들 중 풍토병에 걸린 환자가 발생하였다. 그 풍토병은 세 나라 중 한 나라에서 옮겨온 것이다.
> • A는 태국과 베트남, 라오스를 모두 방문했는데 풍토병에 걸렸다.
> • B는 태국과 라오스는 여행하지 않고, 베트남만 방문하였는데 병에 걸리지 않았다.
> • C는 태국과 라오스는 여행하였고, 베트남은 가지 않았는데 병에 걸렸다.
> • D는 태국과 베트남을 방문하였고, 라오스를 가지 않았는데 병에 걸리지 않았다.

> A : 풍토병은 라오스에서 발병하였다.
> B : A, C, D의 경우에는 태국에서 풍토병에 걸렸다.

① A만 옳다.
② B만 옳다.
③ A와 B 모두 옳다.
④ A와 B 모두 그르다.

 주어진 조건을 표로 나타내면 다음과 같다.

	태국	베트남	라오스	발병
A	○	○	○	○
B	–	○	–	×
C	○	–	○	○
D	○	○	–	×

표를 보면 라오스에서 발병했다는 것을 알 수 있다. A, C, D의 경우에는 태국에서 풍토병에 걸렸다고 확실하게 말할 수 없다.

2

- 민수는 한국인이다.
- 농구를 좋아하면 활동적이다.
- 농구를 좋아하지 않으면 한국인이 아니다.

A : 민수는 활동적이다.
B : 한국인은 활동적이지 않다.

① A만 옳다.
② B만 옳다.
③ A와 B 모두 옳다.
④ A와 B 모두 그르다.

 민수=A, 한국인=B, 농구를 좋아함=C, 활동적=D, 농구를 좋아하지 않음=~C, 한국인이 아님=~B라 하면
주어진 조건에서 A → B, C → D, ~C → ~B인데 ~C → ~B는 B → C이므로(대우) 전체적인 논리를 연결시켜보면 A → B → C → D가 되어 A → D의 결론이 나올 수 있다.
따라서 민수를 활동적이라는 A만 옳다.

3

- 영은이는 네 명 중 국어에서 1등, 영어와 수학에서 3등을 했다.
- 재국이는 영어에서는 정희보다 잘 했으나 다른 과목에서는 정희보다 잘 하지 못했다.
- 세 과목의 합계에서 1등을 한 학생은 수학에서는 2등을 하였다.
- 유빈이는 영어에서 4등을 했고 수학에서는 4등을 하지 않았다.
- 모든 과목에서 1등은 100점, 2등은 90점, 3등은 80점, 그리고 4등은 70점을 받았다.
- 그 어떤 과목에서도 동점자가 발생하지 않았다.

A : 1등을 한 학생과 4등을 한 학생의 총점은 50점의 차이가 났다.
B : 전체 1등을 한 학생은 정희이다.

① A만 옳다.
② B만 옳다.
③ A와 B 모두 옳다.
④ A와 B 모두 그르다.

 영어에서는 재국이가 정희보다 잘 했고, 영은이가 3등, 유빈이가 4등이므로 재국이가 1등, 정희가 2등을 하였다. 수학에서는 영은이가 3등이고 유빈이는 4등이 아니며, 정희는 재국이보다 잘 하였으므로 재국이가 4등이다. 그런데 만약 유빈이가 2등을 하였으면 유빈이는 전체 1등인데, 국어에서 2등을 하여도(국어 1등은 영은이) 전체 점수가 영은이보다 좋을 수 없다. 그러므로 수학에서 1등은 유빈이, 2등은 정희이다. 그러므로 정희는 전체 1등인데 정희의 총점이 영은이보다 좋아지기 위해서는 국어에서 2등이어야 한다. (영은이는 수학에서 2등을 하지 않았으므로 전체 1등이 될 수 없다.) 이상을 표로 정리하면 다음과 같다.

	국어	영어	수학
1등	영은	재국	유빈
2등	정희	정희	정희
3등	재국 또는 유빈	영은	영은
4등	유빈 또는 재국	유빈	재국

그러므로 정희가 총점 270점으로 1등, 영은이가 총점 260점으로 2등, 그리고 재국이와 유빈이 중 한 명이 총점 250점으로 3등, 나머지 한 명이 총점 240점으로 4등을 하였다. 그러므로 1등과 4등의 총점은 30점 차이가 나므로 A는 옳지 않다.

4 A, B, C, D 네 개 회사의 면접을 봐야 한다. 각 면접 일정은 다음과 같이 잡혀 있다. 가능한 면접일정은 몇 가지인가?

> • A회사의 면접이 가장 빠르다.
> • B회사 면접 뒤에 C회사의 면접을 본다.

① 1가지   ② 2가지

③ 3가지   ④ 4가지

 A가 가장 앞에 오고 B-C-D, B-D-C, D-B-C의 경우가 가능하므로 총 3가지의 경우가 가능하다.

5 다음 진술과 논리적으로 동등한 것은?

> 슬픔을 나눌 수 있는 가족이 있거나 즐거움을 나눌 수 있는 친구가 있다면 행복한 사람이다.

① 행복하지 않은 사람은 슬픔을 나눌 수 있는 가족이 없거나 즐거움을 나눌 수 있는 친구가 없다.

② 슬픔을 나눌 수 있는 가족이 없거나 즐거움을 나눌 수 있는 친구가 없다면 행복한 사람이 아니다.

③ 슬픔을 나눌 수 있는 가족이 없으면 즐거움을 나눌 수 있는 친구가 있어도 행복한 사람이 아니다.

④ 슬픔을 나눌 수 있는 가족이 있으면 행복한 사람이고 즐거움을 나눌 수 있는 친구가 있어도 행복한 사람이다.

 P : 슬픔을 나눌 수 있는 가족이 있다.
Q : 즐거움을 나눌 수 있는 친구가 있다.
R : 행복한 사람이다.
주어진 진술의 논리적 구조는 $(P \lor Q) \to R$이다.
$(P \to R)(R \to Q)$의 논리적 구조를 가지고 있는 ④가 정답이 된다.

Answer↪ 3.② 4.③ 5.④

┃6~7┃ 4층짜리 빌라에 A, B, C, D가 살고 있다. 다음 조건을 보고 물음에 답하시오.

- A는 4층에 살고 있다.
- D는 C보다는 위층에 살고, 직장인이다.
- 이 빌라에는 직장인 두 명과 프리랜서 두 명이 살고 있다.
- 1층에 살고 있는 사람은 프리랜서가 아니다.
- 3층과 4층에 살고 있는 사람은 같은 직군을 가지고 있다.

6 B는 몇 층에 살고 있는가?

① 1층   ② 2층

③ 3층   ④ 4층

 주어진 조건에 따라 정리하면 다음과 같다.

4층	A	프리랜서
3층	B	프리랜서
2층	D	직장인
1층	C	직장인

7 프리랜서는 몇 층에 살고 있는가?

① 1층, 3층   ② 2층, 3층

③ 2층, 4층   ④ 3층, 4층

 프리랜서는 3층과 4층에 살고 있다.

8 다음 조건에 맞는 문장을 고르면?

> • 치킨을 좋아하는 사람은 삼겹살을 좋아한다.
> • 스테이크를 좋아하지 않는 사람은 연어회를 좋아한다.
> • 육회를 좋아하지 않으면 삼겹살을 좋아하지 않는다.
> • 육회를 좋아하면 스테이크를 좋아하지 않는다.

① 스테이크를 좋아하는 사람은 치킨을 좋아한다.
② 연어회를 좋아하지 않는 사람은 치킨을 좋아하지 않는다.
③ 삼겹살을 좋아하는 사람은 연어회를 좋아하지 않는다.
④ 육회를 좋아하지 않으면 연어회를 좋아한다.

 각각의 명제를 정리해보면
치킨 → 삼겹살 → 육회 → ~스테이크 → 연어회
대우는 ~연어회 → 스테이크 → ~육회 → ~삼겹살 → ~치킨

9 A, B, C, D, E는 형제들이다. 다음 조건을 보고 둘째가 누구인지 올바르게 추론한 것은?

> • A는 B보다 나이가 적다.
> • D는 C보다 나이가 적다.
> • E는 B보다 나이가 많다.
> • A는 C보다 나이가 많다.

① A   ② B
③ C   ④ D

 E > B > A > C > D의 순서가 된다.

Answer ⟶ 6.③ 7.④ 8.② 9.②

10 다음은 유진이가 학교에 가는 요일에 대한 설명이다. 이들 명제가 모두 참이라고 가정할 때, 유진이가 학교에 가는 요일은?

> • 목요일에 학교에 가면 월요일엔 학교에 가지 않는다.
> • 금요일에 학교에 가면 수요일에 학교에 간다.
> • 화요일에 학교에 가면 수요일에 학교에 가지 않는다.
> • 금요일에 학교에 가지 않으면 월요일에 학교에 간다.
> • 유진이는 화요일에 학교에 가지 않는다.

① 월, 수   ② 월, 수, 금

③ 수, 목, 금   ④ 수, 금

 마지막 명제에서 유진이는 화요일에 학교에 가지 않으므로 세 번째 명제의 대우에 의해 수요일은 학교에 간다. → 두 번째 명제에 의해 금요일에 학교에 가고, 네 번째 명제의 대우에 의해 월요일에 학교에 가지 않는다. → 첫 번째 명제에 의해 목요일에 학교에 간다. 따라서 다음과 같다.

월	화	수	목	금
×	×	○	○	○

11 다음 주어진 전제가 참일 때 결론으로 옳은 것은?

> [전제]
> • 사람을 좋아하는 사람은 동호회를 선호하는 사람이다.
> • 책을 좋아하는 사람은 동호회를 선호하지 않는 사람이다.
> • 나는 동호회를 선호하는 사람이다.
> [결론]
> • _____.

① 나는 사람과 책을 좋아한다.

② 나는 사람을 좋아하지 않는다.

③ 동호회를 선호하는 사람은 사람을 좋아한다.

④ 나는 책을 좋아하지 않는 사람이다.

 두 번째 전제의 대우는 '동호회를 선호하는 사람은 책을 좋아하지 않는다.'와 세 번째 전제인 '나는 동호회를 선호한다.'를 유추해 볼 때 '나는 책을 좋아하지 않는다.'의 결론을 내릴 수 있다.

12 소영, 민수, 예지, 현실, 아진 다섯 친구가 각각 다른 동물들을 관찰하기 위해 다른 나라로 떠났다. 이들은 모두 다른 색깔의 모자를 쓰고 있으며 동물들을 관찰한 기간도 모두 다르다. 다음 중 아진이 관찰한 동물과 동물들을 관찰하기 위해 떠난 나라, 모자색깔 그리고 관찰한 기간을 옳게 연결한 것은? (단, 관찰기간은 1년 단위이다)

- 소영은 녹색 모자를 썼지만 중국으로 가지는 않았다.
- 판다를 2년 동안 관찰한 사람은 갈색 모자를 쓰지 않았고 현실이 아니다.
- 4년 동안 동물을 관찰한 사람은 예지로 아프리카로 떠났지만 호랑이를 관찰하지는 않았다.
- 현실은 주황색 모자를 쓰고 러시아로 갔지만 펭귄을 관찰하지는 않았다.
- 남극으로 간 사람은 남색 모자를 쓴 아진으로 동물을 관찰한 지 2년이 안 됐다.
- 민수는 하얀색 모자를 쓰고 중국으로 떠났다. 하지만 사자를 관찰하지 않았다.
- 3년 전에 호주로 떠난 사람은 캥거루를 관찰했다.
- 호랑이를 관할한 사람은 현실로 5년 동안 러시아에 있었다.
- 펭귄을 관찰한 사람은 갈색 모자를 쓰지 않았다.

① 펭귄 – 남극 – 남색 – 1년
② 캥거루 – 남극 – 남색 – 1년
③ 사자 – 남극 – 남색 – 1년
④ 호랑이 – 남극 – 남색 – 1년

이름	관찰동물	떠난 나라	모자색깔	관찰기간
소영	캥거루	호주	녹색	3년
현실	호랑이	러시아	주황색	5년
예지	사자	아프리카	갈색	4년
아진	펭귄	남극	남색	1년
민수	판다	중국	하얀색	2년

Answer ↦ 10.③ 11.④ 12.①

13 신제품의 설문조사를 위하여 A, B, C, D, E, F를 2인 1조로 조직하여 파견을 보내려 한다. 회사의 사정상 다음과 같은 조건에 따라 2인 1조를 조직하게 되었다. 한 조가 될 수 있는 두 사람은?

> • A는 C나 D와 함께 갈 수 없다.
> • B는 반드시 D 아니면 F와 함께 가야 한다.
> • C는 반드시 E 아니면 F와 함께 가야 한다.
> • A가 C와 함께 갈 수 없다면, A는 반드시 F와 함께 가야 한다.

① A, E   ② B, D
③ B, F   ④ C, D

 A는 C와 함께 갈 수 없으므로, F와 함께 간다. 따라서 B는 D와 함께 가고, C는 E와 함께 간다.

14 찬우, 철환, 준기, 수태, 명기는 모두 20년 지기 친구들로 한 마을에 살고 있다. 이들은 각각 취미와 쉬는 날이 다르다. 어느 날 이들은 게임을 하였는데 게임 속의 직업은 각각 문지기와 집사, 정원사, 요리사, 운전사 이렇게 다섯 개다. 다음 조건을 보고 철환이의 게임 상의 직업과 취미, 쉬는 날이 알맞게 연결된 것은? (단, 쉬는 날은 월~금으로 한정한다)

> • 화요일에 쉬는 사람은 골프가 취미인데 문지기는 아니다. 문지기의 이름은 찬우이다.
> • 철환이는 집사가 아니고 스쿼시를 즐긴다.
> • 준기는 수요일에 쉬는 날이고 집사도 정원사도 아니다.
> • 수태는 요리사인데 쉬는 날은 목요일이 아니다. 쉬는 날이 목요일이 아니기는 명기도 마찬가지다.
> • 운전사는 체스를 별로 좋아하지 않으며 수태의 쉬는 날은 월요일이다.
> • 체스를 좋아하는 사람은 목요일이 쉬는 날이다.

① 게임 상의 직업 - 집사, 취미 - 스쿼시, 쉬는 날 - 화요일
② 게임 상의 직업 - 정원사, 취미 - 스쿼시, 쉬는 날 - 금요일
③ 게임 상의 직업 - 운전사, 취미 - 스쿼시, 쉬는 날 - 수요일
④ 게임 상의 직업 - 요리사, 취미 - 스쿼시, 쉬는 날 - 월요일

이름	게임 상의 직업	취미	쉬는 날
명기	집사	골프	화요일
철환	정원사	스쿼시	금요일
준기	운전사		수요일
찬우	문지기	체스	목요일
수태	요리사		월요일

15 어느 미팅 자리에서 아래 그림과 같이 1～5번 자리에는 남학생이, 6 ～ 10번 자리에는 여학생이 앉았다. 동현이와 가은이의 자리는 어디인가?

〈좌석 배치도〉

남자	1	2	3	4	5
여자	6	7	8	9	10

〈조건〉

- 1번 책상 맞은편 여학생 옆에 앉은 여학생은 지희이다.
- 지희의 자리는 수희와 책상 세 개가 떨어져 있다.
- 예은이는 진수 맞은편에 앉는다.
- 동현이는 예은이 옆에 있는 여학생 맞은편에 앉는다.
- 진수의 자리가 중앙이 아니라면 재석이가 중앙이다.
- 민준이는 동수 옆에 앉는다.
- 동수의 자리는 진수와 책상 세 개가 떨어져 있다.
- 지희의 자리가 중앙이 아니라면 은희가 중앙이다
- 예은이의 자리는 가은이와 책상 세 개가 떨어져 있다.
- 민준이는 수희 맞은편에 앉는다.
- 진수의 자리는 5번 책상이 아니다.
- 가은이의 자리는 10번 책상이 아니다.

① 동현 4번, 가은 10번 ② 동현 2번, 가은 9번

③ 동현 5번, 가은 7번 ④ 동현 3번, 가은 6번

남자	1 진수	2 동현	3 재석	4 동수	5 민준
여자	6 예은	7 지희	8 은희	9 가은	10 수희

Answer↦ 13.② 14.② 15.②

16 A, B, C 3명은 여행을 떠나기 위해 10시까지 집합하였다. 서로 모인 시간이 아래 조건과 같을 때, A의 실제 도착 시간으로 올바른 것은?

> • B는 C보다 3분 빠른 9시 55분에 도착하였고 이 때 B의 시계는 10시 2분전이었다.
> • C는 C의 시계로 약속시간보다 4분 늦게 도착했다.
> • A는 A의 시계로 10시 3분에 도착했다.
> • C의 시계는 A의 시계보다 5분 빨랐다.

① 09 : 55   ② 09 : 58

③ 09 : 59   ④ 10 : 02

	A	B	C
실제 도착	10 : 02	09 : 55	09 : 58
자신의 시계	10 : 03	09 : 58	10 : 04

17 다음 조건이 참이라고 할 때, 반드시 참인 것은?

> • 나이가 같은 사람은 없다.
> • C의 나이는 D의 나이보다 적다.
> • F의 나이는 G의 나이보다 적다.
> • C와 F의 나이 순위는 바로 인접해 있다.
> • B의 나이가 가장 많고, E의 나이가 가장 적다.
> • C의 나이는 A와 F의 나이를 합친 것보다 많다.

① G는 A보다 나이가 적다.

② C는 G보다 나이가 많다.

③ C는 D보다 나이가 많다.

④ A는 F보다 나이가 적다.

 조건에 따르면 B > (G) > D > (G) > C > F > A > E의 순이다.

18 A, B, C, D, E, F가 투숙을 하려는 2층 호텔이 있다. 각 층은 1호부터 4호까지, 즉 101호부터 204호까지 방이 있다. 각 호실에는 한 사람만이 투숙할 수 있다고 할 때, 다음 중 항상 참인 것은?

201호	202호	203호	204호
101호	102호	103호	104호

- F의 옆방 중 최소한 하나는 비어 있다.
- B가 투숙한 바로 옆 오른쪽 방에는 D가 투숙했다.
- A는 203호에 투숙한다.
- C와 E는 바로 옆방이 아니다.
- C와 E는 1층에 투숙한다.
- B의 바로 옆방에는 E가 투숙한다.

① C가 투숙한 방은 101호이다.
② B가 투숙한 방은 102호이다.
③ F가 투숙한 방은 201호이다.
④ D가 투숙한 방은 104호이다.

 1층은 E – B – D – C의 순서가 된다.
F의 옆방 중 최소한 하나는 비어있어야 하므로 F는 201호 또는 202호에 투숙한다.

201호 F	202호 F	203호 A	204호
101호 E	102호 B	103호 D	104호 C

19 주어진 결론을 반드시 참으로 하는 전제를 고르면?

> 전제 1 : 기린을 좋아하는 사람은 얼룩말을 좋아한다.
> 전제 2 : 하마를 좋아하지 않는 사람은 기린을 좋아한다.
> 전제 3 : _____
> 결론 : 코끼리를 좋아하는 사람은 하마를 좋아한다.

① 기린을 좋아하는 사람은 하마를 좋아한다.
② 코끼리를 좋아하는 사람은 얼룩말을 좋아한다.
③ 얼룩말을 좋아하는 사람은 코끼리를 좋아하지 않는다.
④ 하마를 좋아하는 사람은 기린을 좋아한다.

 전제 1 : p → q
전제 2 : ~r → p
결론 : s → r (대우 : ~r → ~s)
p → ~s 또는 q → ~s가 보충되어야 한다.
그러므로 '기린을 좋아하는 사람은 코끼리를 좋아하지 않는다.' 또는 '얼룩말을 좋아하는 사람은 코끼리를 좋아하지 않는다.' 와 이 둘의 대우가 빈칸에 들어갈 수 있다.

20 꿈에 그리던 주식회사 에스알의 합격통지서를 받은 A군은 입사하기 전에 남은 1개월의 시간을 이용해 평생의 숙원이었던 유럽여행을 계획하고 있다. 다음의 일정에 따라 나라들을 여행하려고 한다. 이 일정들이 모두 참이라고 할 때, A군이 여행하게 될 나라들은?

> • A군이 제일 처음 여행할 나라는 영국이다.
> • A군이 프랑스에 간다면 영국에는 가지 않는다.
> • A군은 프랑스에 가거나 독일에 간다.
> • A군이 스위스에 가지 않는다면 독일에도 가지 않는다.
> • A군은 독일에 가고 이탈리아에 간다.

① 영국, 프랑스
② 영국, 독일
③ 영국, 독일, 이탈리아
④ 영국, 독일, 스위스, 이탈리아

 두 번째 조건의 대우는 '영국에 간다면 프랑스에 가지 않는다'이다. 첫 번째 조건에서 영국에 간다고 했으므로, A군은 프랑스에는 가지 않는다. 세 번째 조건에서 프랑스에 가거나 독일에 간다고 했으므로, A군은 독일에 간다. 네 번째 조건의 대우는 '독일에 간다면, 스위스에 간다'이므로 A군은 스위스에 간다. A군은 독일에 가고, 이탈리아에도 간다. 따라서 A군은 영국, 독일, 스위스, 이탈리아에 가게 된다.

21 L전자의 가전제품 전시 행사에 투입된 12명의 진행요원은 '모자, 바지, 점퍼'를 착용해야 한다. 이때 모자, 바지, 점퍼의 색은 빨간색 또는 흰색 중 한 가지이다. 다음 〈진술〉은 진행요원 12명 모두가 모자, 점퍼, 바지를 착용했을 때의 모습이다. 이를 바탕으로 할 때 바지만 빨간색인 진행요원은 모두 몇 명인가?

> 〈진술〉
> ㉠ 어떤 진행요원을 보아도 모자와 바지는 다른 색이다.
> ㉡ 같은 색의 점퍼와 바지를 입은 진행요원은 모두 6명이다.
> ㉢ 빨간색 모자를 쓴 진행요원은 모두 5명이다.
> ㉣ 모자, 점퍼, 바지 중 한 가지만 빨간색인 진행요원은 7명이다.

① 3명   ② 4명

③ 5명   ④ 6명

 모자, 점퍼, 바지 세 가지가 각각 빨간색 또는 흰색 중 하나일 경우 이것들이 보일 수 있는 모든 가능한 조합은 다음 8가지이다. 이때 〈진술〉 ㉠에 따라 모자와 바지가 같은 색인 1·3·6·8의 경우는 제외된다.

	모자	점퍼	바지	
1	빨간색	빨간색	빨간색	제외
2	빨간색	빨간색	흰색	A
3	빨간색	흰색	빨간색	제외
4	흰색	빨간색	빨간색	B
5	빨간색	흰색	흰색	C
6	흰색	빨간색	흰색	제외
7	흰색	흰색	빨간색	D
8	흰색	흰색	흰색	제외

- 진행요원은 모두 12명이므로 A+B+C+D=12이다.
- 〈진술〉 ㉡에 따라 B+C=6이다.
- 〈진술〉 ㉢에 따라 A+C=5이다.
- 〈진술〉 ㉣에 따라 C+D=7이다.

A, B, C, D를 구하면 A=2, B=3, C=3, D=4이다.
바지만 빨간색인 사람은 D이므로 그 수는 4명이다.

22 춘식이는 호경이네 집에 놀러가기로 했다. 그런데 호경이네 집 아파트가 2동이라는 것은 생각이 나는데, 몇 호인지 생각이 나지 않았다. 다음의 조건을 이용하면 호경이네 집 아파트는 몇 호인가?

> • 호경이네 집 아파트 호수는 3자리이다.
> • 각 자리의 숫자의 합은 6이다.
> • 각 자리의 숫자의 곱은 6이다.
> • 아파트 호수는 짝수이다.
> • 아파트 호수는 11로 나누어 떨어진다.

① 110호   ② 123호

③ 132호   ④ 164호

 세 자리 숫자를 더해서 6, 곱해서 6이 나오려면 1, 2, 3이 필요하다.
짝수이면서 11로 나누어 떨어지므로 호경이네 집은 132호가 된다.

│23~25│ 다음 제시된 전제에 따라 결론을 추론하시오.

23

> • 제주도를 가는 데 배로 두 시간이 걸리고 비행기로도 두 시간이 걸린다.
> • 제주도에 가기 위해서는 배나 비행기만을 이용해야 한다.
> • 그러므로 _____

① 배로 가는 길이 더 빠르다.

② 비행기로 가는 길이 더 빠르다.

③ 다른 교통수단을 찾아야 한다.

④ 어떻게 가든지 2시간이 걸린다.

 제주도에 가기 위해 이용할 수 있는 교통수단은 배와 비행기이고, 배 또는 비행기를 이용해 제주도에 갈 경우 2시간이 걸린다.

Answer → 21.②   22.③   23.④

24

- 비오는 날을 좋아하는 사람은 감성적이다.
- 녹차를 좋아하는 사람은 커피는 좋아하지 않는다.
- 감성적인 사람은 커피를 좋아한다.
- 그러므로 _____

① 커피를 좋아하는 사람은 비오는 날을 좋아한다.

② 비오는 날을 좋아하는 사람은 커피를 좋아한다.

③ 감성적인 사람은 비오는 날을 좋아한다.

④ 녹차를 좋아하는 사람은 이성적일 것이다.

 비오는 날을 좋아하는 사람 → 감성적인 사람 → 커피를 좋아하는 사람

② 두 번째 명제를 제외하고 비오는 날을 좋아하는 사람은 감성적이며, 감성적인 사람은 커피를 좋아하므로 비오는 날을 좋아하는 사람은 커피를 좋아한다.

25

- 장딴지가 굵은 사람은 축구선수이다.
- 반바지를 입은 사람 중에서 더위를 잘 타는 사람이 있다.
- 어떤 축구선수는 더위를 잘 타지 않는다.
- 축구선수들은 모두 반바지를 입는다.
- 그러므로 _____

① 반바지를 입지 않으면 모두 축구선수이다.

② 더위를 잘 타는 축구선수가 있다.

③ 더위를 잘 타는 사람은 모두 반바지를 입는다.

④ 축구선수들은 모두 더위를 잘 탄다.

 '더위를 잘 타는 축구선수가 있다.'는 3번째 명제인 '어떤 축구선수는 더위를 잘 타지 않는다.'의 대우이다.

26 다음의 문장들이 모두 참일 경우 옳지 않은 것은?

> • 재미있는 사람은 인기가 많다.
> • 친구가 많은 사람은 성격이 좋고, 재미있는 사람이다.
> • 인기가 많은 사람은 연애를 잘한다.
> • 연애를 잘하는 사람은 일도 잘한다.

① 성격 좋은 사람이 일도 잘한다.
② 일 잘하는 사람은 연애도 잘한다.
③ 친구가 많은 사람은 연애도 잘한다.
④ 재미있는 사람은 일도 잘한다.

 친구 많은 사람 → 성격 좋은 사람 → 재미있는 사람 → 인기 많은 사람 → 연애 잘하는 사람 → 일도 잘하는 사람

27 다음 글을 읽고 범인을 고르면?

> • 오후 2시 20분, 도심의 한 커피숍에 강도가 침입했다.
> • 커피숍 안에는 두 명의 형사가 있었고 강도는 인질들의 핸드폰을 압수했다.
> • 형사는 신분을 숨겼지만 결국 탄로 나고 강도는 그 중 한 명을 인질로 삼아 경찰들에게 요구조건을 말했다.
> • 강도는 배후에 누군가가 자신의 가족들을 인질로 잡고 강도짓을 하라는 협박을 받았다고 인질인 형사 한 명에게 몰래 말했다.
> • 형사는 인질 중에 배후 범인이 있다고 판단하였다.
> • 강도 신고 접수는 강도가 침입한 지 불과 1분 만에 접수되었고, 커피숍의 인질들은 두 명의 형사를 제외하고 모두 다섯이다.
> • 핸드폰 통화내역을 조사한 결과 갑은 2시 10분부터 약 10분간 통화를 하였고, 을은 2시 18분에 문자를 보냈다. 병은 2시 17분부터 약 3분간 통화하다 중간에 끊겼고, 정은 2시 21분에 발신 통화내역이 확인되었다.

① 갑　　　　　　　　　　② 을
③ 병　　　　　　　　　　④ 정

 강도는 오후 2시 20분에 커피숍에 들어왔고 신고는 강도가 침입한 지 1분만인 2시 21분에 접수되었다. 따라서 배후 범인은 2시 21분에 발신 통화내역이 있는 정이다.

Answer ↪ 24.② 25.② 26.② 27.④

┃28~29┃ 다음은 블루투스 이어폰을 구매하기 위하여 전자제품 매장을 찾은 K씨가 제품 사양서를 보고 점원과 나눈 대화와 사양서 내용의 일부이다. 다음을 보고 이어지는 물음에 답하시오.

> K씨 : 블루투스 이어폰을 좀 사려고 합니다.
> 점원 : 네 고객님, 어떤 조건을 원하시나요?
> K씨 : 제 것과 친구에게 선물할 것 두 개를 사려고 하는데요, 두 개 모두 가볍고 배터리 사용시간이 좀 길었으면 합니다. 무게는 42gr까지가 적당할 거 같고요, 저는 충전시간이 짧으면서도 통화시간이 긴 제품을 원해요. 선물하려는 제품은요, 일주일에 한 번만 충전해도 통화시간이 16시간은 되어야 하고요, 음악은 운동하면서 매일 하루 1시간씩만 들을 수 있으면 돼요. 스피커는 고감도인 게 더 낫겠죠.
> 점원 : 그럼 고객님께는 (   ) 모델을, 친구 분께 드릴 선물로는 (   ) 모델을 추천해 드립니다.

〈제품 사양서〉

	무게	충전시간	통화시간	음악재생시간	스피커 감도
A모델	40.0gr	2.2H	15H	17H	92db
B모델	43.5gr	2.5H	12H	14H	96db
C모델	38.4gr	3.0H	12H	15H	94db
D모델	42.0gr	2.2H	13H	18H	85db

* A, B모델 : 통화시간 1시간 감소 시 음악재생시간 30분 증가
* C, D모델 : 음악재생시간 1시간 감소 시 통화시간 30분 증가

28 다음 중 위 네 가지 모델의 사양에 대한 올바른 설명을 〈보기〉에서 모두 고른 것은?

> 〈보기〉
> ㉠ 충전시간 당 통화시간이 긴 제품일수록 음악재생시간도 더 길다.
> ㉡ 충전시간 당 통화시간이 5시간 이상인 것은 A, D모델이다.
> ㉢ A모델은 통화시간에, C모델은 음악재생시간에 더 많은 배터리가 사용된다.
> ㉣ B모델의 통화시간을 10시간으로 제한하면 음악재생시간을 C모델과 동일하게 유지할 수 있다.

① ㉠, ㉡   ② ㉡, ㉣

③ ㉢, ㉣   ④ ㉠, ㉢

ⓐ 충전시간 당 통화시간과 충전시간 당 음악재생시간은 A~D모델이 순서대로 각각 6.8H, 4.8H, 4.0H, 5.9H과 7.7H, 5.6H, 5.0H, 8.2H가 된다. 따라서 A모델과 D모델의 두 항목 간 순위가 다른 것을 알 수 있다. (×)

ⓑ A모델이 6.8H, D모델이 5.9H가 된다. (○)

ⓒ 통화 1시간을 감소하여 음악재생 30분의 증가 효과가 있다는 것은 음악재생에 더 많은 배터리가 사용된다는 것을 의미하므로, 사실과 반대되는 설명이 된다. (×)

ⓓ B모델의 통화시간을 10시간으로 제한하면 2시간을 감소한 것이므로 음악재생시간이 1시간 증가하여 15시간인 C모델과 동일하게 된다. (○)

29 다음 중 점원이 K씨에게 추천한 빈 칸의 제품이 순서대로 올바르게 짝지어진 것은?

    K씨   선물
① C모델   A모델
② C모델   D모델
③ A모델   C모델
④ A모델   B모델

 두 개의 제품 모두 무게가 42gr 이하여야 하므로 B모델은 제외된다. K씨는 충전시간이 짧고 통화시간이 길어야 한다는 조건만 제시되어 있으므로 나머지 세 모델 중 A모델이 가장 적절하다.
친구에게 선물할 제품은 통화시간이 16시간이어야 하므로 통화시간을 더 늘릴 수 없는 A모델은 제외되어야 한다. 나머지 C, D모델은 모두 음악재생시간을 조절하여 통화시간을 16시간으로 늘릴 수 있으며 이 때 음악재생 감소 시간은 C, D모델이 각각 8시간과 6시간이 된다.(통화 4시간은 음악재생 8시간, 통화 3시간은 음악재생 6시간 감소 필요) 따라서 두 모델의 음악재생 가능시간은 15-8=7시간, 18-6=12시간이 된다. 그런데 일주일 1회 충전하여 매일 1시간씩의 음악을 들을 수 있으면 된다고 하였으므로 7시간 이상의 음악재생시간이 필요하지는 않으며, 7시간만 충족될 경우 고감도 스피커 제품이 더 낫다고 요청하고 있다. 따라서 D보다 C모델이 더 적절하다는 것을 알 수 있다.

Answer→ 28.② 29.③

30 다음 연차수당 지급규정과 연차사용 내역을 참고로 할 때, 현재 지급받을 수 있는 연차수당의 금액이 같은 두 사람은 누구인가? (단, 일 통상임금=월 급여 ÷ 200시간 × 8시간, 만 원 미만 버림 처리한다)

> **제60조(연차 유급휴가)**
> ① 사용자는 1년간 80퍼센트 이상 출근한 근로자에게 15일의 유급휴가를 주어야 한다.
> ② 사용자는 계속하여 근로한 기간이 1년 미만인 근로자 또는 1년간 80퍼센트 미만 출근한 근로자에게 1개월 개근 시 1일의 유급휴가를 주어야 한다.
> ③ 사용자는 근로자의 최초 1년간의 근로에 대하여 유급휴가를 주는 경우에는 제2항에 따른 휴가를 포함하여 15일로 하고, 근로자가 제2항에 따른 휴가를 이미 사용한 경우에는 그 사용한 휴가 일수를 15일에서 뺀다.
> ④ 사용자는 3년 이상 계속하여 근로한 근로자에게는 제1항에 따른 휴가에 최초 1년을 초과하는 계속 근로 연수 매 2년에 대하여 1일을 가산한 유급휴가를 주어야 한다. 이 경우 가산휴가를 포함한 총 휴가 일수는 25일을 한도로 한다.
> ⑤ 사용자는 제1항부터 제4항까지의 규정에 따른 휴가를 근로자가 청구한 시기에 주어야 하고, 그 기간에 대하여는 취업규칙 등에서 정하는 통상임금 또는 평균임금을 지급하여야 한다. 다만, 근로자가 청구한 시기에 휴가를 주는 것이 사업 운영에 막대한 지장이 있는 경우에는 그 시기를 변경할 수 있다.
> ⑥ 제1항부터 제3항까지의 규정을 적용하는 경우 다음 각 호의 어느 하나에 해당하는 기간은 출근한 것으로 본다.
> 　1. 근로자가 업무상의 부상 또는 질병으로 휴업한 기간
> 　2. 임신 중의 여성이 제74조제1항부터 제3항까지의 규정에 따른 휴가로 휴업한 기간
> ⑦ 제1항부터 제4항까지의 규정에 따른 휴가는 1년간 행사하지 아니하면 소멸된다. 다만, 사용자의 귀책사유로 사용하지 못한 경우에는 그러하지 아니하다.

직원	근속년수	월 급여(만 원)	연차사용일수
김 부장	23년	500	19일
정 차장	14년	420	7일
곽 과장	7년	350	14일
남 대리	3년	300	5일
임 사원	2년	270	3일

① 김 부장, 임 사원
② 정 차장, 곽 과장
③ 곽 과장, 남 대리
④ 김 부장, 남 대리

임 사원을 제외한 모두가 2년에 1일 씩 연차가 추가되므로 각 직원의 연차발생일과 남은 연차일, 통상임금, 연차수당은 다음과 같다.
김 부장 : 25일, 6일, $500 \div 200 \times 8 = 20$만 원, $6 \times 20 = 120$만 원
정 차장 : 22일, 15일, $420 \div 200 \times 8 = 16$만 원, $15 \times 16 = 240$만 원
곽 과장 : 18일, 4일, $350 \div 200 \times 8 = 14$만 원, $4 \times 14 = 56$만 원
남 대리 : 16일, 11일, $300 \div 200 \times 8 = 12$만 원, $11 \times 12 = 132$만 원
임 사원 : 15일, 12일, $270 \div 200 \times 8 = 10$만 원, $12 \times 10 = 120$만 원
따라서 김 부장과 임 사원의 연차수당 지급액이 동일하다.

31 다음의 진술을 참고할 때, 1층 ~ 5층 중 각기 다른 층에 살고 있는 사람들의 거주 위치에 관한 설명이 참인 것은?

> • 을은 갑과 연이은 층에 거주하지 않는다.
> • 병은 무와 연이은 층에 거주하지 않는다.
> • 정은 무와 연이은 층에 거주하지 않는다.
> • 정은 1층에 위치하며 병은 2층에 위치하지 않는다.

① 갑은 5층에 거주한다.
② 을은 5층에 거주한다.
③ 병은 4층에 거주한다.
④ 무가 3층에 거주한다면 병은 5층에 거주한다.

 정이 1층에 거주하므로 네 번째 조건에 의해 2층에 무가 거주할 수 없다. 또한 네 번째 조건에서 병도 2층에 거주하지 않는다 하였으므로 2층에 거주할 수 있는 사람은 갑 또는 을이다. 이것은 곧, 3, 4, 5층에 병, 무, 갑 또는 을이 거주한다는 것이 된다.
두 번째 조건에 의해 병과 무가 연이은 층에 거주하지 않으므로 3, 5층에는 병과 무 중 한 사람이 거주하며 2, 4층에 갑과 을 중 한 사람이 거주하는 것이 된다.
따라서 ①②③의 내용은 모두 모순되는 것이 되며, ④에서와 같이 무가 3층에 거주한다면 병이 5층에 거주하게 된다.

32 다음은 L사의 사내 전화번호부 사용법과 일부 직원들의 전화번호이다. 신입사원인 A씨가 다음 내용을 보고 판단한 것으로 적절하지 않은 것은?

* 일반 전화걸기 : 회사 외부로 전화를 거는 경우 수화기를 들고 9번을 누른 후 지역번호부터 누른다.
* 타 직원에게 전화 돌려주기 : 수화기를 들고 # 버튼을 누른 후 원하는 직원의 내선번호를 누른다.
* 직원 간 내선통화 : 수화기를 들고 직원의 내선번호를 누른다.
* 전화 당겨 받기 : 수화기를 들고 * 버튼을 2번 누른다.
* 통화대기 : 통화 도중 통화대기 버튼을 누르고 수화기를 내린다. 다시 통화하려면 수화기를 들고 통화대기 버튼을 누른다.

부서	이름	내선번호	부서	이름	내선번호
기획팀	신 과장	410	총무팀	김 과장	704
	최 대리	413	영업1팀	신 대리	513
인사팀	김 사원	305		오 사원	515
	백 대리	307	영업2팀	이 대리	105
마케팅팀	이 부장	201		정 과장	103

① 내선번호에는 조직의 편제에 따른 구분이 감안되어 있다.
② 통화 중인 이 부장과의 통화를 위해 대기 중이던 김 과장은 이 부장 통화가 끝나면 수화기를 들고 201을 눌러야 한다.
③ 신 대리에게 걸려 온 전화를 오 사원이 당겨 받으려면 신 대리의 내선번호를 누르지 않아도 된다.
④ 최 대리가 이 대리에게 전화를 연결해 주려면 반드시 105번을 눌러야 한다.

 통화 대기를 한 경우이므로 이 부장 통화 후 수화기를 들고 이 부장의 내선번호가 아닌 통화대기 버튼을 눌러야 한다.(이 부장의 앞선 통화가 끝나게 되면 김 과장의 전화벨이 울리게 된다.)
① 세 자리 내선번호의 맨 앞자리는 부서 명칭을 의미하는 것임을 알 수 있다.
③ 당겨 받을 경우 * 버튼을 두 번 누르면 되므로 신 대리의 내선번호를 누를 필요는 없다.
④ 타 직원에게 전화를 돌려주는 경우이므로 # 버튼을 누른 후 이 대리의 내선번호인 105번을 반드시 눌러야 한다.

33 다음은 지역 간의 시차를 계산하는 방법에 대한 설명이다. 다음을 참고할 때, 동경 135도에 위치한 인천에서 서경 120도에 위치한 로스앤젤레스로 출장을 가야 하는 최 과장이 도착지 공항에 현지 시각 7월 10일 오전 11시까지 도착하기 위해서 탑승해야 할 가장 늦은 항공편은? (단, 비행시간 이외의 시간은 고려하지 않는다)

> 시차 계산 요령은 다음과 같은 3가지의 원칙을 적용할 수 있다.
> 1. 같은 경도(동경과 동경 혹은 서경과 서경)인 경우는 두 지점을 빼서 15로 나누되, 더 숫자가 큰 쪽이 동쪽에 위치한다는 뜻이므로 시간도 더 빠르다.
> 2. 또한, 본초자오선과의 시차는 한국이 영국보다 9시간 빠르다는 점을 적용하면 된다.
> 3. 경도가 다른 경우(동경과 서경)는 두 지점을 더해서 15로 나누면 되고 역시 동경이 서경보다 더 동쪽에 위치하므로 시간도 더 빠르게 된다.

항공편명	출발일	출발 시각	비행시간
KR107	7월 9일	오후 11시	
AE034	7월 9일	오후 2시	
KR202	7월 9일	오후 7시	12시간
AE037	7월 10일	오후 10시	
KR204	7월 10일	오후 4시	

① KR107   ② AE034

③ KR202   ④ KR204

 출발지와 도착지는 경도가 다른 지역이므로 주어진 설명의 3번에 해당된다. 따라서 두 지점의 시차를 계산해 보면 $(135+120) \div 15 = 17$시간이 된다.

또한, 인천이 로스앤젤레스보다 더 동쪽에 위치하므로 인천이 로스앤젤레스보다 17시간이 빠르게 된다. 다시 말해, 로스앤젤레스가 인천보다 17시간이 느리다. 따라서 최 과장이 도착지에 7월 10일 오전 11시까지 도착하기 위해서는 비행시간이 12시간이므로 도착지 시간 기준 늦어도 7월 9일 오후 11시에는 출발지에서의 탑승이 이루어져야 한다. 그러므로 7월 9일 오후 11시를 출발지 시간으로 환산하면, 7월 10일 오후 4시가 된다. 따라서 최 과장이 탑승할 수 있는 가장 늦은 항공편은 KR204임을 알 수 있다.

Answer → 32.②   33.④

34 다음 16진법에 대한 설명을 참고할 때, 10진법의 45를 나타내는 수를 16진법으로 올바르게 표기한 것은?

> 10진법이 0 ~ 9까지 10개의 숫자를 사용하여 모든 수를 나타내듯이 16진법은 0 ~ 15까지의 16개 숫자를 사용하며, 이후부터는 다시 10진법과 마찬가지로 '10'이라는 숫자로 16번째 수를 나타내게 된다. 그런데, 9 이후의 숫자가 존재하지 않기 때문에 알파벳을 사용하여 다음과 같이 부족한 수를 나타내게 된다.
>
> | 10진법 | 10 | 11 | 12 | 13 | 14 | 15 |
> |--------|----|----|----|----|----|----|
> | 16진법 | A | B | C | D | E | F |
>
> 따라서 알파벳 C는 10진법의 12를 나타내며, 16진법으로 쓰인 '13'이라는 표기는 10진법의 19를 나타낸다.

① 1D

② 1E

③ 2C

④ 2D

 주어진 설명에 따라 10진법과 16진법의 표기를 표로 나타내면 다음과 같다.

10진법	0	1	2	3	4	5	6	7	8	9	10	11	12	13	14	15
16진법	0	1	2	3	4	5	6	7	8	9	A	B	C	D	E	F

10진법	16	17	18	19	20	21	22	23	24	25	26	27	28	29	30	31
16진법	10	11	12	13	14	15	16	17	18	19	1A	1B	1C	1D	1E	1F

10진법	32	33	34	35	36	37	38	39	40	41	42	43	44	45	46	47
16진법	20	21	22	23	24	25	26	27	28	29	2A	2B	2C	2D	2E	2F

따라서 10진법의 45는 16진법으로 2D로 표기된다.

35 한 마을에 약국이 A, B, C, D, E 다섯 군데가 있다. 다음의 조건에 따를 때 문을 연 약국에 해당하는 곳이 바르게 나열된 것은?

> • A와 B 모두 문을 열지는 않았다.
> • A가 문을 열었다면, C도 문을 열었다.
> • A가 문을 열지 않았다면, B가 문을 열었거나 C가 문을 열었다.
> • C는 문을 열지 않았다.
> • D가 문을 열었다면, B가 문을 열지 않았다.
> • D가 문을 열지 않았다면, E도 문을 열지 않았다.

① A   ② B
③ A, E   ④ D, E

 • A와 B 모두 문을 열지는 않았다. → A 또는 B가 문을 열었다.
• A가 문을 열었다면, C도 문을 열었다. → A가 문을 열지 않으면 C도 문을 열지 않는다.
• A가 문을 열지 않았다면, B가 문을 열었거나 C가 문을 열었다. → B가 문을 열었다.
• C는 문을 열지 않았다. → C가 열지 않았으므로 A도 열지 않았다.
• D가 문을 열었다면, B가 문을 열지 않았다. → B가 문을 열었으므로 D는 열지 않았다.
• D가 문을 열지 않았다면, E도 문을 열지 않았다.
  A, C, D, E는 문을 열지 않았다.

36 다음의 내용에 따라 두 번의 재배정을 한 결과, 병이 홍보팀에서 수습 중이다. 다른 신입사원과 최종 수습부서를 바르게 연결한 것은?

> 신입사원을 뽑아서 1년 동안의 수습 기간을 거치게 한 후, 정식사원으로 임명을 하는 한 회사가 있다. 그 회사는 올해 신입사원으로 2명의 여자 직원 갑과 을, 그리고 2명의 남자 직원 병과 정을 뽑았다. 처음 4개월의 수습기간 동안 갑은 기획팀에서, 을은 영업팀에서, 병은 총무팀에서, 정은 홍보팀에서 각각 근무하였다. 그 후 8개월 동안 두 번의 재배정을 통해서 신입사원들은 다른 부서에서도 수습 중이다. 재배정할 때마다 다음의 세 원칙 중 한 가지 원칙만 적용되었고, 같은 원칙은 다시 적용되지 않았다.

> 〈원칙〉
> 1. 기획팀에서 수습을 거친 사람과 총무팀에서 수습을 거친 사람은 서로 교체해야 하고, 영업팀에서 수습을 거친 사람과 홍보팀에서 수습을 거치 사람은 서로 교체한다.
> 2. 총무팀에서 수습을 거친 사람과 홍보팀에서 수습을 거친 사람만 서로 교체한다.
> 3. 여성 수습사원만 서로 교체한다.

① 갑 – 총무팀 ② 을 – 영업팀
③ 을 – 총무팀 ④ 갑 – 영업팀

 사원과 근무부서를 표로 나타내면

배정부서	기획팀	영업팀	총무팀	홍보팀
처음 배정 부서	갑	을	병	정
2번째 배정 부서				
3번째 배정 부서				병

㉠ 규칙 1을 2번째 배정에 적용하고 규칙 2를 3번째 배정에 적용하면
기획팀 ↔ 총무팀 / 영업팀 ↔ 홍보팀이므로
갑 ↔ 병 / 을 ↔ 정
규칙 2까지 적용하면 다음과 같다.

배정부서	기획팀	영업팀	총무팀	홍보팀
처음 배정 부서	갑	을	병	정
2번째 배정 부서	병	정	갑	을
3번째 배정 부서			을	갑

㉡ 규칙 3을 먼저 적용하고 규칙 2를 적용하면

배정부서	기획팀	영업팀	총무팀	홍보팀
처음 배정 부서	갑	을	병	정
2번째 배정 부서	을	갑	병	정
3번째 배정 부서	을	갑	정	병

37 (개)~(래)의 유형 구분에 사용되었을 두 가지 기준을 〈보기〉에서 고른 것으로 가장 적절한 것은?

한 범죄학자가 미성년자 대상 성범죄자의 프로파일을 작성하기 위해 성범죄자를 A 기준과 B 기준에 따라 네 유형으로 분류하였다.

A 기준	B 기준	
	(개)	(내)
	(대)	(래)

(개) 유형은 퇴행성 성범죄자로, 평소에는 정상적으로 성인과 성적 교류를 하지만 실직이나 이혼 등과 같은 실패를 경험하는 경우에 어려움을 극복하는 기술이 부족하여 일시적으로 미성년 여자를 대상으로 성매매 등의 성적 접촉을 시도한다. 이들은 흔히 내향적이며 정상적인 결혼생활을 하고 있고 거주지가 일정하다.

(내) 유형은 미성숙 성범죄자로, 피해자의 성별에 대한 선호를 보이지 않는다. 정신적, 심리적 문제를 가진 경우가 많고 주위 사람들로부터 따돌림을 당해서 대부분 홀로 생활한다. 이들의 범행은 주로 성폭행과 성추행의 형태로 나타나는데, 일시적이고 충동적인 면이 있다.

(대) 유형은 고착성 성범죄자로, 선물이나 금전 등으로 미성년자의 환심을 사기 위해 장기간에 걸쳐 노력을 기울인다. 발달 과정의 한 시점에 고착되었기 때문에 10대 후반부터 미성년자를 성적 대상으로 삼는 행동을 보인다. 성인과의 대인관계를 어려워하며, 생활과 행동에서 유아적인 요소를 보이는 경우가 많다.

(래) 유형은 가학성 성범죄자로, 공격적이고 반사회적인 성격을 가진다. 전과를 가진 경우가 많고, 피해자를 해치는 경우가 많으며, 공격적 행동을 통하여 성적 쾌감을 경험한다. 어린 미성년 남자를 반복적으로 범죄 대상으로 선택하는 경우가 많다.

〈보기〉

ⓐ 미성년자 선호 지속성   ⓑ 내향성
ⓒ 공격성   ⓓ 성별 선호

① ⓐ, ⓑ   ② ⓐ, ⓒ
③ ⓑ, ⓒ   ④ ⓑ, ⓓ

	ⓐ	ⓑ	ⓒ	ⓓ
(개)	×	○	×	○
(내)	×	○	○	×
(대)	○	알 수 없음	×	알 수 없음
(래)	○	알 수 없음	○	○

Answer↪ 36.④ 37.②

38 쓰레기를 무단 투기하는 사람을 찾기 위해 고심하던 아파트 관리인 세상씨는 다섯 명의 입주자 A, B, C, D, E를 면담했다. 이들은 각자 다음과 같이 이야기를 했다. 이 가운데 두 사람의 이야기는 모두 거짓인 반면, 세 명의 이야기는 모두 참이라고 한다. 다섯 명 가운데 한 명이 범인이라고 할 때 쓰레기를 무단 투기한 사람은 누구인가?

> A : 쓰레기를 무단 투기하는 것을 나와 E만 보았다. B의 말은 모두 참이다.
> B : 쓰레기를 무단 투기한 것은 D이다. D가 쓰레기를 무단 투기하는 것을 E가 보았다.
> C : D는 쓰레기를 무단 투기하지 않았다. E의 말은 참이다.
> D : 쓰레기를 무단 투기하는 것을 세 명의 주민이 보았다. B는 쓰레기를 무단 투기하지 않았다.
> E : 나와 A는 쓰레기를 무단 투기하지 않았다. 나는 쓰레기를 무단 투기하는 사람을 아무도 보지 못했다.

① A   ② B
③ C   ④ E

    ㉠ A가 참인 경우
      E는 무단 투기하는 사람을 못 봤다고 했으므로 E의 말은 거짓이 된다.
      A는 B가 참이라고 했으므로 B에 의해 D가 범인이 된다.
      그러나 C는 D가 무단 투기하지 않았다고 했으므로 C도 거짓이 된다.
      거짓말을 한 주민이 C, E 두 명이 되었으므로 D의 말은 참이 된다.
      그러나 D는 쓰레기를 무단 투기하는 사람을 세 명이 주민이 보았다고 했는데 A는 본인과 E만 보았다고 했으므로 D는 범인이 될 수 없다.
    ㉡ A가 거짓인 경우
      A의 말이 거짓이면 B의 말도 모두 거짓이 된다.
      거짓말을 한 사람이 A, B이므로 C, D, E는 참말을 한 것이 된다.
      C에 의하면 D는 범인이 아니다.
      D에 의하면 B는 범인이 아니다.
      E에 의하면 A는 범인이 아니다.
      그러면 C가 범인이다.

Answer↲

39 지하철 10호선은 총 6개의 주요 정거장을 경유한다. 주어진 조건이 다음과 같을 경우, C가 4번째 정거장일 때, E 바로 전의 정거장이 될 수 있는 것은?

> • 지하철 10호선은 순환한다.
> • 주요 정거장을 각각 A, B, C, D, E, F라고 한다.
> • E는 3번째 정거장이다.
> • B는 6번째 정거장이다.
> • D는 F의 바로 전 정거장이다.
> • C는 A의 바로 전 정거장이다.

① F

② E

③ D

④ B

 C가 4번째 정거장이므로 표를 완성하면 다음과 같다.

순서	1	2	3	4	5	6
정거장	D	F	E	C	A	B

따라서 E 바로 전의 정거장은 F이다.

40 김대리는 모스크바 현지 영업소로 출장을 갈 계획이다. 4일 오후 2시 모스크바에서 회의가 예정되어 있어 모스크바 공항에 적어도 오전 11시 이전에는 도착하고자 한다. 인천에서 모스크바까지 8시간이 걸리며, 시차는 인천이 모스크바보다 6시간이 더 빠르다. 김대리는 인천에서 늦어도 몇 시에 출발하는 비행기를 예약하여야 하는가?

① 3일 09 : 00

② 3일 19 : 00

③ 4일 09 : 00

④ 4일 11 : 00

 인천에서 모스크바까지 8시간이 걸리고, 6시간이 인천이 더 빠르므로
09 : 00시 출발 비행기를 타면 $9 + (8 - 6) = 11$시 도착
19 : 00시 출발 비행기를 타면 $19 + (8 - 6) = 21$시 도착
02 : 00시 출발 비행기를 타면 $2 + (8 - 6) = 4$시 도착

Answer 38.③ 39.① 40.③

04 정보능력

1 정보화사회와 정보능력

(1) 정보와 정보화사회

① 자료 · 정보 · 지식

구분	특징
자료(Data)	객관적 실제의 반영이며, 그것을 전달할 수 있도록 기호화한 것
정보(Information)	자료를 특정한 목적과 문제해결에 도움이 되도록 가공한 것
지식(Knowledge)	정보를 집적하고 체계화하여 장래의 일반적인 사항에 대비해 보편성을 갖도록 한 것

② 정보화사회 … 필요로 하는 정보가 사회의 중심이 되는 사회

(2) 업무수행과 정보능력

① 컴퓨터의 활용 분야

　㉠ 기업 경영 분야에서의 활용 : 판매, 회계, 재무, 인사 및 조직관리, 금융 업무 등

　㉡ 행정 분야에서의 활용 : 민원처리, 각종 행정 통계 등

　㉢ 산업 분야에서의 활용 : 공장 자동화, 산업용 로봇, 판매시점관리시스템(POS) 등

　㉣ 기타 분야에서의 활용 : 교육, 연구소, 출판, 가정, 도서관, 예술 분야 등

② 정보처리과정

　㉠ 정보 활용 절차 : 기획 → 수집 → 관리 → 활용

　㉡ 5W2H : 정보 활용의 전략적 기획

　　• WHAT(무엇을?) : 정보의 입수대상을 명확히 한다.

　　• WHERE(어디에서?) : 정보의 소스(정보원)를 파악한다.

　　• WHEN(언제까지) : 정보의 요구(수집)시점을 고려한다.

　　• WHY(왜?) : 정보의 필요목적을 염두에 둔다.

　　• WHO(누가?) : 정보활동의 주체를 확정한다.

　　• HOW(어떻게) : 정보의 수집방법을 검토한다.

　　• HOW MUCH(얼마나?) : 정보수집의 비용성(효용성)을 중시한다.

5W2H는 정보를 전략적으로 수집·활용할 때 주로 사용하는 방법이다. 5W2H에 대한 설명으로 옳지 않은 것은?

① WHAT : 정보의 수집방법을 검토한다.
② WHERE : 정보의 소스(정보원)를 파악한다.
③ WHEN : 정보의 요구(수집)시점을 고려한다.
④ HOW : 정보의 수집방법을 검토한다.

[출제의도]
방대한 정보들 중 꼭 필요한 정보와 수집 방법 등을 전략적으로 기획하고 정보수집이 이루어질 때 효과적인 정보 수집이 가능해진다. 5W2H는 이러한 전략적 정보 활용 기획의 방법으로 그 개념을 이해하고 있는지를 묻는 질문이다.
[해설]
5W2H의 'WHAT'은 정보의 입수대상을 명확히 하는 것이다. 정보의 수집방법을 검토하는 것은 HOW(어떻게)에 해당되는 내용이다.

답 ①

(3) 사이버공간에서 지켜야 할 예절

① 인터넷의 역기능
  ㉠ 불건전 정보의 유통
  ㉡ 개인 정보 유출
  ㉢ 사이버 성폭력
  ㉣ 사이버 언어폭력
  ㉤ 언어 훼손
  ㉥ 인터넷 중독
  ㉦ 불건전한 교제
  ㉧ 저작권 침해

② 네티켓(netiquette) … 네트워크(network) + 에티켓(etiquette)

(4) 정보의 유출에 따른 피해사례

① 개인정보의 종류

    ㉠ 일반 정보 : 이름, 주민등록번호, 운전면허정보, 주소, 전화번호, 생년월일, 출생지, 본적지, 성별, 국적 등

    ㉡ 가족 정보 : 가족의 이름, 직업, 생년월일, 주민등록번호, 출생지 등

    ㉢ 교육 및 훈련 정보 : 최종학력, 성적, 기술자격증/전문면허증, 이수훈련 프로그램, 서클활동, 상벌사항, 성격/행태보고 등

    ㉣ 병역 정보 : 군번 및 계급, 제대유형, 주특기, 근무부대 등

    ㉤ 부동산 및 동산 정보 : 소유주택 및 토지, 자동차, 저축현황, 현금카드, 주식 및 채권, 수집품, 고가의 예술품 등

    ㉥ 소득 정보 : 연봉, 소득의 원천, 소득세 지불 현황 등

    ㉦ 기타 수익 정보 : 보험가입현황, 수익자, 회사의 판공비 등

    ㉧ 신용 정보 : 대부상황, 저당, 신용카드, 담보설정 여부 등

    ㉨ 고용 정보 : 고용주, 회사주소, 상관의 이름, 직무수행 평가 기록, 훈련기록, 상벌기록 등

    ㉩ 법적 정보 : 전과기록, 구속기록, 이혼기록 등

    ㉪ 의료 정보 : 가족병력기록, 과거 의료기록, 신체장애, 혈액형 등

    ㉫ 조직 정보 : 노조가입, 정당가입, 클럽회원, 종교단체 활동 등

    ㉬ 습관 및 취미 정보 : 흡연/음주량, 여가활동, 도박성향, 비디오 대여기록 등

② 개인정보 유출방지 방법

    ㉠ 회원 가입 시 이용 약관을 읽는다.

    ㉡ 이용 목적에 부합하는 정보를 요구하는지 확인한다.

    ㉢ 비밀번호는 정기적으로 교체한다.

    ㉣ 정체불명의 사이트는 멀리한다.

    ㉤ 가입 해지 시 정보 파기 여부를 확인한다.

    ㉥ 남들이 쉽게 유추할 수 있는 비밀번호는 자제한다.

2 **정보능력을 구성하는 하위능력**

(1) 컴퓨터활용능력

① 인터넷 서비스 활용

　㉠ 전자우편(E-mail) 서비스 : 정보 통신망을 이용하여 다른 사용자들과 편지나 여러 정보를 주고받는 통신 방법

　㉡ 인터넷 디스크/웹 하드 : 웹 서버에 대용량의 저장 기능을 갖추고 사용자가 개인용 컴퓨터의 하드디스크와 같은 기능을 인터넷을 통하여 이용할 수 있게 하는 서비스

　㉢ 메신저 : 인터넷에서 실시간으로 메시지와 데이터를 주고받을 수 있는 소프트웨어

　㉣ 전자상거래 : 인터넷을 통해 상품을 사고팔거나 재화나 용역을 거래하는 사이버 비즈니스

② 정보검색 … 여러 곳에 분산되어 있는 수많은 정보 중에서 특정 목적에 적합한 정보만을 신속하고 정확하게 찾아내어 수집, 분류, 축적하는 과정

　㉠ 검색엔진의 유형

　　• 키워드 검색 방식 : 찾고자 하는 정보와 관련된 핵심적인 언어인 키워드를 직접 입력하여 이를 검색 엔진에 보내어 검색 엔진이 키워드와 관련된 정보를 찾는 방식

　　• 주제별 검색 방식 : 인터넷상에 존재하는 웹 문서들을 주제별, 계층별로 정리하여 데이터베이스를 구축한 후 이용하는 방식

　　• 통합형 검색방식 : 사용자가 입력하는 검색어들이 연계된 다른 검색 엔진에게 보내고 이를 통하여 얻어진 검색 결과를 사용자에게 보여주는 방식

　㉡ 정보 검색 연산자

기호	연산자	검색조건
*, &	AND	두 단어가 모두 포함된 문서를 검색
|	OR	두 단어가 모두 포함되거나 두 단어 중에서 하나만 포함된 문서를 검색
-, !	NOT	'-' 기호나 '!' 기호 다음에 오는 단어는 포함하지 않는 문서를 검색
~, near	인접검색	앞/뒤의 단어가 가깝게 있는 문서를 검색

③ 소프트웨어의 활용

　㉠ 워드프로세서

　　• 특징 : 문서의 내용을 화면으로 확인하면서 쉽게 수정 가능, 문서 작성 후 인쇄 및 저장 가능, 글이나 그림의 입력 및 편집 가능

　　• 기능 : 입력기능, 표시기능, 저장기능, 편집기능, 인쇄기능 등

ⓛ 스프레드시트
- 특징 : 쉽게 계산 수행, 계산 결과를 차트로 표시, 문서를 작성하고 편집 가능
- 기능 : 계산, 수식, 차트, 저장, 편집, 인쇄기능 등

| 예제 2

귀하는 커피 전문점을 운영하고 있다. 아래와 같이 엑셀 워크시트로 4개 지점의 원두 구매 수량과 단가를 이용하여 금액을 산출하고 있다. 귀하가 다음 중 D3셀에서 사용하고 있는 함수식으로 옳은 것은? (단, 금액 = 수량 × 단가)

	A	B	C	D	E
1	지점	원두	수량(100g)	금액	
2	A	케냐	15	150000	
3	B	콜롬비아	25	175000	
4	C	케냐	30	300000	
5	D	브라질	35	210000	
6					
7		원두	100g당 단가		
8		케냐	10,000		
9		콜롬비아	7,000		
10		브라질	6,000		
11					

① =C3*VLOOKUP(B3, $B$8:$C$10, 1, 1)
② =B3*HLOOKUP(C3, $B$8:$C$10, 2, 0)
③ =C3*VLOOKUP(B3, $B$8:$C$10, 2, 0)
④ =C3*HLOOKUP($B$8:$C$10, 2, B3)

[출제의도]
본 문항은 엑셀 워크시트 함수의 활용도를 확인하는 문제이다.
[해설]
"VLOOKUP(B3,$B$8:$C$10, 2, 0)"의 함수를 해설해보면 B3의 값(콜롬비아)을 B8:C10에서 찾은 후 그 영역의 2번째 열(C열, 100g당 단가)에 있는 값을 나타내는 함수이다. 금액은 "수량 × 단가"으로 나타내므로 D3셀에 사용되는 함수식은 "=C3*VLOOKUP(B3, $B$8:$C$10, 2, 0)"이다.
※ HLOOKUP과 VLOOKUP
　ⓗ HLOOKUP : 배열의 첫 행에서 값을 검색하여, 지정한 행의 같은 열에서 데이터를 추출
　ⓛ VLOOKUP : 배열의 첫 열에서 값을 검색하여, 지정한 열의 같은 행에서 데이터를 추출

답 ③

ⓒ 프레젠테이션
- 특징 : 각종 정보를 사용자 또는 대상자에게 쉽게 전달
- 기능 : 저장, 편집, 인쇄, 슬라이드 쇼 기능 등
ⓡ 유틸리티 프로그램 : 파일 압축 유틸리티, 바이러스 백신 프로그램

④ 데이터베이스의 필요성
　ⓗ 데이터의 중복을 줄인다.
　ⓛ 데이터의 무결성을 높인다.
　ⓒ 검색을 쉽게 해준다.
　ⓡ 데이터의 안정성을 높인다.
　ⓜ 개발기간을 단축한다.

(2) 정보처리능력

① **정보원** … 1차 자료는 원래의 연구성과가 기록된 자료이며, 2차 자료는 1차 자료를 효과적으로 찾아보기 위한 자료 또는 1차 자료에 포함되어 있는 정보를 압축·정리한 형태로 제공하는 자료이다.

    ㉠ **1차 자료**: 단행본, 학술지와 논문, 학술회의자료, 연구보고서, 학위논문, 특허정보, 표준 및 규격자료, 레터, 출판 전 배포자료, 신문, 잡지, 웹 정보자원 등

    ㉡ **2차 자료**: 사전, 백과사전, 편람, 연감, 서지데이터베이스 등

② **정보분석 및 가공**

    ㉠ **정보분석의 절차**: 분석과제의 발생 → 과제(요구)의 분석 → 조사항목의 선정 → 관련정보의 수집(기존자료 조사/신규자료 조사) → 수집정보의 분류 → 항목별 분석 → 종합·결론 → 활용·정리

    ㉡ **가공**: 서열화 및 구조화

③ **정보관리**

    ㉠ 목록을 이용한 정보관리

    ㉡ 색인을 이용한 정보관리

    ㉢ 분류를 이용한 정보관리

| 예제 3

인사팀에서 근무하는 J씨는 회사가 성장함에 따라 직원 수가 급증하기 시작하면서 직원들의 정보관리 방법을 모색하던 중 다음과 같은 A사의 직원 정보관리 방법을 보게 되었다. J씨는 A사가 하고 있는 이 방법을 회사에도 도입하고자 한다. 이 방법은 무엇인가?

> A사의 인사부서에 근무하는 H씨는 직원들의 개인정보를 관리하는 업무를 담당하고 있다. A사에서 근무하는 직원은 수천 명에 달하기 때문에 H씨는 주요 키워드나 주제어를 가지고 직원들의 정보를 구분하여 관리하여, 찾을 때도 쉽고 내용을 수정할 때도 이전보다 훨씬 간편할 수 있도록 했다.

① 목록을 활용한 정보관리
② 색인을 활용한 정보관리
③ 분류를 활용한 정보관리
④ 1:1 매칭을 활용한 정보관리

[출제의도]
본 문항은 정보관리 방법의 개념을 이해하고 있는가를 묻는 문제이다.
[해설]
주어진 자료의 A사에서 사용하는 정보관리는 주요 키워드나 주제어를 가지고 정보를 관리하는 방식인 색인을 활용한 정보관리이다. 디지털 파일에 색인을 저장할 경우 추가, 삭제, 변경 등이 쉽다는 점에서 정보관리에 효율적이다.

답 ②

04 출제예상문제

▌1~3▐ 다음 K서점 물류 창고 책임자와 담당하고 있는 재고 상품의 코드 목록을 보고 이어지는 질문에 답하시오.

책임자	코드번호	책임자	코드번호
정수빈	11082D0200400135	김재호	11056N0401100030
허경민	12083F0200901009	최주환	11046O0300900045
박건우	11093F0200600100	정진호	11053G0401201182
김재환	12107P0300700085	박세혁	12076N0200700030
오재일	12114H0601501250	양의지	12107Q0501300045
오재원	12091C0200500835	김태형	11091B0100200770
유희관	11035L0601701005	김대한	12081B0100101012

예시

* 2016년 5월에 인천 남도 사에서 출판된 '중국 철학'의 125번째 입고 제품
  → 1605 - 4J - 04012 - 00125

출판 연월	출판지		서적 코드				입고품 수량
	출판지 코드	출판사 코드	분야 코드		세부 코드		
2011년 10월 – 1110 2009년 1월 – 0901	1 서울	A 참빛	01 요리		001	양식	00001부터 다섯 자리 시리얼 넘버가 부여됨.
		B 성호			002	한식	
		C 세영	02 참고서		003	초등	
	2 부산	D 서인당			004	중등	
		E 시대			005	고등	
	3 대구	F 바탕골			006	일반	
		G 한빛	03 라이프		007	장식	
	4 인천	H 명로			008	자동차	
		I 예명사			009	가구	
		J 남도	04 철학		010	서양	
	5 광주	K 남경사			011	동양	
		L 태인			012	중국	
		M 원우	05 아동		013	놀이	
	6 세종	N 향인사			014	심리	
		O 세종당	06 컴퓨터		015	Mac	
	7 제주	P 바다북			016	윈도우	
		Q 해명			017	도스	

1 재고 상품 중 2012년 10월 광주 '남경사'에서 출판된 고등학교 참고서의 상품 코드로 알맞은 것은 어느 것인가?

① 12105K0200500025

② 12104H0200401000

③ 12105K0400500120

④ 12104H0500210030

 출판연월은 1210이며, 출판지와 출판사 코드는 5K, 고등학교 참고서는 02005가 된다. 뒤의 시리얼 넘버는 지정하지 않았으므로 12105K0200500025가 정답이 된다.

2 다음 중 출판물의 분야가 동일한 서적을 보관하는 물류 창고의 책임자들로 알맞게 짝지어진 것은 어느 것인가?

① 오재일, 박세혁

② 오재원, 김재호

③ 정수빈, 양의지

④ 김재환, 최주환

 출판물의 분야를 의미하는 코드는 알파벳 바로 다음인 일곱 번째와 여덟 번째 자릿수이므로, 이것이 모두 '03 라이프' 분야로 동일하게 짝지어진 김재환과 최주환이 정답임을 알 수 있다.
① 오재일, 박세혁 : 컴퓨터, 참고서
② 오재원, 김재호 : 참고서, 철학
③ 정수빈, 양의지 : 참고서, 아동

3 물류 창고에서, 제주도 지역에서 출판된 서적과 '라이프' 분야의 서적을 모두 찾아 본사 매장으로 보내야 한다. 이에 해당하는 서적을 보관 중인 물류 창고 책임자는 모두 몇 명인가?

① 2명

② 3명

③ 4명

④ 5명

 제주에서 출판된 서적에는 다섯 번째 상품 코드가 7로 기재되어 있으며, '라이프' 분야 서적에는 일곱 번째와 여덟 번째 상품 코드가 03으로 기재되어 있다. 따라서 다섯 번째 상품 코드로 7을 가진 상품을 담당하는 책임자는 김재환, 양의지이며, 일곱 번째와 여덟 번째 상품 코드로 03을 가진 상품을 담당하는 책임자는 김재환, 최주환이므로 모두 3명이 된다.

Answer ▸ 1.① 2.④ 3.②

4 다음 개념들에 관한 설명으로 옳지 않은 것은?

① 비트(Bit) : Binary Digit의 약자로 데이터(정보) 표현의 최소 단위
② 바이트(Byte) : 하나의 문자, 숫자, 기호의 단위로 8Bit의 모임
③ 레코드(Record) : 하나 이상의 필드가 모여 구성되는 프로그램 처리의 기본 단위
④ 파일(File) : 항목(Item) 이라고도 하며, 하나의 수치 또는 일련의 문자열로 구성되는 자료 처리의 최소단위

 파일(File) … 서로 연관된 레코드들의 집합으로 프로그램 구성의 기본 단위
※ 필드(Field) … 항목(Item)이라고도 하며, 하나의 수치 또는 일련의 문자열로 구성되는 자료처리의 최소단위

5 웹 서버에 대용량의 저장 기능을 갖추고 사용자가 개인용 컴퓨터의 하드디스크와 같은 기능을 인 터넷을 통하여 이용할 수 있게 하는 서비스를 무엇이라고 하는가?

① 메신저   ② 카카오톡
③ 웹하드   ④ 전자메일

 인터넷 디스크는 웹 서버에 대용량의 저장 기능을 갖추고 사용자가 개인용 PC의 하드디스 크와 같은 기능을 인터넷을 통하여 이용할 수 있게 하는 서비스이다. 초기에는 대용량의 파일 작업을 하는 사람들을 위하여 웹 디스크가 구축되었는데 추후 일반인들도 이용이 가 능하게 된 것이다. 그러면서 인터넷 디스크, 웹 디스크, 웹하드, 파일박스 등 다양한 용어 가 생겨나기 시작하였고 현재 가장 많이 사용하는 용어가 웹하드이다.

6 메신저를 사용하면 얻을 수 있는 장점으로 옳지 않은 것은?

① 인터넷에 접속해 있는지 확인이 가능하므로 응답이 즉시 이루어질 수 있다.
② 컴퓨터로 작업을 하다 중단하고 바로 메시지를 주고받을 수 있다.
③ 여러 사람과 대화가 가능하며 대용량의 동영상 파일의 전송이 가능하다.
④ 뉴스나 증권, 음악 정보 등의 서비스도 제공받을 수 있다.

 메신저의 장점으로는 컴퓨터로 작업을 하면서 메시지를 주고받을 수 있다.

7 다음 중 우리나라 저작권법상 저작권이 존재하지 않는 저작물은 무엇인가?

① 정치인이 출간한 자서전
② 신문사 사진기자가 촬영한 사진
③ 작곡가가 작사한 가사
④ 사실 전달에 국한되는 시사보도

 시사보도자료는 저작권법의 보호대상에서 제외하고 있다.

8 개인정보보호법에 의하여 영상정보처리기기를 설치·운영할 수 없는 경우는?

① 범죄의 수사 및 예방
② 시설안전 및 화재의 예방
③ 불특정다수가 이용하는 시설의 감시
④ 교통정보의 수집·분석 및 제공

 개인정보보호법에 따르면 누구든지 불특정 다수가 이용하는 목욕실, 화장실, 발한실, 탈의실 등 개인의 사생활을 현저히 침해할 우려가 있는 장소의 내부를 볼 수 있도록 영상정보처리기기를 설치·운영하여서는 아니 된다고 규정하고 있다.

9 인터넷 익스플로러의 바로가기 키에 대한 설명으로 옳지 않은 것은?

① F11 – 전체화면 표시와 브라우저 창의 기본보기 간의 전환
② F4 – 인쇄할 첫 페이지 미리보기
③ Ctrl + D – 즐겨찾기에 현재 페이지 추가하기
④ Ctrl + Shift + P – InPrivate 브라우징 창 열기

 F4 – 주소 입력줄, 히스토리 창 열기

Answer↱ 4.④ 5.③ 6.② 7.④ 8.③ 9.②

10 다음에서 설명하고 있는 웹브라우저는?

> 2014년 11월 출시 10주년을 맞이한 이 웹브라우저는 개인정보보호의 중요성을 강조하며 검색업체나 광고업체가 웹사이트 추적을 중지하도록 요청하는 DNT 기능 및 개인정보를 손쉽게 지울 수 있는 FORGET이란 기능을 제공하고 있다.

① 크롬
② 구글
③ 파이어폭스
④ 사파리

 파이어폭스는 미국의 모질라 재단이 출시한 오픈소스 기반의 인터넷 브라우저로, 탭을 이용한 브라우징과 커스텀이 가능한 내장 검색바, 내장 RSS 리더 등의 여러 기술적 진보를 보여주며, 빠르고 안정적이다. 그러나 많은 국내 인터넷 사이트들이 인터넷익스플로러(IE)의 액티브 X를 기반으로 운영되고 있어, 파이어폭스 등의 웹브라우저로는 정상적으로 인터넷 서비스를 이용하기 어려운 경우가 많고, 액티브 X 지원이 부족하다는 단점이 있다.

11 다음에서 설명하는 검색 옵션은 무엇인가?

> 와일드 카드 문자를 키워드로 입력한 단어에 붙여 사용하는 검색으로 어미나 어두를 확장시켜 검색한다.

① 필드 검색
② 절단 검색
③ 구문 검색
④ 자연어 검색

 절단 검색은 지정한 검색어를 포함한 문자열을 가진 자료를 모두 검색하는 것으로, 단어의 어미변화 다양성을 간단하게 축약한다. 일반적으로 *나 %를 많이 사용하며, 특정 문자열로 시작하는 정보를 찾는지, 특정한 문자열로 끝나는 정보를 찾는지에 따라 후방절단, 전방절단으로 분류한다.

12 우리가 원하는 정보를 검색하고자 할 경우 갖추어야 할 검색기술에 대한 설명으로 옳지 않은 것은?

① 키워드는 구체적이고 자세하게 만드는 것이 좋다.

② 검색엔진별 연산자를 숙지하는 것이 좋다.

③ 원하는 정보를 찾을 수 있도록 적절한 검색엔진을 사용하는 것이 좋다.

④ 검색엔진이 제공하는 결과물에 가중치를 크게 부여하여야 한다.

 검색엔진이 제시하는 결과물의 가중치를 너무 신뢰하여서는 안된다. 검색엔진 나름대로의 정확성이 높다고 판단되는 데이터를 화면의 상단에 표시하지만 실제 그렇지 않은 경우가 많기 때문에 사용자가 직접 보면서 검색한 자료를 판단하여야 한다.

13 다음은 정보검색 연산자에 대해 정리한 표인데 (   )에 들어갈 기호는 어느 것인가?

기호	연산자	검색 조건
*, &	AND	두 단어가 모두 포함된 문서를 검색
( )	OR	두 단어가 모두 포함되거나, 두 단어 중에서 하나만 포함된 문서를 검색
—, !	NOT	'—'나 '!' 기호 다음에 오는 단어를 포함하지 않는 문서 검색
~, near	인접검색	앞뒤의 단어가 가깝게 인접해 있는 문서를 검색

① @

② |

③ /

④ $

 연산자 OR에 해당하는 기호는 '|'이며 두 단어 중에서 하나만 포함되어 있어도 검색해서 결과값으로 보여주게 된다.

14 데이터베이스에 대한 설명으로 옳지 않은 것은?

① 정보를 효과적으로 조작하고 효율적인 검색을 할 수 있도록 이용하기 시작한 것이 데이터베이스이다.

② 여러 개의 서로 연관된 파일을 데이터베이스라고 한다.

③ 데이터베이스 관리시스템은 데이터와 파일, 그들의 관계 등을 생성하고 유지하고 검색할 수 있게 해주는 소프트웨어를 말한다.

④ 데이터베이스 파일시스템은 한 번에 한 개의 파일에 대하여 생성, 유지, 검색할 수 있는 소프트웨어이다.

 파일관리시스템은 한 번에 한 개의 파일에 대해서 생성, 유지, 검색을 할 수 있는 소프트웨어이다.

15 다음 중 Windows 7의 [작업 표시줄 및 시작 메뉴 속성] 창에서 설정할 수 있는 항목으로 옳지 않은 것은?

① 작업 표시줄 항상 위 표시

② 화면에서의 작업 표시줄 위치

③ 시작 메뉴의 사용자 지정

④ 알림 영역의 사용자 지정

 작업 표시줄 및 시작 메뉴 속성
ⓒ 작업표시줄의 모양
ⓒ 화면에서의 작업 표시줄 위치
ⓒ 작업 표시줄 단추
ⓒ 알림 영역 사용자 지정
ⓒ 시작 메뉴 사용자 지정
ⓒ 도구 모음

16 다음 중 차트에 관한 설명으로 옳지 않은 것은?

① 차트를 작성하려면 반드시 원본 데이터가 있어야 하며, 작성된 차트는 원본 데이터가 변경되면 차트의 내용이 함께 변경된다.

② 특정 차트 서식 파일을 자주 사용하는 경우에는 이 서식 파일을 기본 차트로 설정할 수 있다.

③ 차트에 사용될 데이터를 범위로 지정한 후 〈Alt〉+〈F11〉키를 누르면 데이터가 있는 워크시트에 기본 차트인 묶은 세로 막대형 차트가 작성된다.

④ 차트에 두 개 이상의 차트 종류를 사용하여 혼합형 차트를 만들 수 있다.

 F11을 누르는 것은 별도의 차트시트에 기본 차트가 작성되는 것이므로 [ALT +F1]을 눌러야 데이터가 있는 워크시트에 기본 차트가 작성된다.

17 다음과 같은 시트에서 이름에 '철'이라는 글자가 포함된 셀의 서식을 채우기 색 '노랑', 글꼴 스타일 '굵은 기울임꼴'로 변경하고자 한다. 이를 위해 [A2:A7] 영역에 설정한 조건부 서식의 수식 규칙으로 옳은 것은?

	A	B	C	D
1	이름	편집부	영업부	관리부
2	박초롱	89	65	92
3	강원철	69	75	85
4	김수현	75	86	35
5	민수진	87	82	80
6	신해철	55	89	45
7	안진철	98	65	95

① =COUNT(A2, "*철*")   ② =COUNT(A2:A7, "*철*")
③ =COUNTIF(A2, "*철*")   ④ =COUNTIF(A2:A7, "*철*")

 =COUNTIF를 입력 후 범위를 지정하면 지정한 범위 내에서 중복값을 찾는다.
   ㉠ COUNT함수 : 숫자가 입력된 셀의 개수를 구하는 함수
   ㉡ COUNTIF함수 : 조건에 맞는 셀의 개수를 구하는 함수
'철'을 포함한 셀을 구해야 하므로 조건을 구하는 COUNTIF함수를 사용하여야 한다.
A2행으로부터 한 칸씩 내려가며 '철'을 포함한 셀을 찾아야 하므로 A2만 사용한다.

Answer ↪ 14.④ 15.① 16.③ 17.③

18 다음 중 컴퓨터 사용 도중 발생하는 문제들을 해결하는 방법으로 옳지 않은 것은?

① 시스템 속도가 느린 경우 : [제어판]-[프로그램 추가/제거]-[Windows 구성 요소 추가/제거]-[인덱스 서비스]를 선택하여 설치한다.

② 네트워크 통신이 되지 않을 경우 : 케이블 연결과 프로토콜 설정을 확인하여 수정한다.

③ 메모리가 부족한 경우 : 메모리를 추가 또는 불필요한 프로그램을 종료한다.

④ 제대로 동작하지 않는 하드웨어가 있을 경우 : 올바른 장치 드라이버를 재 설치한다.

 [인덱스 서비스]는 빠른 속도로 전체 텍스트를 검색할 수 있도록 문서를 찾고, 색인화 하는 서비스로 시스템의 속도는 오히려 조금 줄어들게 되지만 검색 속도는 빨라지는 장점이 있다. [인덱스 서비스]를 설치한다고 하여 시스템 속도가 빨라진다라고 표현하기는 어렵다.

19 다음 중 Windows 7의 [그림판]에서 실행할 수 있는 기능으로 옳지 않은 것은?

① 선택한 영역을 대칭으로 이동시킬 수 있다.

② 그림판에서 그림을 그린 다음 다른 문서에 붙여 넣거나 바탕 화면 배경으로 사용할 수 있다.

③ 선택한 영역의 색을 [색 채우기] 도구를 이용하여 다른 색으로 변경할 수 있다.

④ JPG, GIF, BMP와 같은 그림 파일도 그림판에서 작업할 수 있다.

 그림판의 기능으로 삽입한 도형은 [색 채우기] 도구로 다른 색으로 변경할 수 있지만 선택한 영역의 색은 [색 채우기] 도구가 비활성화 된다.

20 다음 중 컴퓨터에서 데이터를 표현하기 위한 코드에 관한 설명으로 옳지 않은 것은?

① EBCDIC 코드는 4개의 Zone 비트와 4개의 Digit 비트로 구성되며, 256개의 문자를 표현할 수 있다.

② 표준 BCD 코드는 2개의 Zone 비트와 4개의 Digit 비트로 구성되며, 영문 대문자와 소문자를 포함하여 64개의 문자를 표현할 수 있다.

③ 해밍 코드(Hamming Code)는 잘못된 정보를 체크하고 오류를 검출하여 다시 교정할 수 있는 코드이다.

④ 유니코드는(Unicode)는 전 세계의 모든 문자를 2바이트로 표현하는 국제 표준 코드이다.

 표준 BCD 코드는 영문 소문자를 표현할 수 없다.

21 어머님이 새로 핸드폰을 장만하셔서 핸드폰 사용법을 알려드렸다. 또한 전화번호 검색하는 법을 가르쳐 드렸다. 다음은 어머님의 핸드폰에 저장되어 있는 연락처의 일부이다. 검색결과로 옳은 것은?

이름	번호
김예지	01062253722
박소연	01049713962
전주희	01037078174
서현준	01094105021
안주환	01046717428
송해준	01037077354
박윤진	01092631172
우민희	01072468103
한현지	01059651936

① '72'를 누르면 3명이 뜬다.

② 'ㅅ'을 누르면 4명이 뜬다.

③ '3707'을 누르면 1명이 뜬다.

④ '3'을 누르면 1명을 제외한 모든 사람이 나온다.

 '72'를 누르면 김예지, 박윤진, 우민희 3명이 뜬다.
② 'ㅅ'을 누르면 3명이 뜬다.
③ '3707'을 누르면 2명이 뜬다.
④ '3'을 누르면 2명을 제외한 모든 사람이 나온다.

22 다음 중 엑셀에서 날짜 데이터의 입력 방법을 설명한 것으로 옳지 않은 것은?

① 날짜 데이터는 하이픈(-)이나 슬래시(/)를 이용하여 년, 월, 일을 구분한다.

② 날짜의 연도를 생략하고 월과 일만 입력하면 자동으로 올해의 연도가 추가되어 입력된다.

③ 날짜의 연도를 두 자리로 입력할 때 연도가 30이상이면 1900년대로 인식하고, 29이하면 2000년대로 인식한다.

④ 오늘의 날짜를 입력하고 싶으면 Ctrl+Shift+;(세미콜론)키를 누르면 된다.

> (Tip) Ctrl+Shift+;(세미콜론)키를 누르면 지금 시간이 입력된다.
> 오늘의 날짜는 Ctrl+;(세미콜론) 키를 눌러야 한다.

23 다음 중 아래의 〈수정 전〉 차트를 〈수정 후〉 차트와 같이 변경하려고 할 때 사용해야 할 서식은?

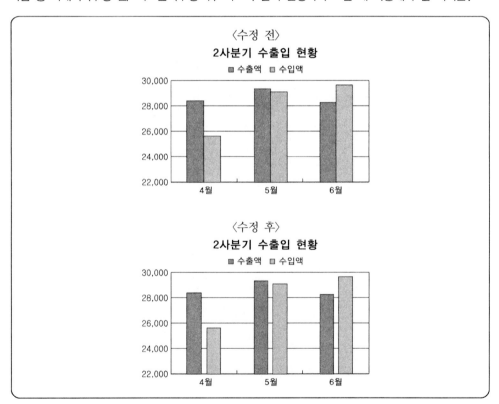

① 차트 영역 서식   ② 그림 영역 서식
③ 데이터 계열 서식   ④ 축 서식

> (Tip) [계열 옵션] 탭에서 '계열 겹치기' 값을 입력하거나 막대 바를 이동시키면 된다.

24 다음 중 아래 워크시트에서 참고표를 참고하여 55,000원에 해당하는 할인율을 [C6]셀에 구하고자 할 때의 적절한 함수식은?

A	B	C	D	E	F
1	<참고표>				
2	금액	30,000	50,000	80,000	150,000
3	할인율	3%	7%	10%	15%
4					
5	금액	55,000			
6	할인율	7%			

① =LOOKUP(C5,C2:F2,C3:F3) 　　　② =HLOOKUP(C5,B2:F3,1)
③ =VLOOKUP(C5,C2:F3,1) 　　　④ =VLOOKUP(C5,B2:F3,2)

 LOOKUP은 LOOKUP(찾는 값, 범위 1, 범위 2)로 작성하여 구한다.
VLOOKUP은 범위에서 찾을 값에 해당하는 열을 찾은 후 열 번호에 해당하는 셀의 값을 구하며, HLOOKUP은 범위에서 찾을 값에 해당하는 행을 찾은 후 행 번호에 해당하는 셀의 값을 구한다.

25 다음 중 워크시트 셀에 데이터를 자동으로 입력하는 방법에 대한 설명으로 옳지 않은 것은?

① 셀에 입력하는 문자 중 처음 몇 자가 해당 열의 기존 내용과 일치하면 나머지 글자가 자동으로 입력된다.
② 실수인 경우 채우기 핸들을 이용한 [연속 데이터 채우기]의 결과는 소수점 이하 첫째 자리의 숫자가 1씩 증가한다.
③ 채우기 핸들을 이용하면 숫자, 숫자/텍스트 조합, 날짜 또는 시간 등 여러 형식의 데이터 계열을 빠르게 입력할 수 있다.
④ 사용자 지정 연속 데이터 채우기를 사용하면 이름이나 판매 지역 목록과 같은 특정 데이터의 연속 항목을 더 쉽게 입력할 수 있다.

 실수인 경우 채우기 핸들을 이용한 [연속 데이터 채우기]의 결과는 일의 자리 숫자가 1씩 증가한다.
15.1
16.1
17.1
18.1

Answer → 22.④ 23.③ 24.① 25.②

26 다음 중 아래 그림과 같이 [A2:D5] 영역을 선택하여 이름을 정의한 경우에 대한 설명으로 옳지 않은 것은?

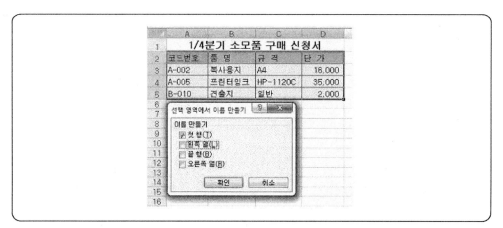

① 정의된 이름은 모든 시트에서 사용할 수 있으며, 이름 정의 후 참조 대상을 편집할 수도 있다.

② 현재 통합문서에 이미 사용 중인 이름이 있는 경우 기존 정의를 바꿀 것인지 묻는 메시지 창이 표시된다.

③ 워크시트의 이름 상자에서 '코드번호'를 선택하면 [A3:A5] 영역이 선택된다.

④ [B3:B5] 영역을 선택하면 워크시트의 이름 상자에 '품 명'이라는 이름이 표시된다.

> **Tip** [B3:B5] 영역을 선택하면 워크시트의 이름 상자 '품_명'이라는 이름이 표시되며, 이름은 공백을 가질 수 없다.

27 다음 중 아래 보고서에 대한 설명으로 옳지 않은 것은? (단, 이 보고서는 전체 4페이지이며, 현재 페이지는 2페이지이다.)

거래처별 제품품목				
거래처명	제품번호	제품이름	단가	재고량
㈜맑은세상	15	아쿠아렌즈	₩50,000	22
	14	바슈롬렌즈	₩35,000	15
	20	C-BR렌즈	₩50,000	3
	제품수:	3	총재고량:	40
거래처명	제품번호	제품이름	단가	재고량
참아이㈜	9	선글래스C	₩170,000	10
	7	선글래스A	₩100,000	23
	8	선글래스B	₩120,000	46
				2/4

① '거래처명'을 표시하는 컨트롤은 '중복내용 숨기기' 속성이 '예'로 설정되어 있다.

② '거래처명'에 대한 그룹 머리글 영역이 만들어져 있고, '반복 실행 구역'속성이 '예'로 설정되어 있다.

③ '거래처명'에 대한 그룹 바닥글 영역이 설정되어 있고, 요약 정보를 표시하고 있다.

④ '거래처별 제품목록'이라는 제목은 '거래처명'에 대한 그룹 머리글 영역에 만들어져 있다.

 '거래처별 제품목록'이라는 제목은 '거래처명'에 대한 그룹 머리글 영역이 아니라 페이지 머리글이다.

Answer➔ 26.④ 27.④

28 다음 중 ( ) 안에 들어갈 알맞은 말은 무엇인가?

> 분석과제의 발생 → 과제(요구)의 분석 → 조사항목의 선정 → (   ) → 자료의 조사 →
> 수집정보의 분류 → 항목별 분석 → 종합 · 결론 → 활용 · 정리

① 1차 자료 조사　　　　　　　　② 조사정보의 선정
③ 관련 정보의 수집　　　　　　　④ 관련 정보의 분석

 정보분석의 절차
분석과제의 발생 → 과제(요구)의 분석 → 조사항목의 선정 → 관련 정보의 수집 → 기존 및 신
규 자료의 조사 → 수집정보의 분류 → 항목별 분석 → 종합 · 결론 → 활용 · 정리

29 다음 중 행정기관이 업무를 효율적으로 처리하고 책임 소재를 명확하게 하기 위하여 소관 업무를
단위업무별로 분장하고 그에 따른 단위업무에 대한 업무계획, 업무 현황 및 그 밖의 참고자료 등
을 체계적으로 정리한 업무 자료 철을 무엇이라고 하는가?

① 업무현황집　　　　　　　　　　② 집무처리집
③ 행정편람　　　　　　　　　　　④ 직무편람

 직무편람은 부서별 또는 개인별로 그 소관업무에 대한 업무계획 관련 업무 현황 기타 참고
자료 등을 체계적으로 정리하여 활용하는 업무 현황 철 또는 업무 참고 철을 말한다.

30 다음 내용의 문서정리법으로 가장 알맞은 것은?

> • 같은 종류의 주제나 활동에 관련된 정보들을 종류별로 모아 정리
> • 어떤 주제나 활동에 관한 발생사실을 한꺼번에 일목요연하게 파악 가능

① 가나다식 문서정리법
② 지역별 문서정리법
③ 주제별 문서정리법
④ 번호별 문서정리법

 '같은 종류의 주제나 활동', '어떤 주제나 활동에 관한 발생사실'이라는 부분을 통하여 주제
별로 문서정리를 해야 함을 알 수 있다.

31 다음 중 디지털 파일로 정보를 관리하는 경우에 대한 장점으로 볼 수 없는 것은?

① 정보의 삭제가 용이하다.
② 정보의 변경이 용이하다.
③ 검색 기능을 활용하여 정보의 검색이 용이하다.
④ 휴대하기가 편리하다.

 색인카드로 정보를 관리하는 경우에 해당한다.
※ 디지털 파일로 정보를 관리하는 경우의 특징 … 정보의 수정, 변경이 용이하다. 검색기능을
활용하여 정보를 쉽게 찾을 수 있다.

32 다음 제시된 내용은 물건과 정보, 정적인 것과 동적인 것으로 분류한 것이다. 연결이 바르지 못한 것은?

① 동적인 정보 – 뉴스 프로그램, 신문기사, 이메일
② 정적인 정보 – 잡지, 책, CD-ROM
③ 동적인 물건 – 오래된 식료품, 화장실용 휴지, 구멍 난 양말 등
④ 정적인 물건 – SNS, 노트북, 인터넷기사

 정적인 물건으로는 컴퓨터, 자가용, 집 등이 해당된다.

33 컴퓨터 운영체제(OS)에 대한 설명으로 옳지 않은 것은?

① 시스템 메모리를 관리하고 응용프로그램이 제대로 실행되도록 제어한다.
② 컴퓨터 하드웨어와 응용프로그램은 사용하고자 하는 사용자 사이에 위치하여 인터페이스
역할을 해주는 소프트웨어이다.
③ 프로세스 및 기억장치관리, 파일 및 주변장치 관리 그리고 컴퓨터에 설치된 프로그램 등
을 관리하는 역할과 유틸리티 프로그램을 제공한다.
④ 사용자 측면에서 특정 분야의 작업을 처리하기 위한 프로그램으로 반드시 설치될 필요는
없으나 설치하여 사용할 것을 권고하고 있다.

 운영체제를 설치하지 않으면 컴퓨터의 기능을 사용할 수 없다.

Answer → 28.③ 29.④ 30.③ 31.④ 32.④ 33.④

34 다음은 업무에 필요한 소프트웨어에 대해 설명한 자료이다. 그런데 빨리 정리하다보니 잘못된 내용이 정리되어 있는 것이 발견되었다. 잘못 설명된 내용은 어느 것인가?

프로그램명	설명
워드프로세서	문서를 작성하고 편집하거나 저장, 인쇄할 수 있는 프로그램 예 Word, HWP
스프레드시트	대량의 자료를 관리하고 검색하거나 자료 관리를 효과적으로 하게 하는 프로그램 예 오라클, Access
프레젠테이션	각종 정보를 사용자 또는 다수의 대상에게 시각적으로 전달하는데 적합한 프로그램 예 Power Point, 프리랜스 그래픽스
그래픽 소프트웨어	새로운 그림을 그리거나 그림 또는 사진 파일을 불러와 편집하는 프로그램 예 포토샵, 일러스트레이터, 3DS MAX
유틸리티	사용자가 컴퓨터를 효과적으로 사용하는데 도움이 되는 프로그램 예 파일 압축 유틸리티, 바이러스 백신, 동영상 재생 프로그램

① 워드프로세서

② 스프레드시트

③ 프레젠테이션

④ 그래픽 소프트웨어

 스프레드시트는 계산프로그램으로 워드프로세서 기능 이외에도 수치나 공식을 입력하여 그 값을 계산하고 계산 결과를 표나 차트로 나타낼 수 있는 프로그램으로 대표적으로 Excel이 해당된다.

35 다음에서 설명하는 것은?

> 웹사이트의 정보를 그대로 복사하여 관리하는 사이트를 말한다. 방문자가 많은 웹사이트의 경우 네트워크상의 트래픽이 빈번해지기 때문에 접속이 힘들고 속도가 떨어지므로 이런 상황을 방지하기 위해 자신이 가진 정보와 같은 정보를 세계 여러 곳에 복사해 두는 것이다.

① 미러(Mirror) 사이트
② 패밀리(Family) 사이트
③ 페어(Pair) 사이트
④ 서브(Sub) 사이트

 Mirror site … 다른 사이트의 정보를 거울처럼 그대로 복사하는 사이트를 말한다. 유명한 정보 사이트들은 네트워크에서의 빈번한 트래픽으로 인하여 접속이 안되고 속도가 저하되는데 이를 방치하고 네트워크의 이용효율을 향상시키기 위해 미러 사이트를 사용한다.

Answer ↪ 34.② 35.①

▌36~37▐ 다음은 시스템 모니터링 코드 입력 방법을 설명하고 있다. 시스템을 보고 이어지는 〈보기〉에 알맞은 입력코드를 고르시오.

〈시스템 상태〉

```
System is processing requests...
System Code is S.
Run...

Error found!
Indes AXNGR of File WOANMR.

Final code? I_____
```

〈입력 방법〉

항목	세부사항
Index XX of File YY	• 오류 문자: 'Index' 뒤에 오는 문자 'XX' • 오류 발생 위치: File 뒤에 오는 문자 'YY'
Error Value	오류 문자와 오류 발생 위치를 의미하는 문자에 사용된 알파벳을 비교하여 일치하는 알파벳의 개수를 확인
Final Code	Error Value를 통하여 시스템 상태 판단

〈시스템 상태 판단 기준〉

판단 기준	Final Code
일치하는 알파벳의 개수 = 0	Maple
0 < 일치하는 알파벳의 개수 ≤ 1	Walnut
1 < 일치하는 알파벳의 개수 ≤ 2	Cherry
2 < 일치하는 알파벳의 개수 ≤ 3	Aceraceae
3 < 일치하는 알파벳의 개수 ≤ 4	Hockey

36

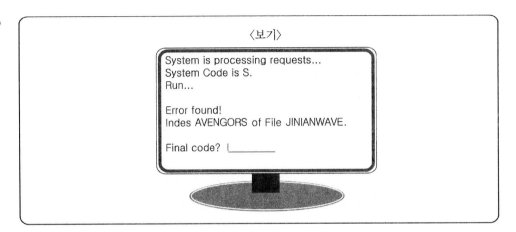

〈보기〉

System is processing requests...
System Code is S.
Run...

Error found!
Indes AVENGORS of File JINIANWAVE.

Final code? |_____

① Maple
② Walnut
③ Hockey
④ Aceraceae

 오류 문자는 'AVENGORS'이며, 오류 발생 위치는 'JINIANWAVE'이다.
두 값에서 일치하는 알파벳의 개수는 A, V, E, N 4개이다.
따라서 시스템 상태 판단 기준 '3 < 일치하는 알파벳의 개수 ≤ 4'에 의해 Final code는 '
Hockey'가 된다.

Answer▸ 36.③

37

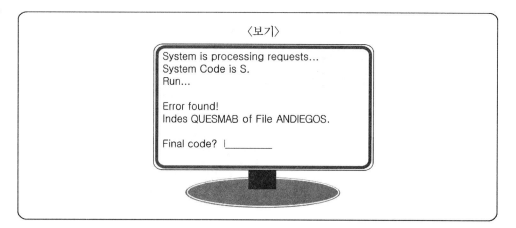

〈보기〉

System is processing requests...
System Code is S.
Run...

Error found!
Indes QUESMAB of File ANDIEGOS.

Final code? |_____

① Maple

② Walnut

③ Cherry

④ Aceraceae

 오류 문자는 'QUESMAB'이며, 오류 발생 위치는 'ANDIEGOS'이다.
두 값에서 일치하는 알파벳의 개수는 E, S, A 3개이다.
따라서 시스템 상태 판단 기준 '2 < 일치하는 알파벳의 개수 ≤ 3'에 의해 Final code는 '
Aceraceae'가 된다.

BL－19－JAP－1C－1501	HA－07－PHI－3A－1402	BB－37－KOR－3B－1502
HA－32－KOR－2B－1409	CO－17－JAP－2A－1401	BB－37－PHI－1B－1502
MP－14－PHI－1A－1408	TA－18－CHA－2A－1411	CO－17－JAP－2A－1409
TA－18－CHA－2C－1503	BL－19－KOR－2B－1407	EA－22－CHA－3A－1412
MP－14－KOR－2B－1501	EA－22－CHA－3A－1409	EA－22－CHA－3A－1403
EA－22－CHA－2C－1402	TA－18－KOR－2B－1405	BL－19－JAP－1C－1505
EA－22－CHA－2B－1408	MP－14－KOR－2B－1405	CO－17－JAP－2A－1410
BB－37－CHA－1A－1408	BB－37－CHA－2A－1502	BB－37－KOR－2B－1502
BL－19－KOR－2B－1412	CO－17－JAP－2A－1411	TA－18－KOR－2B－1407
CO－17－JAP－2A－1412	EA－22－CHA－3A－1410	BB－37－PHI－1A－1408
TA－18－PHI－3B－1407	HA－07－KOR－2B－1402	TA－18－PHI－2B－1405
EA－22－CHA－3A－1404	TA－18－PHI－3B－1411	CO－17－JAP－2A－1401

〈코드 부여 방식〉

[기기 종류]－[모델 번호]－[생산 국가]－[공장과 라인]－[제조연월]

〈예시〉

NO－10－KOR－3A－1511

2015년 11월에 한국 3공장 A라인에서 생산된 노트북 10번 모델

기기 종류 코드	기기 종류	생산 국가 코드	생산 국가
NO	노트북	CHA	중국
CO	데스크톱pc	KOR	한국
TA	태블릿pc	JAP	일본
HA	외장하드	PHI	필리핀
MP	MP3		
BL	블루투스		
BB	블랙박스		
EA	이어폰		
BA	보조배터리		

Answer↪ 37.④

38 위의 코드 부여 방식을 참고할 때 옳지 않은 것은?

① 창고에 있는 기기 중 데스크톱pc는 모두 일본 2공장 A라인에서 생산된 것들이다.

② 창고에 있는 기기 중 한국에서 생산된 것은 모두 2공장 B라인에서 생산된 것들이다.

③ 창고에 있는 기기 중 이어폰은 모두 2014년에 생산된 것들이다.

④ 창고에 있는 기기 중 외장하드는 있지만 보조배터리는 없다.

 ② 재고목록에 BB-37-KOR-3B-1502가 있는 것으로 보아 한국에서 생산된 것들 중에 3공장 B라인에서 생산된 것도 있다.

39 O회사에 다니는 K대리는 전자기기 코드 목록을 파일로 불러와 검색을 하고자 한다. 다음의 결과로 옳은 것은?

① K대리는 창고에 있는 기기 중 일본에서 생산된 것이 몇 개인지 알기 위해 'JAP'를 검색한 결과 7개임을 알았다.

② K대리는 '07'이 들어가는 코드를 알고 싶어서 검색한 결과 '07'이 들어가는 코드가 5개임을 알았다.

③ K대리는 창고에 있는 데스크톱pc가 몇 개인지 알기 위해 'CO'를 검색한 결과 7개임을 알았다.

④ K대리는 '15' 검색을 통해 창고에 있는 기기 중 2015년에 생산된 제품이 9개임을 알았다.

 ① 일본에서 생산된 제품은 8개이다.
③ 창고에 있는 데스크톱pc는 6개이다.
④ 2015년에 생산된 제품은 8개이다.

40 다음 시트의 [D10]셀에서 =DCOUNT(A1:D6,3,A8:B10)을 입력했을 때 결과 값으로 옳은 것은?

	A	B	C	D
1	**차종**	**연식**	**주행거리**	**색상**
2	SUV	2015	50,000	검은색
3	세단	2013	100,000	흰색
4	SUV	2018	12,000	파란색
5	세단	2017	25,000	검은색
6	SUV	2009	150,000	흰색
7				
8	**차종**	**연식**		
9	세단			
10		>2014		

① 1   ② 2

③ 3   ④ 4

 DCOUNT는 조건을 만족하는 개수를 구하는 함수로, [A1:D6]영역에서 '차종'이 '세단'이거나 '연식'이 2014보다 큰 레코드의 수는 4가 된다. 조건 영역은 [A8:B10]이 되며, 조건이 서로 다른 행에 입력되어 있으므로 OR 조건이 된다.

Answer ⟶ 38.② 39.② 40.④

05 자원관리능력

1 자원과 자원관리

(1) 자원

① 자원의 종류 … 시간, 돈, 물적자원, 인적자원

② 자원의 낭비요인 … 비계획적 행동, 편리성 추구, 자원에 대한 인식 부재, 노하우 부족

(2) 자원관리 기본 과정

① 필요한 자원의 종류와 양 확인

② 이용 가능한 자원 수집하기

③ 자원 활용 계획 세우기

④ 계획대로 수행하기

예제 1

당신은 A출판사 교육훈련 담당자이다. 조직의 효율성을 높이기 위해 전사적인 시간관리에 대한 교육을 실시하기로 하였지만 바쁜 일정 상 직원들을 집합교육에 동원할 수 있는 시간은 제한적이다. 다음 중 귀하가 최우선의 교육 대상으로 삼아야 하는 것은 어느 부분인가?

구분	긴급한 일	긴급하지 않은 일
중요한 일	제1사분면	제2사분면
중요하지 않은 일	제3사분면	제4사분면

[출제의도]

주어진 일들을 중요도와 긴급도에 따른 시간관리 매트릭스에서 우선순위를 구분할 수 있는가를 측정하는 문항이다.

[해설]

교육훈련에서 최우선 교육대상으로 삼아야 하는 것은 긴급하지 않지만 중요한 일이다. 이를 긴급하지 않다고 해서 뒤로 미루다보면 급박하게 처리해야하는 업무가 증가하여 효율적인 시간관리가 어려워진다.

① 중요하고 긴급한 일로 위기사항이나 급박한 문제, 기간이 정해진 프로젝트 등이 해당되는 제1사분면
② 긴급하지는 않지만 중요한 일로 인간관계구축이나 새로운 기회의 발굴, 중장기 계획 등이 포함되는 제2사분면
③ 긴급하지만 중요하지 않은 일로 잠깐의 급한 질문, 일부 보고서, 눈 앞의 급박한 사항이 해당되는 제3사분면
④ 중요하지 않고 긴급하지 않은 일로 하찮은 일이나 시간낭비거리, 즐거운 활동 등이 포함되는 제4사분면

구분	긴급한 일	긴급하지 않은 일
중요한 일	위기사항, 급박한 문제, 기간이 정해진 프로젝트	인간관계구축, 새로운 기회의 발굴, 중장기계획
중요하지 않은 일	잠깐의 급한 질문, 일부 보고서, 눈앞의 급박한 사항	하찮은 일, 우편물, 전화, 시간낭비거리, 즐거운 활동

답 ②

2 자원관리능력을 구성하는 하위능력

(1) 시간관리능력

① 시간의 특성
   ㉠ 시간은 매일 주어지는 기적이다.
   ㉡ 시간은 똑같은 속도로 흐른다.
   ㉢ 시간의 흐름은 멈추게 할 수 없다.
   ㉣ 시간은 꾸거나 저축할 수 없다.
   ㉤ 시간은 사용하기에 따라 가치가 달라진다.

② 시간관리의 효과
   ㉠ 생산성 향상
   ㉡ 가격 인상
   ㉢ 위험 감소
   ㉣ 시장 점유율 증가

③ 시간계획

　　㉠ 개념 : 시간 자원을 최대한 활용하기 위하여 가장 많이 반복되는 일에 가장 많은 시간을 분배하고, 최단시간에 최선의 목표를 달성하는 것을 의미한다.

　　㉡ 60 : 40의 Rule

계획된 행동 (60%)	계획 외의 행동 (20%)	자발적 행동 (20%)
총 시간		

예제 2

유아용품 홍보팀의 사원 은이씨는 일산 킨텍스에서 열리는 유아용품박람회에 참여하고자 한다. 당일 회의 후 출발해야 하며 회의 종료 시간은 오후 3시이다.

장소	일시
일산 킨텍스 제2전시장	2016. 1. 20(금) PM 15:00~19:00 * 입장가능시간은 종료 2시간 전까지

오시는 길
지하철 : 4호선 대화역(도보 30분 거리)
버스 : 8109번, 8407번(도보 5분 거리)

• 회사에서 버스정류장 및 지하철역까지 소요시간

출발지	도착지		소요시간
회사	×× 정류장	도보	15분
		택시	5분
	지하철역	도보	30분
		택시	10분

• 일산 킨텍스 가는 길

교통편	출발지	도착지	소요시간
지하철	강남역	대화역	1시간 25분
버스	×× 정류장	일산 킨텍스 정류장	1시간 45분

위의 제시 상황을 보고 은이씨가 선택할 교통편으로 가장 적절한 것은?

① 도보 – 지하철
② 도보 – 버스
③ 택시 – 지하철
④ 택시 – 버스

[출제의도]
주어진 여러 시간정보를 수집하여 실제 업무 상황에서 시간자원을 어떻게 활용할 것인지 계획하고 할당하는 능력을 측정하는 문항이다.
[해설]
④ 택시로 버스정류장까지 이동해서 버스를 타고 가게 되면 택시(5분), 버스(1시간 45분), 도보(5분)으로 1시간 55분이 걸린다.
① 도보-지하철 : 도보(30분), 지하철(1시간 25분), 도보(30분)이므로 총 2시간 25분이 걸린다.
② 도보-버스 : 도보(15분), 버스(1시간 45분), 도보(5분)이므로 총 2시간 5분이 걸린다.
③ 택시-지하철 : 택시(10분), 지하철(1시간 25분), 도보(30분)이므로 총 2시간 5분이 걸린다.

답 ④

(2) 예산관리능력

① 예산과 예산관리

    ㉠ 예산 : 필요한 비용을 미리 헤아려 계산하는 것이나 그 비용

    ㉡ 예산관리 : 활동이나 사업에 소요되는 비용을 산정하고, 예산을 편성하는 것뿐만 아니라 예산을 통제하는 것 모두를 포함한다.

② 예산의 구성요소

비용	직접비용	재료비, 원료와 장비, 시설비, 여행(출장) 및 잡비, 인건비 등
	간접비용	보험료, 건물관리비, 광고비, 통신비, 사무비품비, 각종 공과금 등

③ 예산수립 과정 ⋯ 필요한 과업 및 활동 구명 → 우선순위 결정 → 예산 배정

예제 3

당신은 가을 체육대회에서 총무를 맡으라는 지시를 받았다. 다음과 같은 계획에 따라 예산을 진행하였으나 확보된 예산이 생각보다 적게 되어 불가피하게 비용항목을 줄여야 한다. 다음 중 귀하가 비용 항목을 없애기에 가장 적절한 것은 무엇인가?

> 〈○○산업공단 춘계 1차 워크숍〉
>
> 1. 해당부서 : 인사관리팀, 영업팀, 재무팀
> 2. 일　　정 : 2016년 4월 21일~23일(2박 3일)
> 3. 장　　소 : 강원도 속초 ○○연수원
> 4. 행사내용 : 바다열차탑승, 체육대회, 친교의 밤 행사, 기타

① 숙식비   ② 식비
③ 교통비   ④ 기념품비

[출제의도]
업무에 소요되는 예산 중 꼭 필요한 것과 예산을 감축해야할 때 삭제 또는 감축이 가능한 것을 구분해내는 능력을 묻는 문항이다.
[해설]
한정된 예산을 가지고 과업을 수행할 때에는 중요도를 기준으로 예산을 사용한다. 위와 같이 불가피하게 비용 항목을 줄여야 한다면 기본적인 항목인 숙박비, 식비, 교통비는 유지되어야 하기에 항목을 없애기 가장 적절한 정답은 ④번이 된다.

답 ④

(3) 물석관리능력

① 물적자원의 종류

　ㄱ **자연자원** : 자연상태 그대로의 자원 ex) 석탄, 석유 등

　ㄴ **인공자원** : 인위적으로 가공한 자원 ex) 시설, 장비 등

② **물적자원관리** … 물적자원을 효과적으로 관리할 경우 경쟁력 향상이 향상되어 과제 및 사업의 성공으로 이어지며, 관리가 부족할 경우 경제적 손실로 인해 과제 및 사업의 실패 가능성이 커진다.

③ 물적자원 활용의 방해요인

　ㄱ 보관 장소의 파악 문제

　ㄴ 훼손

　ㄷ 분실

④ 물적자원관리 과정

과정	내용
사용 물품과 보관 물품의 구분	• 반복 작업 방지 • 물품활용의 편리성
동일 및 유사 물품으로의 분류	• 동일성의 원칙 • 유사성의 원칙
물품 특성에 맞는 보관 장소 선정	• 물품의 형상 • 물품의 소재

예제 4

S호텔의 외식사업부 소속인 K씨는 예약일정 관리를 담당하고 있다. 아래의 예약일정과 정보를 보고 K씨의 판단으로 옳지 않은 것은?

〈S호텔 일식 뷔페 1월 ROOM 예약 일정〉

* 예약 : ROOM 이름(시작시간)

SUN	MON	TUE	WED	THU	FRI	SAT
					1	2
					백합(16)	장미(11) 백합(15)
3	4	5	6	7	8	9
라일락(15)	백향목(10) 백합(15)	장미(10) 백향목(17)	백합(11) 라일락(18)	백향목(15)		장미(10) 라일락(15)

ROOM 구분	수용가능인원	최소투입인력	연회장 이용시간
백합	20	3	2시간
장미	30	5	3시간
라일락	25	4	2시간
백향목	40	8	3시간

- 오후 9시에 모든 업무를 종료함
- 한 타임 끝난 후 1시간씩 세팅 및 정리
- 동 시간 대 서빙 투입인력은 총 10명을 넘을 수 없음

안녕하세요, 1월 첫째 주 또는 둘째 주에 신년회 행사를 위해 ROOM을 예약하려고 하는데요, 저희 동호회의 총 인원은 27명이고 오후 8시쯤 마무리하려고 합니다. 신정과 주말, 월요일은 피하고 싶습니다. 예약이 가능할까요?

① 인원을 고려했을 때 장미ROOM과 백향목ROOM이 적합하겠군.
② 만약 2명이 안 온다면 예약 가능한 ROOM이 늘어나겠구나.
③ 조건을 고려했을 때 예약 가능한 ROOM은 5일 장미ROOM뿐이겠구나.
④ 오후 5시부터 8시까지 가능한 ROOM을 찾아야해.

[출제의도]
주어진 정보와 일정표를 토대로 이용 가능한 물적자원을 확보하여 이를 정확하게 안내할 수 있는 능력을 측정하는 문항이다. 고객이 제공한 정보를 정확하게 파악하고 그 조건 안에서 가능한 자원을 제공할 수 있어야 한다.

[해설]
③ 조건을 고려했을 때 5일 장미 ROOM과 7일 장미ROOM이 예약 가능하다.
① 참석 인원이 27명이므로 30명 수용 가능한 장미ROOM과 40명 수용 가능한 백향목ROOM 두 곳이 적합하다.
② 만약 2명이 안 온다면 총 참석 인원이 25명이므로 라일락ROOM, 장미ROOM, 백향목ROOM이 예약 가능하다.
④ 오후 8시에 마무리하려고 계획하고 있으므로 적절하다.

답 ③

(4) 인적자원관리능력

① 인맥 … 가족, 친구, 직장동료 등 자신과 직접적인 관계에 있는 사람들인 핵심인맥과 핵심 인맥들로부터 알게 된 파생인맥이 존재한다.

② 인적자원의 특성 … 능동성, 개발가능성, 전략적 자원

③ 인력배치의 원칙

　　㉠ 적재적소주의 : 팀의 효율성을 높이기 위해 팀원의 능력이나 성격 등과 가장 적합한 위 치에 배치하여 팀원 개개인의 능력을 최대로 발휘해 줄 것을 기대하는 것

　　㉡ 능력주의 : 개인에게 능력을 발휘할 수 있는 기회와 장소를 부여하고 그 성과를 바르게 평가하며 평가된 능력과 실적에 대해 그에 상응하는 보상을 주는 원칙

　　㉢ 균형주의 : 모든 팀원에 대한 적재적소를 고려

④ 인력배치의 유형

　　㉠ 양적 배치 : 부문의 작업량과 조업도, 여유 또는 부족 인원을 감안하여 소요인원을 결정 하여 배치하는 것

　　㉡ 질적 배치 : 적재적소의 배치

　　㉢ 적성 배치 : 팀원의 적성 및 흥미에 따라 배치하는 것

예제 5

최근 조직개편 및 연봉협상 과정에서 직원들의 불만이 높아지고 있다. 온갖 루머가 난무한 가운데 인사팀원인 당신에게 사내 게시판의 직원 불만사항에 대한 진위여부를 파악하고 대안을 세우라는 팀장의 지시를 받았다. 다음 중 당신이 조치를 취해야 하는 직원은 누구인가?

① 사원 A는 팀장으로부터 업무 성과가 탁월하다는 평가를 받았는데도 조직개편으로 인한 부서 통합으로 인해 승진을 못한 것이 불만이다.

② 사원 B는 회사가 예년에 비해 높은 영업 이익을 얻었는데도 불구하고 연봉 인상에 인색한 것이 불만이다.

③ 사원 C는 회사가 급여 정책을 변경해서 고정급 비율을 낮추고 기본급과 인센티브를 지급하는 제도로 바꾼 것이 불만이다.

④ 사원 D는 입사 동기인 동료가 자신보다 업무 실적이 좋지 않고 불성실한 근무태도를 가지고 있는데, 팀장과의 친분으로 인해 자신보다 높은 평가를 받은 것이 불만이다.

[출제의도]
주어진 직원들의 정보를 통해 시급하게 진위여부를 가리고 조치하여 인력배치를 해야 하는 사항을 확인하는 문제이다.
[해설]
사원 A, B, C는 각각 조직 정책에 대한 불만이기에 논의를 통해 조직적으로 대처하는 것이 옳지만, 사원 D는 팀장의 독단적인 전횡에 대한 불만이기 때문에 조사하여 시급히 조치할 필요가 있다. 따라서 가장 적절한 답은 ④번이 된다.

답 ④

1 지은이는 유명 관광지가 몰려 있는 한 지역의 지도를 다음과 같이 간략하게 정리하였다. 관광지 간의 거리와 도로별 연비가 아래 표와 같을 때 지은이가 숙소에서 출발하여 최단 경로로 모든 관광지를 다 둘러보았다고 할 경우 지은이가 이동한 거리는 얼마인가? (단, 마지막으로 둘러본 관광지에서 숙소로 돌아올 때의 거리는 포함하지 않는다)

[관광지 간의 거리]

숙소 → A	60km
숙소 → B	90km
숙소 → F	60km
A → B	50km
A → F	100km
B → C	40km
C → D	50km
C → E	50km
D → E	70km
D → F	80km

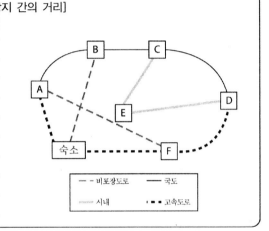

① 350km   ② 370km

③ 400km   ④ 430km

 이미 방문한 관광지를 다시 가거나 숙소로 돌아가는 경로를 포함할 경우 최단거리가 될 수 없으므로 관광지를 한 번씩만 방문하는 경로를 찾으면 다음과 같다.

- 숙소 → A → B → C → E → D → F : 60＋50＋40＋50＋70＋80＝350km
- 숙소 → A → F → D → E → C → B : 60＋100＋80＋70＋50＋40＝400km
- 숙소 → B → A → F → D → E → C : 90＋50＋100＋80＋70＋50＝440km
- 숙소 → B → C → E → D → F → A : 90＋40＋50＋70＋80＋100＝430km
- 숙소 → F → A → B → C → E → D : 60＋100＋50＋40＋50＋70＝370km
- 숙소 → F → D → E → C → B → A : 60＋80＋70＋50＋40＋50＝350km

Answer⌐→ 1.①

2 다음 글을 근거로 판단할 때 A팀이 최종적으로 선택하게 될 이동수단의 종류와 그 비용을 바르게 연결한 것은?

> 총 4명으로 구성된 A팀은 해외출장을 계획하고 있다. A팀은 출장지에서의 이동수단 한 가지를 결정하려고 한다. 이 때 A팀은 경제성, 용이성, 안전성의 총 3가지 요소를 고려하여 최종점수가 가장 높은 이동수단을 선택한다.
>
> • 각 고려요소의 평가결과 '상' 등급을 받으면 3점을, '중' 등급을 받으면 2점을, '하' 등급을 받으면 1점을 부여한다. 단, 안전성을 중시하여 안전성 점수를 2배로 계산한다. (예를 들어, 안전성 '하' 등급은 2점)
> • 경제성은 각 이동수단별 최소비용이 적은 것부터 상, 중, 하로 계산한다.
> • 각 고려요소의 평가점수를 합하여 최종점수를 구한다.

〈평가표〉

이동수단	경제성	용이성	안전성
헨터카	?	상	하
택시	?	중	중
대중교통	?	하	중

〈이동수단별 비용계산식〉

이동수단	비용계산식
렌터카	(렌트비＋유류비)×이용 일수 －렌트비＝$50/1일(4인승 차량) －유류비＝$10/1일(4인승 차량)
택시	거리당 가격($1/1마일)×이동거리(마일)－ 최대 4명가지 탑승가능
대중교통	대중교통패스 3일권($40/1인)×인원 수

〈해외출장 일정〉

출장일정	이동거리(마일)
10월 1일	100
10월 2일	50
10월 3일	50

① 렌터카 － $180
② 택시 － $200
③ 택시 － $400
④ 대중교통 － $160

경제성을 먼저 계산해 보면
- 렌터카= $(50+10) \times 3 = \$180$
- 택시= $1 \times (100+50+50) = \$200$
- 대중교통= $40 \times 4 = \$160$

위 결과를 평가표에 반영하면

이동수단	경제성	용이성	안전성	합계
헨터카	중 → 2	상 → 3	하 → 2	7
택시	하 → 1	중 → 2	중 → 4	7
대중교통	상 → 3	하 → 1	중 → 4	8

대중교통으로 비용은 $160이다.

3 다음은 A와 B제품을 1개씩 만드는 데 필요한 연료와 전력 및 하루 사용 제한량을 나타낸 표이다. A는 5개에 15만 원, B는 3개에 3만 원의 이익이 생긴다. A와 B를 총 50개 생산할 때, 최대한 많은 이익을 얻기 위한 A의 생산 개수와 그 때의 이익은?

제품	A제품	B제품	제한량
연료(kWh)	2	5	220
전력(L)	45	15	1,800

① 15개, 80만 원

② 15개, 110만 원

③ 25개, 160만 원

④ 35개, 120만 원

 A제품의 생산량을 x개라 하면, B품의 생산량은 $50-x$개다.

$2x+5(50-x) \le 220 \rightarrow x \ge 10 \cdots$a

$45x+15(50-x) \le 1,800 \rightarrow x \le 35 \cdots$b

따라서 a와 b에 의해 x의 범위는 $10 \le x \le 35$ 이므로 최댓값인 35개가 A제품의 생산량이다. B의 생산량은 $50-35=15$개가 된다.

A제품의 이익은 1개당 15/5=3만 원이며, B제품의 이익은 1개당 3/3=1만 원이다.

따라서 이익의 합은 $3 \times 35 + 1 \times 15 = 120$만 원이다.

Answer ┌→ 2.④ 3.④

┃4~5┃ D회사에서는 1년에 1명을 선발하여 해외연수를 보내주는 제도가 있다. 김부장, 최과장, 오과장, 홍대리 4명이 지원한 가운데 〈선발 기준〉과 〈지원자 현황〉은 다음과 같다. 다음을 보고 물음에 답하시오.

〈선발 기준〉

구분	점수	비고
외국어 성적	50점	
근무 경력	20점	15년 이상이 만점 대비 100%, 10년 이상 15년 미만이 70%, 10년 미만이 50%이다. 단, 근무경력이 최소 5년 이상인 자만 선발 자격이 있다.
근무 성적	10점	
포상	20점	3회 이상이 만점 대비 100%, 1~2회가 50%, 0회가 0%이다.
계	100점	

〈지원자 현황〉

구분	김부장	최과장	오과장	홍대리
근무경력	30년	20년	10년	3년
포상	2회	4회	0회	5회

※ 외국어 성적은 김부장과 최과장이 만점 대비 50%이고, 오과장이 80%, 홍대리가 100%이다.
※ 근무 성적은 최과장이 만점이고, 김부장, 오과장, 홍대리는 만점 대비 90%이다.

4 위의 선발기준과 지원자 현황에 따를 때 가장 높은 점수를 받은 사람이 선발된다면 선발되는 사람은?

① 김부장　　　　　　　　　　② 최과장
③ 오과장　　　　　　　　　　④ 홍대리

	김부장	최과장	오과장	홍대리
외국어 성적	25점	25점	40점	근무경력이 5년 미만이므로 선발 자격이 없다.
근무 경력	20점	20점	14점	
근무 성적	9점	10점	9점	
포상	10점	20점	0점	
계	64점	75점	63점	

5 회사 규정의 변경으로 인해 선발기준이 다음과 같이 변경되었다면, 새로운 선발기준 하에서 선발되는 사람은? (단, 가장 높은 점수를 받은 사람이 선발된다)

구분	점수	비고
외국어 성적	40점	
근무 경력	40점	30년 이상이 만점 대비 100%, 20년 이상 30년 미만이 70%, 20년 미만이 50%이다. 단, 근무경력이 최소 5년 이상인 자만 선발 자격이 있다.
근무 성적	10점	
포상	10점	3회 이상이 만점 대비 100%, 1~2회가 50%, 0회가 0%이다.
계	100점	

① 김부장   ② 최과장
③ 오과장   ④ 홍대리

	김부장	최과장	오과장	홍대리
외국어 성적	20점	20점	32점	근무경력이 5년 미만이므로 선발 자격이 없다.
근무 경력	40점	28점	20점	
근무 성적	9점	10점	9점	
포상	5점	10점	0점	
계	74점	68점	61점	

Answer 4.② 5.①

6 다음은 통신사별 시행하는 데이터 요금제 방식이다. 다음과 같은 방식으로 영희가 한 달에 약 5.6G의 데이터를 사용한다면 어느 통신사를 사용하는 것이 가장 유리한지 고르시오.

(단위: 원)

	요금제	A사	B사	C사	D사	E사
2G 까지	기본요금	3,000	27,00	3,500	3,200	2,850
2G 이후	100M단위요금	7.4	10	7	6.8	8.2

① A사   ② B사

③ C사   ④ D사

(Tip)

$1G = 1000M \rightarrow 5.6G = 5600M$

A사 : $3,000 + 7.4 \times (5,600 - 2,000)/100 = 3,266.4$

B사 : $2,700 + 10 \times (5,600 - 2,000)/100 = 3,060$

C사 : $3,500 + 7 \times (5,600 - 2,000)/100 = 3,752$

D사 : $3,200 + 6.8 \times (5,600 - 2,000)/100 = 3444.8$

E사 : $2,850 + 8.2 \times (5,600 - 2,000)/100 = 3,145.2$

따라서 B사를 사용하는 것이 가장 좋다

7 A씨와 B씨는 내일 있을 시장동향 설명회에 발표할 준비를 함께 하게 되었다. 우선 오전 동안 자료를 수집하고 오후 1시에 함께 회의하여 PPT작업과 도표로 작성해야 할 자료 등을 정리하고 각자 다음과 같은 업무를 나눠서 하려고 한다. 회의를 제외한 모든 업무는 혼자서 할 수 있는 일이고, 발표원고 작성은 PPT가 모두 작성되어야 시작할 수 있다. 각 영역당 소요시간이 다음과 같을 때 옳지 않은 것은? (단, 두 사람은 가장 빨리 작업을 끝낼 수 있는 방법을 선택한다)

업무	소요시간
회의	1시간
PPT 작성	2시간
PPT 검토	2시간
발표원고 작성	3시간
도표 작성	3시간

① 7시까지 발표 준비를 마칠 수 있다.

② 두 사람은 같은 시간에 준비를 마칠 수 있다.

③ A가 도표작성 능력이 떨어지고 두 사람의 PPT 활용 능력이 비슷하다면 발표원고는 A가 작성하게 된다.

④ 도표를 작성한 사람이 발표원고를 작성한다.

 ④ PPT작성이 도표작성보다 더 먼저 끝나므로 PPT를 작성한 사람이 발표원고를 작성하는 것이 일을 더 빨리 끝낼 수 있다.

Answer↪ 6.② 7.④

8 G회사에서 근무하는 S씨는 직원들의 출장비를 관리하고 있다. 이 회사의 규정이 다음과 같을 때 S씨가 甲 부장에게 지급해야 하는 총일비와 총 숙박비는 각각 얼마인가? (국가 간 이동은 모두 항공편으로 한다고 가정한다)

여행일수의 계산
여행일수는 여행에 실제로 소요되는 일수에 의한다. 국외여행의 경우에는 국내 출발일은 목적지를, 국내 도착일은 출발지를 여행하는 것으로 본다.

여비의 구분계산
• 여비 각 항목은 구분하여 계산한다.
• 같은 날에 여비액을 달리하여야 할 경우에는 많은 액을 기준으로 지급한다.

일비 · 숙박비의 지급
• 국외여행자의 경우는 〈국외여비정액표〉에 따라 지급한다.
• 일비는 여행일수에 따라 지급한다.
• 숙박비는 숙박하는 밤의 수에 따라 지급한다. 다만 항공편 이동 중에는 따로 숙박비를 지급하지 아니한다.

〈국외여비정액표〉

(단위 : 달러)

구분	여행국가	일비	숙박비
부장	A국	80	233
	B국	70	164

〈甲의 여행일정〉

1일째　(06:00) 출국
2일째　(07:00) A국 도착
　　　　(18:00) 만찬
3일째　(09:00) 회의
　　　　(15:00) A국 출국
　　　　(17:00) B국 도착
4일째　(09:00) 회의
　　　　(18:00) 만찬
5일째　(22:00) B국 출국
6일째　(20:00) 귀국

	총일비(달러)	총숙박비(달러)
①	450	561
②	450	610
③	460	610
④	460	561

㉠ 1일째와 2일째는 일비가 각각 80달러이고, 3일째는 여비액이 다를 경우 많은 액을 기준으로 삼는다 했으므로 80달러, 4~6일째는 각각 70달러이다. 따라서 총일비는 450달러이다.

㉡ 1일째에서 2일째로 넘어가는 밤에는 항공편에서 숙박했고, 2일째에서 3일째 넘어가는 밤에는 숙박비가 233달러이다. 3일째에서 4일째로 넘어가는 밤과 4일째에서 5일째로 넘어가는 밤에는 각각 숙박비가 164달러이다. 5일째에서 6일째로 넘어가는 밤에는 항공편에서 숙박했다. 따라서 총숙박비는 561달러이다.

Answer → 8.①

∥9~10∥ 사무용 비품 재고 현황을 파악하기 위해서 다음과 같이 표로 나타내었다. 다음 물음에 답하시오.

<사무용 비품 재고 현황>

품목	수량	단위당 가격
믹스커피	1BOX(100개입)	15,000
과자	2BOX(20개입)	1,800
서류봉투	78장	700
가위	3개	3,000
물티슈	1개	2,500
휴지	2롤	18,000
나무젓가락	15묶음	2,000
종이컵	3묶음	1,200
형광펜	23자루	500
테이프	5개	2,500
볼펜	12자루	1,600
수정액	5개	5,000

9 다음 중 가장 먼저 구매해야 할 비품은 무엇인가?

① 수정액   ② 물티슈
③ 종이컵   ④ 믹스커피

 물티슈의 재고는 1개로 가장 적게 남아있다.

10 다음 비품 예산이 3만 원 남았다고 할 때, 예산 안에 살 수 없는 것은 무엇인가?

① 믹스커피 1BOX＋수정액 2개   ② 형광펜 30자루＋서류봉투 10장
③ 나무젓가락 10묶음＋볼펜 8자루   ④ 휴지 1롤＋물티슈 3개

 ③ $(2,000 \times 10) + (1,600 \times 8)$
　　$= 20,000 + 12,800$
　　$= 32,800$

|11~12 | 다음은 서원물류담당자 J씨가 회사와 인접한 파주, 인천, 철원, 구리 4개 지점 중 최적의 물류거점을 세우려고 한다. 지점 간 거리와 물동량을 보고 물음에 답하시오.

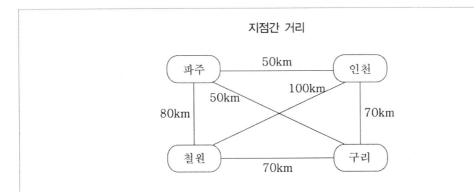

지점의 물동량

지점	물동량
파주	500
인천	800
철원	400
구리	300

11 지점간 거리를 고려한 최적의 물류거점은 어디가 되는가?

① 파주　　　　　　　　　② 인천
③ 철원　　　　　　　　　④ 구리

(Tip) 파주 : $50 + 50 + 80 = 180$
인천 : $50 + 100 + 70 = 220$
철원 : $80 + 70 + 100 = 250$
구리 : $70 + 70 + 50 = 190$

Answer ➟ 9.② 10.③ 11.①

12 지점간 거리와 물동량을 모두 고려한 최적의 물류거섬은 어디가 되는가?

① 파주   ② 인천

③ 철원   ④ 구리

 파주 : $(50 \times 800) + (50 \times 300) + (80 \times 400) = 40,000 + 15,000 + 32,000 = 87,000$
인천 : $(50 \times 500) + (100 \times 400) + (70 \times 300) = 25,000 + 40,000 + 21,000 = 86,000$
철원 : $(80 \times 500) + (100 \times 800) + (70 \times 300) = 40,000 + 80,000 + 21,000 = 141,000$
구리 : $(50 \times 500) + (70 \times 800) + (70 \times 400) = 25,000 + 56,000 + 28,000 = 109,000$

▌13~14 ▌ 다음은 W기업의 신입사원 채용 공고이다. 매뉴얼을 보고 물음에 답하시오.

신입사원 채용 공고

• 부서별 인원 TO

기획팀	HR팀	재무팀	총무팀	해외사업팀	영업팀
0	1	2	2	3	1

• 공통 요건
1. 지원자의 지원부서 외 타부서에서의 채용 불가
2. 학점 3.8 이상 / TOEIC 890 이상 우대
3. 4년제 수도권 대학 졸업 우대

• 부서별 요건
1. 해외사업팀 – 3개 국어 가능자
2. 영업팀 – 운전가능자

---

13 다음 신입사원 채용 매뉴얼로 보아 입사가능성이 가장 높은 사람은?

	이름	지원부서	학점	TOEIC	외국어 회화	운전면허
①	정재형	기획팀	4.3	910	프랑스어	무
②	이적	영업팀	3.9	830	영어, 이탈리아어	무
③	김동률	해외사업팀	4.1	900	독일어	유
④	유희열	총무팀	4.0	890	일본어, 중국어	무

 ① 정재형은 모든 조건에 만족하나 기획팀은 인원 TO가 없으므로 합격이 어렵다.
② 이적은 영업팀을 지원했으나 운전면허가 없으므로 합격이 어렵다.
③ 김동률은 해외사업팀을 지원했으나 2개 국어만 가능하므로 합격이 어렵다.

14 다음 보기의 내용 중 적절하지 않은 것을 고르면?

① W기업은 올해 총 9명의 신입사원을 채용할 계획이다.
② TOEIC 890 이하인 지원자는 입사가 불가하다.
③ 가장 TO가 많은 부서는 해외사업팀이다.
④ 공통요건에 해당하더라도 지원부서의 요건에 맞지 아니하면 합격이 불가하다.

 학점 3.8 이상 / TOEIC 890 이상, 4년제 수도권 대학 졸업은 우대사항이지 필수사항이 아니다.

Answer→ 12.② 13.④ 14.②

15 인사팀에 신입사원 민기씨는 회사에서 NCS채용 노입을 위한 정보를 얻기 위해 NCS기반 능력중심채용 설명회를 다녀오려고 한다. 민기씨는 오늘 오후 1시까지 김대리님께 보고서를 작성해서 드리고 30분 동안 피드백을 받기로 했다. 오전 중에 정리를 마치려면 시간이 빠듯할 것 같다. 다음에 제시된 설명회 자료와 교통편을 보고 민기씨가 생각한 것으로 틀린 것은?

> 최근 이슈가 되고 있는 공공기관의 NCS 기반 능력중심 채용에 관한 기업들의 궁금증 해소를 위하여 붙임과 같이 설명회를 개최하오니 많은 관심 부탁드립니다.
> 감사합니다.
>
> −붙임−
>
> | 설명회 장소 | 일시 | 비고 |
> |---|---|---|
> | 서울고용노동청(5층) 컨벤션홀 | 2015. 11. 13(금) 15:00~17:00 | 설명회의 원활한 진행을 위해 설명회 시작 15분 뒤부터는 입장을 제한합니다. |
>
> • 오시는 길
> 지하철 : 2호선 을지로입구역 4번 출구(도보 10분 거리)
> 버스 : 149, 152번 ○○센터(도보 5분 거리)

> • 회사에서 버스정류장 및 지하철역까지 소요시간
>
> | 출발지 | 도착지 | 소요시간 | |
> |---|---|---|---|
> | 회사 | ×× 정류장 | 도보 | 30분 |
> | | | 택시 | 10분 |
> | | 지하철역 | 도보 | 20분 |
> | | | 택시 | 5분 |
>
> • 서울고용노동청 가는 길
>
> | 교통편 | 출발지 | 도착지 | 소요시간 |
> |---|---|---|---|
> | 지하철 | 잠실역 | 을지로입구역 | 1시간(환승포함) |
> | 버스 | ×× 정류장 | ○○센터 정류장 | 50분(정체 시 1시간 10분) |

① 택시를 타지 않아도 버스를 타고 가면 늦지 않게 설명회에 갈 수 있다.

② 어떤 방법으로 이동하더라도 설명회에 입장은 가능하다.

③ 택시를 타지 않아도 지하철을 타고 가면 늦지 않게 설명회에 갈 수 있다.

④ 정체가 되지 않는다면 버스를 타고 가는 것이 지하철보다 빠르게 갈 수 있다.

① 도보로 버스정류장까지 이동해서 버스를 타고 가게 되면 도보(30분), 버스(50분), 도보(5분)으로 1시간 25분이 걸리지만 버스가 정체될 수 있으므로 1시간 45분으로 계산하는 것이 바람직하다. 민기씨는 1시 30분에 출발할 수 있으므로 3시 15분에 도착하게 되고 입장은 할 수 있으나 늦는다.

※ 소요시간 계산

ⓐ **도보-버스** : 도보(30분), 버스(50분), 도보(5분)이므로 총 1시간 25분(정체 시 1시간 45분) 걸린다.

ⓑ **도보-지하철** : 도보(20분), 지하철(1시간), 도보(10분)이므로 총 1시간 30분 걸린다.

ⓒ **택시-버스** : 택시(10분), 버스(50분), 도보(5분)이므로 총 1시간 5분(정체 시 1시간 25분) 걸린다.

ⓓ **택시-지하철** : 택시(5분), 지하철(1시간), 도보(10분)이므로 총 1시간 15분 걸린다.

Answer➞ 15.①

16 다음은 A은행이 출시한 적금 상품에 대한 내용이다. 다음 설명으로 바르지 않은 것은?

1. 상품 특징
   – 영업점 창구에서 가입 시보다 높은 금리(+0.4%p)가 제공되는 비대면 채널 전용상품
2. 거래 조건

구분	내용
자격	개인(1인 1계좌)
금액	• 초입금 5만 원 이상, 매회 1만 원 이상(계좌별) • 매월 2천만 원 이내(1인당) • 총 불입액 2억 원 이내(1인당)에서 자유적립(단, 계약기간 3/4경과 후 월 적립 가능 금액은 이전 월 평균 적립금액의 1/2이내)
기간	1년 이상 3년 이내 월 단위

적용금리	가입 기간	1년 이상	2년	3년
	기본금리(연%)	2.18	2.29	2.41

우대금리	• 가입일 해당월로부터 만기일 전월말까지 카드 이용실적이 100만 원 이상인 경우 : 0.2%p • 예금가입고객이 타인에게 이 상품을 추천하여 타인이 해당 상품에 가입한 경우 : 추천 및 피추천계좌 각 0.1%p(최대 0.3%)
예금자 보호	이 예금은 예금자보호법에 따라 예금보험공사가 보호하되, 보호한도는 본 은행에 있는 귀하의 모든 예금보호대상 금융상품의 원금과 소정의 이자를 합하여 1인당 최고 5천만 원이며, 5천만 원을 초과하는 나머지 금액은 보호하지 않습니다.

① 가입기간이 길수록 우대금리가 적용되는 상품이다.

② 상품의 특징을 활용하여 적용받을 수 있는 가장 높은 금리는 연리 2.71%이다.

③ 1년 계약을 한 가입자가 9개월이 지난 후 불입 총액이 90만 원이었다면, 10개월째부터는 월 5만 원이 적입 한도금액이다.

④ 유사 시, 가입 상품의 불입한 금액 일부를 잃을 수 있다.

금리를 높일 수 있는 방법은 가입기간을 길게 하고 해당 우대금리를 모두 적용받는 것이다. 따라서 3년 기간으로 계약하여 2.41%와 두 가지 우대금리 조건을 모두 충족할 경우 각각 0.2%p와 0.3%p(3명의 추천까지 적용되는 것으로 이해할 수 있다.)를 합한 0.5%p가 적용되어 총 2.91%의 연리가 적용된다.

① 가입기간별 우대금리가 다르게 책정되어있다.

③ 9개월은 계약기간의 3/4에 해당하는 기간이며 월 평균 적립금액이 10만 원이므로 이후부터는 1/2인 5만 원의 월 적립금액이 허용된다.

④ 예금자보호법에 따라 원금과 이자가 5천만 원이 넘을 경우, 유사 시 일부 금액을 받지 못할 수도 있다.

Answer → 16.②

17 다음 글과 〈조건〉을 근거로 판단할 때, 중국으로 출장 가는 사람으로 짝시어진 것은?

C회사에서는 업무상 외국 출장이 잦은 편이다. 인사부 A씨는 매달 출장 갈 직원들을 정하는 업무를 맡고 있다. 이번 달에는 총 4국가로 출장을 가야 하며 인원은 다음과 같다.

미국	영국	중국	일본
1명	4명	3명	4명

출장을 갈 직원은 이과장, 김과장, 신과장, 류과장, 임과장, 장과장, 최과장이 있으며, 개인별 출장 가능한 국가는 다음과 같다.

국가＼직원	이과장	김과장	신과장	류과장	임과장	장과장	최과장
미국	○	×	○	×	×	×	×
영국	○	×	○	○	○	×	×
중국	×	○	○	○	○	×	○
일본	×	×	○	×	○	○	○

※ ○ : 출장 가능, × : 출장 불가능
※ 어떤 출장도 일정이 겹치진 않는다.

〈조건〉
- 한 사람이 두 국가까지만 출장 갈 수 있다.
- 모든 사람은 한 국가 이상 출장을 가야 한다.

① 김과장, 최과장, 류과장
② 김과장, 신과장, 류과장
③ 신과장, 류과장, 임과장
④ 김과장, 임과장, 최과장

 모든 사람이 한 국가 이상 출장을 가야 한다고 했으므로 김과장은 꼭 중국을 가야 하며, 장과장은 꼭 일본을 가야 한다. 또한 영국으로 4명이 출장을 가야 되고, 출장 가능 직원도 4명이므로 이과장, 신과장, 류과장, 임과장이 영국을 가야 한다. 4국가 출장에 필요한 직원은 12명인데 김과장과 장과장이 1국가 밖에 못가므로 나머지 5명이 2국가를 출장간다는 것에 주의한다.

	출장가는 직원
미국(1명)	이과장
영국(4명)	류과장, 이과장, 신과장, 임과장
중국(3명)	김과장, 최과장, 류과장
일본(4명)	장과장, 최과장, 신과장, 임과장

18 이 대리는 계약 체결을 위해 부산에 2시까지 도착해서 미팅을 하러 간다. 집에서 기차역까지 30분, 고속버스터미널까지 15분이 걸린다. 교통비와 스케줄이 다음과 같을 때, 이 대리의 선택은 무엇인가? (단, 비용이 저렴한 것을 우선순위로 둔다.)

방법	출발 시간	환승 시간	이동 시간	미팅 장소까지 걷는 시간	비용(원)
㉠기차	8 : 25	(없음)	5시간	10분	10만
㉡고속버스－버스	7 : 20	10분	6시간		7만 2천
㉢기차－버스	7 : 25	20분	5시간 30분		10만 2천
㉣고속버스	8 : 05	(없음)	5시간 25분		7만

① ㉠ ② ㉡
③ ㉢ ④ ㉣

 기차까지 30분, 고속버스터미널까지 15분
㉠ 8:25＋30분＋5시간＋10분＝14:05
㉡ 7:20＋15분＋10분＋6시간＋10분＝13:55
㉢ 7:25＋30분＋20분＋5시간 30분＋10분＝13:55
㉣ 8:05＋15분＋5시간 25분＋10분＝13:55
따라서 오후 2시(14:00) 전까지 도착할 수 있는 선택지는 ㉡,㉢,㉣ 3가지이며 이 중 비용이 가장 적게 들어가는 선택지는 ㉣이다.

19 J회사 관리부에서 근무하는 L씨는 소모품 구매를 담당하고 있다. 2016년 5월 중에 다음 조건 하에서 A4용지와 토너를 살 때, 총 비용이 가장 적게 드는 경우는? (단, 2016년 5월 1일에는 A4용지와 토너는 남아 있다고 가정하며, 다 썼다는 말이 없으면 그 소모품들은 남아있다고 가정한다)

- A4용지 100장 한 묶음의 정가는 1만 원, 토너는 2만 원이다. (A4용지는 100장 단위로 구매함)
- J회사와 거래하는 ◇◇오피스는 매달 15일에 전 품목 20% 할인 행사를 한다.
- ◇◇오피스에서는 5월 5일에 A사 카드를 사용하면 정가의 10%를 할인해 준다.
- 총 비용이란 소모품 구매가격과 체감비용(소모품을 다 써서 느끼는 불편)을 합한 것이다.
- 체감비용은 A4용지와 토너 모두 하루에 500원이다.
- 체감비용을 계산할 때, 소모품을 다 쓴 당일은 포함하고 구매한 날은 포함하지 않는다.
- 소모품을 다 쓴 당일에 구매하면 체감비용은 없으며, 소모품이 남은 상태에서 새 제품을 구입할 때도 체감비용은 없다.

---

① 3일에 A4용지만 다 써서, 5일에 A사 카드로 A4용지와 토너를 살 경우

② 13일에 토너만 다 써서 당일 토너를 사고, 15일에 A4용지를 살 경우

③ 10일에 A4용지와 토너를 다 써서 15일에 A4용지와 토너를 같이 살 경우

④ 3일에 A4용지만 다 써서 당일 A4용지를 사고, 13일에 토너를 다 써서 15일에 토너만 살 경우

 ① 1,000원(체감비용)+27,000원=28,000원
② 20,000원(토너)+8,000원(A4용지)=28,000원
③ 5,000원(체감비용)+24,000원=29,000원
④ 10,000원(A4용지)+1,000원(체감비용)+16,000원(토너)=27,000원

20 정이는 집에서 출발하여 학교, 병원, 도서관을 갔다가 마지막에 다시 집으로 온다고 한다. 이때 정이가 이동하는 최소 길이는 몇 km인가? (단, 집을 제외한 나머지 장소는 한 번만 간다.)

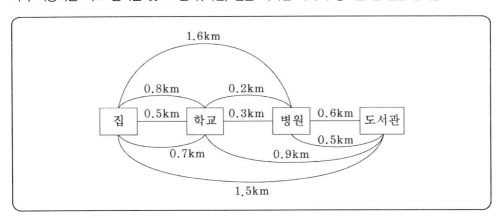

① 5.1km

② 4.5km

③ 4.2km

④ 2.7km

 정이가 갈 수 있는 방법들의 최소 거리

집-학교-병원-도서관-집 : 0.5+0.2+0.5+1.5=2.7km

집-학교-도서관-병원-집 : 0.5+0.9+0.5+1.6=3.5km

집-병원-학교-도서관-집 : 1.6+0.2+0.9+1.5=4.2km

집-병원-도서관-학교-집 : 1.6+0.5+0.9+0.5=3.5km

집-도서관-학교-병원-집 : 1.5+0.9+0.2 1.6=4.2m

집-도서관-병원-학교-집 : 1.5+0.5+0.2+0.5=2.7km

따라서 정이가 집에서 출발하여 모든 장소를 한 번만 거치고 바로 집으로 돌아오는 최소 거리는 2.7km가 된다.

┃21~22┃ S사 홍보팀에서는 사내 행사를 위해 다음과 같이 3개 공급업체로부터 경품1과 경품2에 대한 견적서를 받아보았다. 행사 참석자가 모두 400명이고 1인당 경품1과 경품2를 각각 1개씩 나누어 주어야 한다. 다음 자료를 보고 이어지는 질문에 답하시오.

공급처	물품	세트당 포함 수량(개)	세트 가격
A업체	경품1	100	85만 원
	경품2	60	27만 원
B업체	경품1	110	90만 원
	경품2	80	35만 원
C업체	경품1	90	80만 원
	경품2	130	60만 원

- A업체 : 경품2 170만 원 이상 구입 시, 두 물품 함께 구매하면 총 구매가의 5% 할인
- B업체 : 경품1 350만 원 이상 구입 시, 두 물품 함께 구매하면 총 구매가의 5% 할인
- C업체 : 경품1 350만 원 이상 구입 시, 두 물품 함께 구매하면 총 구매가의 20% 할인
* 모든 공급처는 세트 수량으로만 판매한다.

21 홍보팀에서 가장 저렴한 가격으로 인원수에 모자라지 않는 수량의 물품을 구매할 수 있는 공급처와 공급가격은 어느 것인가?

① A업체 / 5,000,500원

② A업체 / 5,025,500원

③ B업체 / 5,082,500원

④ B업체 / 5,095,000원

 각 공급처로부터 두 물품을 함께 구매할 경우(나)와 개별 구매할 경우(개)의 총 구매 가격을 표로 정리해 보면 다음과 같다. 구매 수량은 각각 400개 이상이어야 한다.

공급처	물품	세트당 포함 수량(개)	세트 가격	(개)	(나)
A업체	경품1	100	85만 원	340만 원	5,025,500원
	경품2	60	27만 원	189만 원	(5% 할인)
B업체	경품1	110	90만 원	360만 원	5,082,500원
	경품2	80	35만 원	175만 원	(5% 할인)
C업체	경품1	90	80만 원	400만 원	5,120,000원
	경품2	130	60만 원	240만 원	(20% 할인)

22 다음 중 C업체가 S사의 공급처가 되기 위한 조건으로 적절한 것은 어느 것인가?

① 경품1의 세트당 포함 수량을 100개로 늘린다.

② 경품2의 세트당 가격을 2만 원 인하한다.

③ 경품1의 세트당 가격을 5만 원 인하한다.

④ 경품2의 세트당 포함 수량을 120개로 줄인다.

 C업체가 경품1의 세트당 가격을 5만 원 인하하면 총 판매 가격이 4,920,000원이 되어 가장 낮은 가격에 물품을 제공하는 공급처가 된다.

① 경품1의 세트당 포함 수량이 100개가 되면 세트 수량이 5개에서 4개로 줄어들어 판매가격이 80만 원 낮아지나, 할인 적용이 되지 않아 최종 판매가는 오히려 비싸진다.

② 경품2의 세트당 가격을 2만 원 인하하면 총 판매가격이 5,056,000원이 되어 A업체보다 여전히 비싸다.

- 갑과 을은 닭을 키우는 농장에서 일을 한다.
- 농장은 A~D의 4개 구역이며, 닭들은 자유롭게 다른 구역을 갈 수 있다.
- 갑과 을은 닭을 관리하기 위해 구역별 닭의 수를 파악하고 있어야 하는데, 닭들이 계속 이동을 하기 때문에 정확히 파악하는 데 어려움을 겪고 있다.
- 결국 갑과 을은 시간별로 닭의 수를 기록하기로 했다. 갑은 특정 시간 특정 구역의 닭의 수만을 기록하고, 을은 닭이 구역을 넘나들 때마다 그 시간과 그때 이동한 닭의 수를 기록하기로 하였다.
- 갑과 을이 같은 날 오전 9시부터 10시 30분까지 작성한 기록은 다음과 같으며 ㉠~㉣을 제외한 모든 기록은 정확하다.

갑의 기록			을의 기록		
시간	구역	닭의 수	시간	이동	닭의 수
9:10	B	17	9:05	C→B	3
9:25	A	21	9:17	C→A	2
9:40	C	8	9:20	D→B	5
9:55	D	11	9:41	A→D	1
10:03	A	㉠ 21	9:57	B→D	4
10:14	B	㉡ 18	10:00	A→C	1
10:26	C	㉢ 12	10:01	D→A	3
10:30	D	㉣ 10	10:28	D→C	2

23 ㉠~㉣ 중 옳게 기록된 것만 고른 것은?

① ㉠, ㉡   ② ㉠, ㉢

③ ㉡, ㉢   ④ ㉡, ㉣

㉠ 9:25에 A구역에 있던 닭 21마리에서 9:41에 D구역으로 1마리, 10:00에 C구역으로 1마리가 이동하였고 10:01에 D구역에서 3마리가 이동했으므로 10:30에 A구역에 있는 닭은 21-1-1+3=22마리이다.

㉡ 9:10에 B구역에 잇던 닭 17마리에서 9:20에 5마리가 넘어오고, 9:57에 4마리가 넘어갔으므로 B구역의 닭은 17+5-4=18마리이다.

㉢ 9:40에 C구역에 있던 닭은 8마리에서 10:00에 1마리가 넘어오고 10:28에 2마리가 넘어왔으므로 C구역의 닭은 8+1+2=11마리이다.

㉣ 9:55에 D구역에 있던 닭은 11마리에서 9:57에 4마리가 넘어오고 10:01에 3마리, 10:28에 2마리가 넘어갔으므로 D구역의 닭은 11+4-3-2=10마리이다.

24 농장에서 키우는 닭은 총 몇 마리인가?

① 61마리 ② 62마리

③ 63마리 ④ 64마리

 위에서 구한 것을 참고하면 22+18+11+10=61이다.

｜25~26｜ 공장 주변지역의 농경수 오염에 책임이 있는 기업이 총 70억 원의 예산을 가지고 피해 현황 심사와 보상을 진행한다고 한다. 다음 글을 읽고 물음에 답하시오.

총 500건의 피해가 발생했고, 기업측에서는 실제 피해 현황을 심사하여 보상하기로 하였다. 심사에 소요되는 비용은 보상 예산에서 사용한다. 심사를 통해 좀 더 정확한 피해 규모를 파악할 수 있지만, 그에 따라 소요되는 비용 또한 증가하게 된다.

	1일째	2일째	3일째	4일째
일별 심사 비용(억 원)	0.5	0.7	0.9	1.1
일별 보상대상 제외건수	50	45	40	35

• 보상금 총액＝예산－심사 비용
• 표는 누적수치가 아닌, 하루에 소요되는 비용을 말함
• 일별 심사 비용은 매일 0.2억씩 증가하고 제외건수는 매일 5건씩 감소함
• 제외건수가 0이 되는 날, 심사를 중지하고 보상금을 지급함

25 기업측이 심사를 중지하는 날까지 소요되는 일별 심사 비용은 총 얼마인가?

① 15억 원 ② 15.5억 원

③ 16억 원 ④ 16.5억 원

 제외건수가 매일 5건씩 감소한다고 했으므로 11일째 되는 날 제외건수가 0이 되고 일별 심사 비용은 총 16.5억 원이 된다.

26 심사를 중지하고 총 500건에 대해서 보상을 한다고 할 때, 보상대상자가 받는 건당 평균 보상금은 대략 얼마인가?

① 약 1천만 원 ② 약 2천만 원

③ 약 3천만 원 ④ 약 4천만 원

 (70억－16.5억)/500건=1,070만 원

Answer → 23.④ 24.① 25.④ 26.①

27 다음은 어느 회사의 성과상여금 지급기준이다. 다음 기준에 따를 때 성과상여금을 가장 많이 받는 사원과 가장 적게 받는 사원의 금액 차이는 얼마인가?

〈성과상여금 지급기준〉

지급원칙
• 성과상여금은 적용대상사원에 대하여 성과(근무성적, 업무난이도, 조직기여도의 평점 합) 순위에 따라 지급한다.

성과상여금 지급기준액

5급 이상	6급~7급	8급~9급	계약직
500만 원	400만 원	200만 원	200만 원

지급등급 및 지급률
• 5급 이상

지급등급	S등급	A등급	B등급	C등급
성과 순위	1위	2위	3위	4위 이하
지급률	180%	150%	120%	80%

• 6급 이하 및 계약직

지급등급	S등급	A등급	B등급
성과 순위	1위~2위	3~4위	5위 이하
지급률	150%	130%	100%

지급액 산정방법
개인별 성과상여금 지급액은 지급기준액에 해당등급의 지급율을 곱하여 산정한다.

<소속사원 성과 평점>

사원	평점			직급
	근무성적	업무난이도	조직기여도	
수현	8	5	7	계약직
이현	10	6	9	계약직
서현	8	8	6	4급
진현	5	5	8	5급
준현	9	9	10	6급
지현	9	10	8	7급

① 260만 원   ② 340만 원

③ 400만 원   ④ 450만 원

 사원별로 성과상여금을 계산해보면 다음과 같다.

사원	평점 합	순위	산정금액
수현	20	5	200만 원×100%＝200만 원
이현	25	3	200만 원×130%＝260만 원
서현	22	4	500만 원×80%＝400만 원
진현	18	6	500만 원×80%＝400만 원
준현	28	1	400만 원×150%＝600만 원
지현	27	2	400만 원×150%＝600만 원

가장 많이 받은 금액은 600만 원이고 가장 적게 받은 금액은 200만 원이므로 이 둘의 차는 400만 원이다.

28 □□기업이 비용절감을 위해 다음과 같은 생산 공정을 시행했을 때, 새로운 공정에서 총비용의 감소율은 얼마인가?

<table>
<tr><td colspan="2" align="center">생산 공정</td></tr>
<tr><td colspan="2">웨이퍼 제조 → 1차 테스트 → 산화공정 → 포토공정 → 식각공정 → 박막 · 증착공정 → 금속화공정 → EDS → 2차 테스트 → 패키징</td></tr>
</table>

생산 공정 단계별 불량률

공정단계	1회 공정당 불량률
웨이퍼 제조	5%
산화공정	40%
포토공정	10%
식각공정	2%
박막 · 증착공정	2%
금속화공정	15%
EDS	20%
패키징	5%

단계별 투입비용

단계	각 공정제작 시 투입비용	
	개선 전	개선 후
웨이퍼 제조	4,000원	3,000원
산화공정	2,000원	1,500원
포토공정	5,500원	4,500원
식각공정	6,000원	5,000원
박박 · 증착공정	3,500원	2,500원
금속화공정	4,000원	3,000원
EDS	3,000원	2,500원
패키징	2,000원	1,000원

① 20% ② 23%
③ 27% ④ 30%

 개선 전 총 비용은 $4,000 + 2,000 + 5,500 + 6,000 + 3,500 + 4,000 + 3,000 + 2,000 = 30,000$
개선 후 총 비용은 $3,000 + 1,500 + 4,500 + 5,000 + 2,500 + 3,000 + 2,500 + 1,000 = 23,000$
개선 전과 후를 비교해 보면 7,000원이 감소했으므로

$$\frac{7,000}{30,000} \times 100 = 23.333 = 23\%$$

29 다음에서 주어진 내용만을 고려할 때, 그림의 기점에서 ㈎, ㈏ 각 지점까지의 총 운송비가 가장 저렴한 교통수단을 바르게 고른 것은?

- 교통수단별 기종점 비용과 주행 비용은 아래와 같음

교통수단 비용	A	B	C
기종점 비용(원)	1,000	2,000	4,000
단위 거리당 주행 비용(원/km)	400	300	250

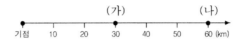

	㈎	㈏
①	A	A
②	A	B
③	A	C
④	B	C

 총 운송비는 선적·하역비 등이 포함된 기종점 비용과 이동 거리가 늘어나면서 증가하는 주행 비용으로 구성된다. 따라서 총 운송비는 '기종점 비용+단위 거리당 주행비용×거리'로 계산할 수 있다. 이와 같이 계산하면 ㈎ 지점까지의 총 운송비는 A 13,000원, B 11,000원, C 11,500원으로 B가 가장 저렴하다. ㈏ 지점까지의 총 운송비는 A 25,000원, B 20,000원, C 19,000원으로 C가 가장 저렴하다.

Answer → 28.② 29.④

30 김사원의 공공기관 감사로 인한 회의에 담당자로 참여하게 되었다. 다음 주에 있을 회의의 진행일로 효율적인 요일을 고르면?

- 대한석탄공사 담당자 주간일정

월요일	화요일	수요일	목요일	금요일	토요일
				해외출장	해외출장

- 산업통상자원부 담당자 주간일정

월요일	화요일	수요일	목요일	금요일	토요일
	국회출석				

- 감사원 담당자 주간일정

월요일	화요일	수요일	목요일	금요일	토요일
내부회의		타공사 방문			

① 월요일   ② 화요일
③ 수요일   ④ 목요일

 세 기관의 담당자가 공통으로 일정이 비어있는 목요일이 적합하다.

31 甲회사 인사부에 근무하고 있는 H부장은 각 과의 요구를 모두 충족시켜 신규직원을 배치하여야 한다. 각 과의 요구가 다음과 같을 때 홍보과에 배정되는 사람은 누구인가?

〈신규직원 배치에 대한 각 과의 요구〉
- 관리과 : 5급이 1명 배정되어야 한다.
- 홍보과 : 5급이 1명 배정되거나 6급이 2명 배정되어야 한다.
- 재무과 : B가 배정되거나 A와 E가 배정되어야 한다.
- 총무과 : C와 D가 배정되어야 한다.

〈신규직원〉
- 5급 2명(A, B)
- 6급 4명(C, D, E, F)

① A   ② B
③ C와 D   ④ E와 F

주어진 조건을 보면 관리과와 재무과에는 반드시 각각 5급이 1명씩 배정되고, 총무과에는 6급 2명이 배정된다. 인원수를 따져보면 홍보과에는 5급을 배정할 수 없기 때문에 6급이 2명 배정된다. 6급 4명 중에 C와 D는 총무과에 배정되므로 홍보과에 배정되는 사람은 E와 F이다. 각 과별로 배정되는 사람을 정리하면 다음과 같다.

관리과	A
홍보과	E, F
재무과	B
총무과	C, D

32 다음은 여행사를 통해 구입한 전자항공권 내용의 일부이다. 항공권의 내용에 대한 설명 중 가장 옳지 않은 것은?

Passenger Name	Jang/Hyo-Mi		Booking Reference	810-1850
Ticket Number		1803841764936-937		
서울(ICN)-파리(CDG)		D901 (예약번호:EN2BD4)	14:00/18:00	17FEB16
파리(CDG)-Kishasa(FIH)		A898 (예약번호:3DGM20)	10:50/18:40	18FEB16
Kishasa(FIH)- 아디스아바바(ADD)		E831 (예약번호:3DGM20)	13:45/20:05	21FEB16
아디스아바바(ADD)- 두바이(DXB)		E724 (예약번호:ES66X3)	19:35/00:35	24FEB16
두바이(DXB)-서울(ICN)		D5952 (예약번호:EN2BD4)	03:00/16:00	25FEB16

① 전체 여정의 예약번호는 810-1850이다.

② 각 항공 일정의 개별 변경이 필요한 경우에는 개별 예약번호를 통해 변경해야 한다.

③ 두바이에서 출발하여 서울에 도착하는 날짜는 2월 26일이 될 것이다.

④ 서울에서 파리로 가는 항공편과 두바이에서 서울로 돌아오는 항공편은 같은 항공회사 이다.

 ③ 두바이에서 출발하여 서울에 도착하는 날짜는 2월 25일이 될 것이다.

▌33~34▌ 공장 주변지역의 농경수 오염에 책임이 있는 기업이 총 80억 원의 예산을 가지고 피해 현황 심사와 보상을 진행한다고 한다. 다음 글을 읽고 물음에 답하시오.

총 500건의 피해가 발생했고, 기업 측에서는 실제 피해 현황을 심사하여 보상하기로 하였다. 심사에 사용되는 비용은 보상 예산에서 사용한다. 심사를 통해 좀 더 정확한 피해 규모를 파악할 수 있지만, 그에 따라 소요되는 비용 또한 증가하게 된다.

	1일째	2일째	3일째	4일째
일별 심사비용(억 원)	0.5	0.7	0.9	1.1
일별 보상대상 제외 건수	55	50	45	40

• 표는 누적 수치가 아닌, 하루에 소요되는 비용을 말함
• 보상금 총액＝예산－심사비용
• 일별 심사비용은 매인 0.2억씩 증가하고 제외 건수는 매일 5건씩 감소함
• 제외 건수가 0이 되는 날, 심사를 중지하고 보상금을 지급

33 기업 측이 심사를 중지하는 날까지 소요되는 일별 심사비용은 총 얼마인가?

① 14억 원 　　　　　　　　　　② 15.3억 원
③ 16.5억 원 　　　　　　　　　　④ 19.2억 원

 제외 건수가 매일 5건씩 감소하므로 55에서 0이 되는 것은 12일째 되는 날이며 일별 심사비용은 19.2억 원이 된다.

34 심사를 중지하고 총 500건에 대해 보상을 한다고 할 때, 보상대상자가 받는 건당 평균 보상금은 대략 얼마인가?

① 약 1천만 원 　　　　　　　　　② 약 2천만 원
③ 약 4천만 원 　　　　　　　　　④ 약 5천만 원

 전체 70억 원에서 심사비용 19.2억 원을 제외한 나머지를 사건으로 나눈다.
(80억－19.2)/500건＝12,160,000원 ＝ 1,216만원

35 다음은 어느 회사를 운영하는 데 한 달 동안 필요한 내역이다. 여기에서 알 수 있는 직접비용과 간접비용의 금액으로 옳게 짝지어 진 것은?

(단위: 원)

재료비	320,000원	사무비품비	150,000원
보험료	280,000원	시설비	360,000원
인건비	300,000원	공과금	100,000원

① 98만 원, 53만 원

② 113만 원, 38만 원

③ 123만 원, 28만 원

④ 126만 원, 25만 원

 직접 비용 : 재료비, 시설비, 인건비
320,000＋360,000＋300,000＝980,000원
간접 비용 : 사무비품비, 보험료, 공과금
150,000＋280,000＋100,000＝530,000원

36 주연이는 출근을 하기 위하여 다음의 버스 이동계획에 따른 버스를 타게 된다. 주연이가 아침 8시에 집에서 출발하여 9시까지 출근하기 위해 최적의 루트로 버스를 타고자 할 경우 가장 빨리 도착했을 때의 시간은 얼마인가?

버스 이동계획									
버스 번호	515	519	522	633	655	674	711	712	715
이동 시간	10분	15분	10분	20분	20분	8분	15분	7분	22분
선행 버스		515	515	519	519 / 522	655	674	633	711 / 712

- 특정번호의 버스를 타기 위해서는 반드시 선행버스를 타야 한다.
- 선행버스가 복수인 경우에는 무엇을 타고 오는지는 문제되지 않는다.
- 주연이는 반드시 515번 버스를 타고 집에서 출발한다. 그리고 다양한 방법으로 회사에 도착할 수 있는데 633번을 타고 712 출발지에서 내리면 걸어서 10분이 걸리고, 674번 버스를 타고 711 출발지에서 내리면 걸어서 13분이 걸린다. 그렇지 않으면 최종적으로 타게 되는 버스의 종점이 바로 회사이다.
- 예를 들어 515에서 633 출발지까지 최소 25분이 걸린다.

① 8시 50분

② 8시 55분

③ 9시 00분

④ 9시 05분

 가장 최적의 루트는 515 버스를 타고 집에서 출발하여 519 출발지에 도착하여 519 버스를 타고 633 출발지에 도착한 다음 633 버스를 타고 712 출발지에 도착하여 회사까지 걸어가면 된다.
515 → 519 출발지까지는 10분
519 → 633 출발지까지는 15분
633 → 712 출발지까지는 20분
712 출발지 → 회사까지 10분
총 시간은 $10 + 15 + 20 + 10 = 55$분
도착시간은 8시 55분이 된다.

37 다음 임금기준을 바탕으로, 갑과 을의 임금에 대한 설명으로 옳은 것은?

임금기준
- 8시간 이하

  A의 임금(원) $= 5,000 + 8,500 \times x$

  B의 임금(원) $= 7,500 + 8,000 \times x$
- 8시간 초과

  A의 시급(원) $= 15,000$

  B의 시급(원) $= 15,200$

※ 단, 하루에 노동은 최대 16시간까지만 공급 가능하다.

---

① A가 4시간 일하면 B보다 많이 받게 된다.

② B는 A보다 많은 임금을 받을 수 없다.

③ A의 임금은 5시간이 넘어가면 B의 임금보다 크다.

④ A의 임금이 8시간 이하일 때, $5,900 + 8,800 \times x$로 변동되면, A와 B의 임금은 2시간일 때 같다.

① 4시간 일하면 A의 경우 $5,000 + 8,500 \times 4 = 39,000$원, B의 경우 $7,500 + 8,000 \times 4 = 39,500$원으로 B가 더 많다.

② B는 5시간이 되기 전까진 더 많이 받는다.

③ A의 경우 8시간 이하에서는 5시간이 넘으면 B보다 임금이 많아진다. A $= 73,000$원, B $= 71,500$원

하지만 8시간을 초과해서 16시간까지 8시간 동안 A와 B의 시급 차이는 200원이므로 A $= 120,000$원, B $= 121,600$원. 그 전에 3시간 동안 1,500원을 더 적립해두기 때문에 16시간이 되면 B가 역전한다.

④ A의 임금이 달라지면 $1,600 = 800x$이므로, 2시간일 때, 임금은 서로 같다.

$5,900 + 8,800 \times x = 7,500 + 8,000 \times x$

$800x = 1,600$

$x = 2$

Answer ↪ 36.② 37.④

38 15년 이상 된 노후차량을 개발도상국에 팔 예정이다. 100여 대의 노후차량을 관리하기 위하여 열차 저장 창고를 임대하여야 한다. 노후차량 전체가 첫 2개월 안에 팔릴 가능성은 20%, 2~4개월 사이에 팔릴 가능성은 50%, 4~6개월 사이에 팔릴 가능성은 30%이다. 가장 경제적인 선택에 해당하는 것은?

> 임대료 기준
> • 1안 : 6개월 140만 원
> • 2안 : 2개월 70만 원, 향후 2개월 단위로 연장 가능(60만원)
> • 3안 : 4개월 130만 원, 향후 2개월 연장 가능(40만 원)

① 1안 ② 2안
③ 3안 ④ 1안과 3안

1안→6개월 140만 원
2안→2개월 70만 원, 4개월 130만 원, 6개월 190만 원
기댓값을 구하면 $0.2 \times 70 + 0.5 \times 130 + 0.3 \times 190 = 14 + 65 + 57 = 136$만 원
3안→4개월 130만 원, 6개월 170만 원
기댓값을 구하면 $0.2 \times 130 + 0.5 \times 130 + 0.3 \times 170 = 26 + 65 + 51 = 142$만 원

39 다음에 설명하고 있는 합리적인 인사관리 원칙은?

> 근로자의 인권을 존중하고 공헌도에 따라 노동의 대가를 지급한다.

① 적재적소 배치의 원리 ② 공정 보상의 원칙
③ 공정 인사의 원칙 ④ 종업원 안정의 원칙

합리적인 인사관리의 원칙
㉠ 적재적소 배치의 원리 : 해당 직무 수행에 가장 적합한 인재를 배치
㉡ 공정 보상의 원칙 : 근로자의 인권을 존중하고 공헌도에 따라 노동의 대가를 공정하게 지급
㉢ 공정 인사의 원칙 : 직무 배당, 승진, 상벌, 근무 성적의 평가, 임금 등을 공정하게 처리
㉣ 종업원 안정의 원칙 : 직장에서의 신분 보장, 계속해서 근무할 수 있다는 믿음으로 근로자의 안정된 회사 생활 보장
㉤ 창의력 계발의 원칙 : 근로자가 창의력을 발휘할 수 있도록 새로운 제안·전의 등의 기회를 마련하고 적절한 보상을 지급
㉥ 단결의 원칙 : 직장 내에서 구성원들이 소외감을 갖지 않도록 배려하고, 서로 협동·단결할 수 있도록 유지

40 다기획팀 N대리는 다음 달로 예정되어 있는 해외 출장 일정을 확정하려 한다. 다음에 제시된 글의 내용을 만족할 경우 N대리의 출장 일정에 대한 보기의 설명 중 옳은 것은?

> N대리는 다음 달 3박4일 간의 중국 출장이 계획되어 있다. 회사에서는 출발일과 복귀일에 업무 손실을 최소화할 수 있도록 가급적 평일에 복귀하도록 권장하고 있고, 출장 기간에 토요일과 일요일이 모두 포함되는 일정은 지양하도록 요구한다. 이번 출장은 기획팀에게 매우 중요한 문제를 해결할 수 있는 기회가 될 수 있어 팀장은 N대리의 복귀 바로 다음 날 출장 보고를 받고자 한다.
>
> 다음 달의 첫째 날은 금요일이며 마지막 주 수요일과 13일은 N대리가 빠질 수 없는 업무 일정이 잡혀 있다.

① 팀장은 월요일이나 화요일에 출장 보고를 받을 수 있다.
② N대리가 출발일로 잡을 수 있는 날짜는 모두 4개이다.
③ N대리는 마지막 주에 출장을 가게 될 수도 있다.
④ 다음 달 15일 이후가 이전보다 출발 가능일이 더 많다.

 다음 달의 첫째 날이 금요일이므로 아래와 같은 달력을 그려 볼 수 있다.

일	월	화	수	목	금	토
					1	2
3	4	5	6	7	8	9
10	11	12	13	14	15	16
17	18	19	20	21	22	23
24	25	26	27	28	29	30

3박4일 일정이므로 평일에 복귀해야 하며 주말이 모두 포함되는 일정을 피하기 위해서는 출발일이 일, 월, 화요일이어야 한다. 또한 팀장 보고를 위해서는 금요일에 복귀하게 되는 화요일 출발 일정도 불가능하다.
따라서 일요일과 월요일에만 출발이 가능하다.
그런데 27일과 13일이 출장 일정에 포함될 수 없으므로 10, 11, 24, 25일은 제외된다.
따라서 3, 4, 17, 18일에 출발하는 4가지 일정이 가능하다.

1 SR의 사회적가치 추진전략에서 제시하고 있는 비전으로 옳은 것은?

① 사회와 사람을 행복하게, 사랑을 실천하는 SRT
② 공정과 상생의 포용사회를 열어가는 SR
③ 안전하고 편리하며 가치있는 철도서비스 구현
④ 새로운 상상, 국민의 철도 플랫폼

 ② SR의 사회적가치 추진전략 혁신목표
③ SR의 미션

2 수서고속철도(주)가 회사명을 SR로 변경한 시기는 언제인가?

① 2013년 ② 2014년
③ 2016년 ④ 2019년

 2014년 6월 회사명칭을 'SR'로 변경하였다.

3 도심 가까이 건설된 SRT 전용역 중 국내 최초로 지하에 건설된 고속철도 역은 어디인가?

① 수서역 ② 지제역
③ 동탄역 ④ 분당역

국내 최초로 지하에 건설된 고속철도역은 동탄역이다. 동탄역은 경기도 화성시 동탄역로 151에 위치해 있으며 GTX 환승 가능, 동탄 2신도시 지하 커뮤니티 공간과 연결되어 있다.

4 SRT 승무원들의 인재육성 방향에 대한 설명으로 옳지 않은 것은?

① 관리자의 경우 사업의 전체 업무를 이해할 수 있도록 육성한다.

② 해당 분야의 전문성을 보유하고 있으면서, 다른 분야의 폭넓은 지식을 보유한 인재를 육성한다.

③ 보다 유연한 인력 운영을 위해 직렬을 통합하여 직렬 단위로 인재를 육성한다.

④ 관리자의 경우 관리 역량보다 해당 직무수행 역량을 중요하게 생각하여 전문성이 우수한 인재를 육성한다.

 인재육성 방향
　　㉠ General-Specialist 육성
　　　• 해당 분야의 전문성을 보유하고 있으면서, 다른 분야의 폭넓은 지식을 보유한 인재 육성
　　　• 다양한 기능에 종합적 역량을 보유한 Multi-Player를 육성
　　㉡ 유연한 인력 운영
　　　• 보다 유연한 인력운영을 위해 직렬을 통합하여 직렬단위로 인재를 육성
　　　• 유연한 인력운영을 위해 유사직렬을 통합하여 운영
　　㉢ 관리자 Generalist 육성
　　　• 관리자의 경우 해당 분야의 전문성보다 사업의 전체 업무를 이해할 수 있도록 육성
　　　• 일정 직급 이상 직원은 해당 직무수행보다 관리 역량이 중요하며, 전사의 Vision을 제시할 수 있도록 폭넓은 시각을 갖도록 육성

5 SR의 인재상에 해당하지 않는 것은?

① 전문성　　　　　　　　　② 도전

③ 유연성　　　　　　　　　④ 소통

 SR의 인재상 … 전문성을 바탕으로 끊임없이 도전하고 소통하여 탁월한 성과를 창출하는 인재
　　㉠ 전문성
　　　• 새롭고 더 나은 방식을 모색하여 지속적으로 개선시킨다.
　　　• 분야 최고전문가가 되기 위한 자기개발 활동을 지속적으로 수행한다.
　　㉡ 도전
　　　• 항상 자신감과 책임감을 갖고 열정적으로 업무를 추진한다.
　　　• 요청이나 지시를 뛰어 넘어 스스로 업무를 찾아 수행한다.
　　㉢ 소통
　　　• 상호 존중과 배려의 자세로 구성원의 다양한 의견을 적극 청취한다.
　　　• 적극적인 커뮤니케이션을 통해 내·외부 이해관계자를 설득한다.

Answer ⟶ 1.④ 2.② 3.③ 4.④ 5.③

6 SR의 고객서비스헌장의 핵심서비스 이행표준에 대한 내용으로 볼 수 없는 것은?

① 안전한 철도

② 국민과 소통하는 SR

③ SR 만의 서비스 가치

④ 나라와 함께하는 생활의 동반자

 핵심서비스 이행표준
ⓐ 안전한 철도 : 철저한 안전점검, 사고 ZERO, 고객 안전 강화
ⓑ 국민과 소통하는 SR : VOC 신속한 응대, 고객센터 운영, 고객소통창구 운영, VOC 개선, 고객만족도 제고
ⓒ SR 만의 서비스 가치 : 열차 정시운행, 정기열차 100% 운행, 편리한 열차 이용, 승차권 구입편의 개선, 유실물센터 운영, 쾌적한 공기질 관리, 청결한 환경 제공, 친절한 서비스, 환불 및 보상, 열차 지연보상
ⓓ 국민과 함께하는 생활의 동반자 : 사회공헌, 공공성 강화

7 SR 안전관리 목표에 대한 설명으로 옳지 않은 것은?

① 절대 안전체계 구축을 전략방향으로 삼고 있다.

② 안전관리체계 고도화, 비상·재난 대응체계 확립, 근로자 안전확보와 문화 확산을 전략과제로 삼고 있다.

③ 2019 핵심목표는 철도안전관리율 1.111건/백만km, 사고재해율 0.332% 달성이었다.

④ 근로자 안전확보와 문화 확산의 세부 추진과제로 철도안전 관리체계 선진화, 안전지도점검 강화 및 이행력 제고 등이 있다.

 SR 안전관리 목표의 전략과제 및 세부 추진과제

전략과제	안전관리체계 고도화	비상·재난 대응체계 확립	근로자 안전확보와 문화 확산
세부 추진과제	1. 현장밀착형 철도안전 관리체계 구형 2. 철도안전 관리체계 선진화 3. 데이터 분석 기반의 철도사고 예방체계 확립 4. 휴먼에러 예방을 위한 안전환경 구축 5. 안전지도점검 강화 및 이행력 제고	1. 선제적 재난관리 대응체계 강화 2. 재난관리 '우수' 기관 달성 3. 안전한국훈련 'A등급' 달성 4. 전 직원, 전 재난유형의 훈련 실시 5. 대테러 '안심' 철도환경 조성	1. 작업장 유해, 위험 예방관리 2. 산업 안전보건 관리체계 강화 3. 건강증진 활동 강화 4. 소방안전 관리 강화 5. 미세먼지 'ZERO', 깨끗한 실내 공기질 조성 6. 안전 문화 확산 운동

8 다음 중 SR비상대응 조직 중 위기단계별 대응조직에 대한 연결이 잘못된 것은?

① 1단계 관심 – 재난안전상황실
② 2단계 주의 – 안전점검반
③ 3단계 경계 – 비상대책본부
④ 4단계 심각 – 재난대책본부

 SR 비상대응 조직은 24시간 상시 위기징후 감시 및 경보발령 체계를 구축하여 재난피해 ZERO 달성을 목표로 한다.
※ 위기단계별 대응조직도
　　㉠ 1단계(관심) – 재난안전상황실
　　㉡ 2단계(주의) – 비상대응반
　　㉢ 3단계(경계) – 비상대책본부
　　㉣ 4단계(심각) – 재난대책본부

9 다음에서 설명하는 내용에 해당하는 터널은 무엇인가?

> SRT가 운행되는 터널로 국내 대심도 최장터널이다.
> 세계에서 3번째이자 시속 300km/h의 속도로 운행하는 고속철도 터널로는 세계 최장을 자랑하며, 수서역, 동탄역, 지제역을 거쳐 경부선 및 호남선과 연결하는 중추적인 터널로 50.3km 길이에 약 40 ~ 65m 깊이로 위치해 있다.

① 명진터널　　　　　　　　　② 매산터널
③ 율현터널　　　　　　　　　④ 금정터널

 율현터널
㉠ SRT가 운행되는 율현터널은 국내 대심도 최장터널이다.
㉡ 세계에서 3번째이자 시속 300km/h의 속도로 운행하는 고속철도 터널로는 세계 최장을 자랑하며, 수서역, 동탄역, 지제역을 거쳐 경부선 및 호남선과 연결하는 중추적인 터널로 50.3km 길이에 약 40~65m 깊이로 위치해 있다.
㉢ 세계적인 터널인 만큼 율현터널에는 이례적인 상황 발생 시 승객이 지상으로 안전하게 대피할 수 있도록 유도하는 지상대피로(수직구)가 총 16개소 설치되어 있으며, 연계되는 통복터널에도 1개소가 설치되어 있다.

Answer ☞　6.④　7.④　8.②　9.③

10 다음 중 SR의 미션에 대한 설명으로 옳지 않은 것은?

① 안전하고 편리하게 가치 있는 철도서비스 구현

② 국민에게 안전하고 편리한 철도서비스 제공

③ 철도산업 발전을 선도

④ 남북으로 뻗어가는 통일철도

 SR의 미션 … 안전하고 편리하며 가치 있는 철도서비스 구현, 국민에게 안전하고 편리한 철도서비스를 제공하고, 철도산업 발전을 선도하며, 공공기관으로서 사회적 가치 창출을 통해 국가·사회에 기여

11 다음에서 설명하는 것은 무엇인가?

> 철도를 중심으로 사회·기술·문화가 어우러진 융·복합 서비스를 통해 국민이 철도의 모든 것(철도 플랫폼)을 쉽고 편하게 누리고, 운송사업 경쟁력 제고, 운영기반 강화, 다원사업 확장 등 우리가 꿈꿔왔던 상상을 현실로 만들어 완전한 철도 플랫폼을 구축, '이동의 가치'를 더욱 높일 수 있는 철도산업의 혁신 생태계를 조성

① SR의 비전

② SR의 미션

③ SR의 핵심가치

④ SR의 경영방침

 SR의 비전 … 새로운 상상, 국민의 철도 플랫폼 – 철도를 중심으로 사회·기술·문화가 어우러진 융·복합 서비스를 통해 국민이 철도의 모든 것(철도 플랫폼)을 쉽고 편하게 누리고, 운송사업 경쟁력 제고, 운영기반 강화, 다원사업 확장 등 우리가 꿈꿔왔던 상상을 현실로 만들어 완전한 철도 플랫폼을 구축, '이동의 가치'를 더욱 높일 수 있는 철도산업의 혁신 생태계를 조성

12 다음 중 SR의 핵심가치에 해당하지 않는 것은?

① 절대안전

② 혁신선도

③ 국민소통

④ 가치창출

 핵심가치 … 절대안전, 혁신선도, 국민감동, 가치창출

㉠ **절대안전** : 안전을 경영활동의 최우선 가치화

㉡ **혁신선도** : 미래의 기회와 가치를 기준으로 생각하며, 철도산업 생태계와 SR의 지속가능한 성장도모

㉢ **국민감동** : 국민의 입장에서 생각하고 국민의 감동을 우리 사명으로 인식

㉣ **가치창출** : 책임경영(기업가치) 완수, 사회적가치 창출 선도를 통해 국민에게 신뢰받는 기관으로 자리매김

13 다음 중 SR의 핵심가치를 바르게 나열한 것은?

① 절대신뢰, 혁신선도, 고객참여, 가치창출

② 절대안전, 혁신선도, 고객참여, 청렴사회

③ 절대안전, 혁신선도, 고객감동, 가치창출

④ 절대안전, 소통선도, 고객감동, 가치창출

 SR의 핵심가치 … 절대안전, 혁신선도, 고객감동, 가치창출

14 다음 중 SR의 경영방침으로 볼 수 없는 것은?

① 안전한 SR

② 성장하는 SR

③ 감동을 드리는 SR

④ 청렴한 SR

SR의 경영방침

㉠ 안전한 SR

㉡ 성장하는 SR

㉢ 감동을 드리는 SR

㉣ 신뢰받는 SR

Answer ↪ 10.④ 11.① 12.③ 13.③ 14.④

15 SR의 2025년 경영목표에 대한 내용으로 틀린 것은?

① 안전등급제 Cap5(자가발전)
② SR형 철도뉴딜 추진 43.67(%)
③ 정시운행률(5분) 99.0(%)
④ SR형 사회적가치 지수 95(점)

 2025년 경영목표

2025	철도안전관리율 0.437(건)	SR형 철도뉴딜 추진 100(%)	정시운행률(5분) 99.0(%)	일자리 창출 확대 602(명/누적)
	안전등급제 Cap5(자가발전)	철도 이용객 확대 2,755(만명)	고객만족도 95.5(점)	SR형 사회적가치 지수 95(점)

16 경영가치를 실현하기 위한 SR의 4대 전략방향에 해당하지 않는 것은?

① 국민안심 안전철도 실현
② 철도혁신 경제활력 제고
③ 차별화된 철도서비스 구현
④ 함께 행복한 청렴사회 실현

4대 전략방향	국민안심 안전철도 실현	철도혁신 경제활력 제고	차별화된 철도서비스 구현	함께 행복한 사회적가치 확산

17 SR의 전략과제에 대한 설명으로 옳지 않은 것은?

① 15대 전략과제로 구성
② 철도안전 관리 역량 강화
③ 일자리 중심 사회안전망 강화
④ 함께하는 철도 방역문화 선진화

 ④ 함께하는 철도 안전문화 선진화

18 SR의 전략과제 내용으로 옳지 않은 것은?

① SRT인프라 안전성 제고
② 철도 혁신경영 지속
③ 고객 시간가치 제고
④ 신뢰와 공감의 조직문화 확산

15대 전략과제	㉠ 철도안전 관리 역량 강화 ㉡ SRT인프라 안전성 제고 ㉢ 재난안전관리체계 고도화 ㉣ 함께하는 철도안전문화 선진화	㉤ SR형 뉴딜 추진 ㉥ 철도기반 동반성장 생태계 조성 ㉦ 철도 운송 경쟁력 제고 ㉧ 철도 혁신경영 지속	㉨ 철도서비스 공공성 강화 ㉩ 고객 시간가치 제고 ㉺ 차별화된 첨단 서비스 ㉻ 서비스 혁신체계 고도화	㉾ 일자리 중심 사회안전망 강화 ㉿ 상생·청렴의 정도경영 강화 ⓐ 소통과 참여의 조직문화 확산

19 다음 중 SR에 대한 설명으로 옳지 않은 것은?

① 안전하고 편리하며, 가치 있는 철도 전문 기업이다.
② 고객에게 신뢰받는 기업, 고객과 함께 하는 기업으로 한국철도산업의 미래를 열어 가고 있다.
③ 무결점 안전관리체계를 구축하여 고객의 안전을 최우선으로 삼고 있다.
④ 철도 운영의 전문성과 효율성을 높임으로써 철도산업과 국민경제의 발전에 이바지함이 목적이다.

 ④ 한국철도공사의 설립 목적에 대한 설명이다.

Answer⟶ 15.② 16.④ 17.④ 18.④ 19.④

20 다음의 SR CI에 대한 설명으로 틀린 것은?

① S와 R을 결합하여 사람이 팔 벌려 세상을 안고 있는 형태로 고객에게 만족을 주고, 고객의 안전을 약속하는 SR의 가치를 담은 것이다.
② SR 신설라인(수서, 동탄, 지제)과 영업노선(경부고속선, 영동고속선)의 형상을 표현하였다.
③ 화살표 형상의 디자인으로 끊임없이 달리는 고속열차의 속도감을 표현하고 있다.
④ 청홍색상은 음양의 조화로 기업의 무궁함을 의미한다.

 SR 신설라인(수서, 동탄, 지제)과 영업노선(경부고속선, 호남고속선)의 형상을 표현하였으며, 화살표 형상의 디자인으로 끊임없이 달리는 고속열차의 속도감을 표현하고 있다.

21 SRT가 개통된 연도는 언제인가?

① 2013년 　　　　　　　　　　② 2014년
③ 2015년 　　　　　　　　　　④ 2016년

 SRT는 2016년 12월 9일 개통되었다.

22 다음 중 SR이 설립된 연도는 언제인가?

① 2013년 　　　　　　　　　　② 2014년
③ 2015년 　　　　　　　　　　④ 2016년

 2013년 12월에 수서고속철도(주)가 설립되었다.

23 2019년 주식회사 SR에서 처음으로 도입한 면접방식은 무엇인가?

① 임원면접
② 철도적성면접
③ 철도역량면접
④ AI면접

 SR은 2019년 신입사원 선발에 철도업계 최초로 AI면접 인공지능 방식을 도입하여 지원자들의 호감도, 매력도, 감정전달 능력, 의사표현능력을 분석하여 평가에 반영한다.

24 SR 모든 임직원이 안전하고 편리하며 가치 있는 철도서비스 구현을 위해 성실하게 실천하는 고객서비스헌장에 대한 내용이 아닌 것은?

① 우리는 고객의 안전을 최우선으로 하겠습니다.
② 우리는 고객을 적극적으로 리드하겠습니다.
③ 우리는 고객의 가치를 소중히 생각하겠습니다.
④ 우리는 고객과 함께 하는 동반자가 되겠습니다.

 고객서비스헌장
　㉠ 우리는 고객의 안전을 최우선으로 하겠습니다.
　㉡ 우리는 고객과 적극적으로 소통하겠습니다.
　㉢ 우리는 고객의 가치를 소중히 생각하겠습니다.
　㉣ 우리는 고객과 함께 하는 동반자가 되겠습니다.

Answer 20.② 21.④ 22.① 23.④ 24.②

25 철도의 신호시스템에 대한 설명으로 옳지 않은 것은?

① 철도신호는 좌회전과 우회전 등의 기능이 있고 신호등과 신호등 사이에 여러 대의 열차가 운행할 수 있도록 되어 있다.

② 철도신호의 경우 차량과 차량, 차량과 사람의 안전을 확보하기 위하여 신호설비(신호기, 선로전환기, 연동장치, 궤도회로, 건널목장치, 안전설비)들이 상호 시스템으로 연결 되어 있다.

③ 철도신호는 앞에 가는 열차와의 간격에 따라서 제한적인 속도의 신호를 현시하는데 기관사가 이를 어겨서 과속한다면 자동으로 제동장치를 동작시켜 안전을 확보하는 시스템으로 구성되어 있다.

④ 철도의 경우에는 열차의 속도가 안전과 밀접한 관계가 있기 때문에 저속에서는 지상신호방식을 채택하고 고속에서는 차내 신호방식을 따른다.

 철도 신호시스템

㉠ 도로신호는 정지, 직진, 좌회전, 우회전 등의 기능이 있고, 신호등과 신호등 사이를 여러 대의 자동차가 달릴 수 있지만, 철도신호는 좌회전과 우회전 신호등이 없을 뿐만 아니라 신호등과 신호등 사이에 단 하나의 열차만 운행할 수 있도록 되어 있다.

㉡ 도로신호는 교차로와 보행통로에서 도로 위를 달리는 자동차와 횡단보도를 건너는 사람의 안전을 위하여 최소한의 신호체계로만 구성되어 있다. 따라서 자동차와의 충돌이 예상될 경우 운전자나 보행자가 스스로 판단하여 멈추어야 한다. 그러나 철도신호의 경우 차량과 차량, 차량과 사람의 안전을 확보하기 위하여 신호설비(신호기, 선로전환기, 연동장치, 궤도회로, 건널목장치, 안전설비)들이 상호 시스템으로 연결되어 있고, 이 모든 신호설비가 정상적으로 동작했을 때만 열차가 앞으로 달릴 수 있도록 설계되어 있다. 만약, 여러 가지 신호설비 중에서 단 하나라도 고장이 나면 신호등은 정지신호를 현시하여 열차가 정지하도록 되어 있다.

㉢ 안전 측면에서도 도로신호와 철도신호는 크게 다르다. 자동차의 경우는 운전자가 마음대로 속도를 높이거나 낮출 수 있기에 앞차와의 거리를 운전자 스스로 유지해야 한다. 만약, 앞차와의 간격을 너무 좁게 하여 운행한다면 앞차가 급제동을 걸었을 경우 추돌을 피할 수 없게 된다. 그러나 철도신호 체계는 기관사가 마음대로 정해진 속도 이상을 달리지 못하도록 되어 있다. 철도신호는 앞에 가는 열차와의 간격에 따라서 제한적인 속도의 신호를 현시하는데 기관사가 이를 어겨서 과속한다면 자동으로 제동장치를 동작시켜 안전을 확보하는 시스템으로 구성되어 있다.

㉣ 도로의 경우 속도에 관계없이 일정한 패턴의 지상신호체계를 따르고 있지만 철도의 경우에는 열차의 속도가 안전과 밀접한 관계가 있기 때문에 저속에서는 지상신호방식을 채택하고 고속에서는 차내 신호방식을 따른다. KTX와 같이 300km/h로 달리는 고속철도의 경우 신호등 색깔을 식별하기 어려울 뿐만 아니라 휴먼에러에 의한 사소한 실수가 사고로 발생할 수 있기에 디지털 방식의 차내 신호방식을 채택하고 있다. 이는 앞차와의 간격에 따른 운행속도를 레일을 통하여 차상으로 전송하고 차상컴퓨터가 이를 운전실에 숫자로 표시하는 방식으로 고속운전에도 안전을 철저하게 확보하도록 설계되었다.

26 다음 중 철도에 대한 설명이 잘못 짝지어진 것은?

① 고속철도 - 열차가 주요 구간을 시속 200km 이상으로 주행하는 철도로서 국토교통부장관이 지정·고시한 철도

② 광역철도 - 2개 이상의 시·도에 걸쳐 운행되는 도시철도 또는 철도로서 국토교통부장관이 지정·고시한 철도

③ 도시철도 - 도시교통권역에서 건설·운영하는 철도

④ 전용철도 - 고속철도와 도시철도를 제외한 철도

 일반철도 … 고속철도와 도시철도를 제외한 철도

※ **전용철도** … 자신의 수요에 따라 특수목적을 수행하기 위해 설치 또는 운영되는 철도

27 열차의 운전속도는 균형속도, 표정속도, 평균속도, 최고속도, 제한속도로 구분한다. 다음 중 최고속도에 대한 설명으로 옳은 것은?

① 기관차의 견인력과 견인차량의 열차저항이 서로 같아서 등속운전을 할 때의 속도를 말한다.

② 전체 운전 거리를 정차시간 및 제한속도 운전시간 등을 포함한 운전시분으로 나눈 값을 말한다.

③ 기관차의 성능, 선로조건의 영향을 받으며, 교통기관의 이미지 제고상 상징적으로 중요하다.

④ 선로조건 및 운행선 인접공사, 유지보수 등 여건에 따라 속도를 제한하는 경우의 속도이다.

 ① 균형속도
② 표정속도
④ 제한속도
※ 최고속도
　㉠ 운전 중 낼 수 있는 최고 속도(5초 이상 지속)
　㉡ 교통기관의 이미지 제고상 상징적으로 중요
　㉢ 기관차의 성능, 선로조건의 영향을 받는다.
　㉣ 열차종별, 궤도구조에 의해 제약을 받는다.
　㉤ 프랑스 TGV와 일본의 신간선열차가 최고운전속도 경쟁을 벌이고 있다.
　㉥ 현재 영업 중인 열차의 최고속도는 350km/h이다.
　㉦ Maglev(독일, 일본 자기부상열차)의 경우 최고속도 500km/h 이상 주행한다.

Answer 25.① 26.④ 27.③

28 다음 중 우리나라 고속철도의 통행방향은?

① 우측   ② 좌측

③ 상측   ④ 하측

 우리나라에서 고속철도, 일반철도, 광역전철 등 국철은 좌측통행이며, 서울지하철 1호선(좌측통행)을 제외한 도시철도(지하철)는 도로와 같이 우측통행이다.

29 열차를 정차하고 여객 또는 화물을 취급하기 위하여 설치한 장소인 역에 대한 설명으로 옳지 않은 것은?

① 보통역 – 여객과 화물을 동시에 취급하는 역으로 운전 취급을 위한 설비가 갖추어져 있는 것이 일반적이나 운전 취급시설이 없는 소규모 역도 있다.

② 무배치 간이역 – 철도청 직원을 배치하거나 승차권류위탁판매 규정에 의하여 위탁을 받은 자가 승차권을 발매하는 역으로, 관리는 인접역의 관리역장이 하며 운전 취급을 하지 않는다.

③ 배치 간이역 – 철도청 직원을 배치하고 여객 또는 화물을 취급하는 역으로 지정 역에 한하여 운전취급을 한다. 역장은 별도 임명하지 않고 인접역의 역장이 겸침한다.

④ 운전 간이역 – 보통역과 같이 여객 또는 화물을 취급하고 운전 취급은 하지 않는 역으로 역장이 배치된다.

 무배치 간이역 … 철도직원을 배치하지 아니하고 열차 승무원이 여객을 취급하거나 승차권류 위탁판매 규정에 의하여 위탁을 받은 자가 승차권을 발매하는 역으로, 관리는 인접역의 관리역장이 하며 운전 취급을 하지 않는다.

30 시종착역인 수서역에서 경부고속선과 호남고속선을 함께 이용할 수 있는 열차로 2016년 운행을 시작하였으며, 동력차와 객차 모두 10량으로 이루어진 것은?

① KTX   ② GTX

③ SRT   ④ TGV

 SRT는 2016년부터 경부고속선과 호남고속선을 운행하며 1편성은 동력차와 객차 모두 10량으로 이뤄지며 총 32편성을 운영하고 있다. SRT는 처음부터 고속철도 전용선로를 빠르게 달리며, 고객 안전을 위해 객실 창 구조개선, 승하차 손잡이 및 승강문 발판 개선, 열ㆍ연기를 동시에 감지할 수 있는 화재경보장치 장착 등 안전설비를 대폭 강화하였다.

31 다음 중 SRT에서 판매하는 여행상품이 아닌 것은?

① 지역별 여행상품   ② 당일 여행상품

③ 여름여행 특별관   ④ 3박 4일 여행상품

 SRT에서 판매하는 여행상품
    ㉠ SRT BEST 여행상품
    ㉡ 지역별 여행상품
    ㉢ 당일 여행상품
    ㉣ 1박 2일 여행상품
    ㉤ 2박 3일 여행상품
    ㉥ 여름여행 특별관

32 주식회사 에스알의 사회공헌활동에 대한 내용으로 볼 수 없는 것은?

① 고객에게 사랑을 나누며 사회적 책임을 다하는 기업으로써 사회공헌활동을 펼치고 있다.

② 사랑트레인, 지역사회 공헌, 전사적 활동을 통하여 사회적 책임 역할을 수행한다.

③ 전 임직원이 7개 지역 봉사단 소속으로 직접 사회공헌활동을 기획하고 참여한다.

④ 기업의 사회적 책임을 다하는데 부서장급 임직원이 앞장서고 있다.

 SR의 사회공헌활동
    ㉠ SRT 사랑트레인 봉사단 활동을 통해 여행과 문화체험 소외계층에 SRT 열차여행 기회를 제공한다. – 사랑 트레인
    ㉡ 연탄나눔, 설날 떡국나눔 등 지역 소외계층에 나눔 활동을 펼치며 지역사회와 함께 발전하고 있다. – 지역사회 공헌
    ㉢ 전 임직원이 7개 지역봉사단 소속으로 직접 사회공헌활동을 기획하고 참여한다.
    ㉣ 전사적 사회공헌활동으로 기업의 사회적 책임을 다하는데 전 임직원이 앞장서고 있다. – 전사적 활동

33 다음 중 SRT에 대한 설명으로 틀린 것은?

① 길이는 201m이며, 폭은 2.97m이다.

② 동력차 2량과 객차 8량으로 편성되어 있다.

③ 최고속도는 300km/h이다.

④ 최고설계속도는 310km/h이다.

 최고설계속도는 330km/h이다.

34 다음 중 SR의 윤리헌장 내용에 해당하지 않는 것은?

① 우리는 고객이 회사의 존립과 성장이 기반임을 명심하고 고객의 만족과 신뢰를 최우선으로 할 것을 다짐한다.

② 우리는 직위 및 업무 등의 우월적인 직위를 이용하여 부당한 언행 또는 요구를 하지 않을 것을 다짐한다.

③ 우리는 구성원 모두 하나 된 마음으로 회사의 발전과 가치창출에 기여할 것을 다짐한다.

④ 우리는 시장의 질서를 준수하고 관계사와 상호신뢰를 기반으로 상생경영을 추구할 것을 다짐한다.

 SR의 윤리헌장
㉠ 우리는 고객이 회사의 존립과 성장의 기반임을 명심하고 고객의 만족과 신뢰를 최우선으로 할 것을 다짐한다.
㉡ 우리는 구성원이 의욕적으로 일할 수 있는 업무환경을 조성하고 공정한 기업문화를 확립할 것을 다짐한다.
㉢ 우리는 구성원 모두 하나 된 마음으로 회사의 발전과 가치창출에 기여할 것을 다짐한다.
㉣ 우리는 시장의 질서를 준수하고 관계사와 상호신뢰를 기반으로 상생경영을 추구할 것을 다짐한다.
㉤ 우리는 안전과 혁신을 바탕으로 철도교통 환경을 선도하여 사회적 책임을 다하고 국가발전에 기여할 것을 다짐한다.
㉥ 우리는 채용과 관련하여 임직원 행동강령을 준수하고 부정한 청탁을 받거나 청탁을 하지 않을 것을 다짐한다.

35 다음 중 ( ) 안에 들어갈 알맞은 말은 무엇인가?

> 주식회사 에스알 임직원 ( )은 부패방지와 깨끗한 공직풍토 조성을 위하여 「부패방지 및 국민권익위원회의 설치 및 운영에 관한 법률」 제8조에 따라 주식회사 에스알의 임직원이 준수하여야 할 행동의 기준을 규정하는 것을 목적으로 한다.

① 윤리강령   ② 윤리헌장
③ 윤리규정   ④ 행동강령

 주식회사 에스알 임직원 행동강령(이하 "강령"이라 한다)은 부패방지와 깨끗한 공직풍토 조성을 위하여 「부패방지 및 국민권익위원회의 설치와 운영에 관한 법률」(이하 "법"이라 한다) 제8조에 따라 주식회사 에스알(이하 "회사"라 한다)의 임직원이 준수하여야 할 행동의 기준을 규정하는 것을 목적으로 한다.

36 (주)SR의 서비스 경영의 서비스 슬로건으로 볼 수 없는 것은?

① 행복한 순간
② 소중한 기억
③ 함께하는 SR
④ 고객만족 혁신

 서비스 슬로건 … SR은 고객의 행복한 순간을 소중히 생각하고, SR과 고객이 만나는 모든 접점의 순간을 소중한 기억으로 여기며 늘 고객과 함께하고 싶습니다.
"행복한 순간, 소중한 기억, 함께하는 SR"
HAPPY MOMENTS, PRECIOUS MEMORIES, TOGETHER WITH YOU!

Answer 33.④ 34.② 35.④ 36.④

37 (주)SR의 안전경영방침에 대한 내용으로 틀린 것은?

① 최상의 안전관리체계 실현을 목표로 지속적인 개선과 안전경영성과 향상을 위하여 인적 · 물적 자원을 안전에 우선적으로 배분한다.

② IoT 등 첨단기술을 활용한 철도 안전기술을 개발하고 유관기관과의 협력을 통하여 스마트 철도안전관리체계 구현에 지속적으로 노력한다.

③ 업무계획 수립, 집행 등 업무활동은 물론, 철도시설 및 차량관리, 열차편성 및 운행 등 고속철도 운영에서의 의사결정 판단 기준은 안전을 최우선 핵심가치로 한다.

④ 안전최우선의 가치관이 모든 업무활동에서 체질화될 수 있도록 안전에 관한 지식축적 및 정보공유, 개방적인 의사소통문화 조성 등 안전문화를 증진시킨다.

 안전경영방침 … (주)SR의 모든 임직원은 고속철도 운영에서의 안전이 최우선 경영가치로서 고객 행복과 서비스의 기본임을 인식하고, 최상의 안전관리체계 구축과 이행을 목표로 전 사석인 역량을 집중함으로써 글로벌 최고 안전 고속철도를 지향한다.
   ㉠ 최상의 안전관리체계 실현을 목표로 지속적인 개선과 안전경영성과 향상을 위하여 인적 · 물적 자원을 안전에 우선적으로 배분한다.
   ㉡ 업무계획 수립, 집행 등 업무활동은 물론, 철도사업 및 차량관리, 열차편성 및 운행 등 고속철도 운영에서의 의사결정 판단 기준은 안전을 최우선 핵심가치로 한다.
   ㉢ 체계적이고 효율적인 안전관리를 위하여 필요한 역할과 책임을 부여하고, 적극적인 참여와 협력을 바탕으로 자율안전을 실현한다.
   ㉣ 안전최우선의 가치관이 모든 업무활동에서 체질화될 수 있도록 안전에 관한 지식축적 및 정보공유, 개방적인 의사소통문화 조성 등 안전문화를 증진시킨다.
   ㉤ 스마트한 안전관리, 규정의 엄격한 준수, 지속적인 교육훈련과 현장중심 안전관리 활동을 통하여 철도사고 예방에 최선을 다한다.

38 다음 SRT의 운행구간 중 전용역으로 볼 수 없는 곳은?

① 수서   ② 동탄
③ 지제   ④ 용산

 용산은 코레일의 운행구간에 해당한다.

39 ㈜SR의 4대 전략방향 중 국민안심 안전철도 실현에 해당하는 전략과제가 아닌 것은?

① 철도안전 관리 역량 강화

② SRT인프라 안전성 제고

③ 방역실천관리체계 고도화

④ 함께하는 철도 안전문화 선진화

4대 전략방향	국민안심 안전철도 실현	철도혁신 경제활력 제고	차별화된 철도서비스 구현	함께 행복한 사회적가치 확산
15대 전략과제	㉠ 철도안전 관리 역량 강화 ㉡ SRT인프라 안전성 제고 ㉢ 재난안전관리체계 고도화 ㉣ 함께하는 철도 안전문화 선진화	㉤ SR형 뉴딜 추진 ㉥ 철도기반 동반성장 생태계 조성 ㉦ 철도 운송 경쟁력 제고 ㉧ 철도 혁신경영 지속	㉨ 철도서비스 공공성 강화 ㉩ 고객 시간가치 제고 ㉪ 차별화된 첨단 서비스 ㉫ 서비스 혁신체계 고도화	㉬ 일자리 중심 사회안전망 강화 ㉭ 상생·청렴의 정도경영 강화 ㉮ 소통과 참여의 조직문화 확산

40 (주)SR의 2021년 현재 대표이사는 누구인가?

① 김복환   ② 이승호

③ 권태명   ④ 손병석

① (주)SR 초대 대표이사
② (주)SR 2대 대표이사
③ (주)SR 3대 대표이사
④ 코레일 9대 대표이사

PART

III

인성검사

01 인성검사의 이해

1 인성(성격)검사의 개념과 목적

인성(성격)이란 개인을 특징짓는 평범하고 일상적인 사회적 이미지, 즉 지속적이고 일관된 공적 성격(Public – personality)이며, 환경에 대응함으로써 선천적·후천적 요소의 상호작용으로 결정화된 심리적·사회적 특성 및 경향을 의미한다.

인성검사는 직무적성검사를 실시하는 대부분의 기업체에서 병행하여 실시하고 있으며, 인성검사만 독자적으로 실시하는 기업도 있다.

기업체에서는 인성검사를 통하여 각 개인이 어떠한 성격 특성이 발달되어 있고, 어떤 특성이 얼마나 부족한지, 그것이 해당 직무의 특성 및 조직문화와 얼마나 맞는지를 알아보고 이에 적합한 인재를 선발하고자 한다. 또한 개인에게 적합한 직무 배분과 부족한 부분을 교육을 통해 보완하도록 할 수 있다.

인성검사의 측정요소는 검사방법에 따라 차이가 있다. 또한 각 기업체들이 사용하고 있는 인성검사는 기존에 개발된 인성검사방법에 각 기업체의 인재상을 적용하여 자신들에게 적합하게 재개발하여 사용하는 경우가 많다. 그러므로 기업체에서 요구하는 인재상을 파악하여 그에 따른 대비책을 준비하는 것이 바람직하다. 본서에서 제시된 인성검사는 크게 '특성'과 '유형'의 측면에서 측정하게 된다.

2 성격의 특성

(1) 정서적 측면

정서적 측면은 평소 마음의 당연시하는 자세나 정신상태가 얼마나 안정하고 있는지 또는 불안정한지를 측정한다.

정서의 상태는 직무수행이나 대인관계와 관련하여 태도나 행동으로 드러난다. 그러므로 정서적 측면을 측정하는 것에 의해, 장래 조직 내의 인간관계에 어느 정도 잘 적응할 수 있을까 (또는 적응하지 못할까)를 예측하는 것이 가능하다.

그렇기 때문에, 정서적 측면의 결과는 채용 시에 상당히 중시된다. 아무리 능력이 좋아도 장기적으로 조직 내의 인간관계에 잘 적응할 수 없다고 판단되는 인재는 기본적으로는 채용되지 않는다.

일반적으로 인성(성격)검사는 채용과는 관계없다고 생각하나 정서적으로 조직에 적응하지 못하는 인재는 채용단계에서 가려내지는 것을 유의하여야 한다.

① **민감성(신경도)** … 꼼꼼함, 섬세함, 성실함 등의 요소를 통해 일반적으로 신경질적인지 또는 자신의 존재를 위협받는다는 불안을 갖기 쉬운지를 측정한다.

질문	그렇다	약간 그렇다	그저 그렇다	별로 그렇지 않다	그렇지 않다
• 남을 잘 배려한다고 생각한다.					
• 어질러진 방에 있으면 불안하다.					
• 실패 후에는 불안하다.					
• 세세한 것까지 신경 쓴다.					
• 이유 없이 불안할 때가 있다.					

▶측정결과

㉠ '그렇다'가 많은 경우(상처받기 쉬운 유형) : 사소한 일에 신경 쓰고 다른 사람의 사소한 한마디 말에 상처를 받기 쉽다.
- 면접관의 심리 : '동료들과 잘 지낼 수 있을까?', '실패할 때마다 위축되지 않을까?'
- 면접대책 : 다소 신경질적이라도 능력을 발휘할 수 있다는 평가를 얻도록 한다. 주변과 충분한 의사소통이 가능하고, 결정한 것을 실행할 수 있다는 것을 보여주어야 한다.

㉡ '그렇지 않다'가 많은 경우(정신적으로 안정적인 유형) : 사소한 일에 신경 쓰지 않고 금방 해결하며, 주위 사람의 말에 과민하게 반응하지 않는다.
- 면접관의 심리 : '계약할 때 필요한 유형이고, 사고 발생에도 유연하게 대처할 수 있다.'
- 면접대책 : 일반적으로 '민감성'의 측정치가 낮으면 플러스 평가를 받으므로 더욱 자신감 있는 모습을 보여준다.

② **자책성**(과민도) … 자신을 비난하거나 책망히는 정도를 측정한다.

질문	그렇다	약간 그렇다	그저 그렇다	별로 그렇지 않다	그렇지 않다
• 후회하는 일이 많다. • 자신이 하찮은 존재라 생각된다. • 문제가 발생하면 자기의 탓이라고 생각한다. • 무슨 일이든지 끙끙대며 진행하는 경향이 있다. • 온순한 편이다.					

▶**측정결과**

㉠ '그렇다'가 많은 경우(자책하는 유형) : 비관적이고 후회하는 유형이다.
 • 면접관의 심리 : '끙끙대며 괴로워하고, 일을 진행하지 못할 것 같다.'
 • 면접대책 : 기분이 저조해도 항상 의욕을 가지고 생활하는 것과 책임감이 강하다는 것을 보여준다.

㉡ '그렇지 않다'가 많은 경우(낙천적인 유형) : 기분이 항상 밝은 편이다.
 • 면접관의 심리 : '안정된 대인관계를 맺을 수 있고, 외부의 압력에도 흔들리지 않는다.'
 • 면접대책 : 일반적으로 '자책성'의 측정치가 낮아야 좋은 평가를 받는다.

③ **기분성**(불안도) … 기분의 굴곡이나 감정적인 면의 미숙함이 어느 정도인지를 측정하는 것이다.

질문	그렇다	약간 그렇다	그저 그렇다	별로 그렇지 않다	그렇지 않다
• 다른 사람의 의견에 자신의 결정이 흔들리는 경우가 많다. • 기분이 쉽게 변한다. • 종종 후회한다. • 다른 사람보다 의지가 약한 편이라고 생각한다. • 금방 싫증을 내는 성격이라는 말을 자주 듣는다.					

▶측정결과

㉠ **'그렇다'가 많은 경우**(감정의 기복이 많은 유형) : 의지력보다 기분에 따라 행동하기 쉽다.
- **면접관의 심리** : '감정적인 것에 약하며, 상황에 따라 생산성이 떨어지지 않을까?'
- **면접대책** : 주변 사람들과 항상 협조한다는 것을 강조하고 한결같은 상태로 일할 수 있다는 평가를 받도록 한다.

㉡ **'그렇지 않다'가 많은 경우**(감정의 기복이 적은 유형) : 감정의 기복이 없고, 안정적이다.
- **면접관의 심리** : '안정적으로 업무에 임할 수 있다.'
- **면접대책** : 기분성의 측정치가 낮으면 플러스 평가를 받으므로 자신감을 가지고 면접에 임한다.

④ **독자성**(개인도) … 주변에 대한 견해나 관심, 자신의 견해나 생각에 어느 정도의 속박감을 가지고 있는지를 측정한다.

질문	그렇다	약간 그렇다	그저 그렇다	별로 그렇지 않다	그렇지 않다
• 창의적 사고방식을 가지고 있다.					
• 융통성이 있는 편이다.					
• 혼자 있는 편이 많은 사람과 있는 것보다 편하다.					
• 개성적이라는 말을 듣는다.					
• 교제는 번거로운 것이라고 생각하는 경우가 많다.					

▶측정결과

㉠ **'그렇다'가 많은 경우** : 자기의 관점을 중요하게 생각하는 유형으로, 주위의 상황보다 자신의 느낌과 생각을 중시한다.
- **면접관의 심리** : '제멋대로 행동하지 않을까?'
- **면접대책** : 주위 사람과 협조하여 일을 진행할 수 있다는 것과 상식에 얽매이지 않는다는 인상을 심어준다.

㉡ **'그렇지 않다'가 많은 경우** : 상식적으로 행동하고 주변 사람의 시선에 신경을 쓴다.
- **면접관의 심리** : '다른 직원들과 협조하여 업무를 진행할 수 있겠다.'
- **면접대책** : 협조성이 요구되는 기업체에서는 플러스 평가를 받을 수 있다.

⑤ 자신감(자존심도) … 자기 자신에 대해 얼마나 긍정적으로 평가하는지를 측정한다.

질문	그렇다	약간 그렇다	그저 그렇다	별로 그렇지 않다	그렇지 않다
• 다른 사람보다 능력이 뛰어나다고 생각한다. • 다소 반대의견이 있어도 나만의 생각으로 행동할 수 있다. • 나는 다른 사람보다 기가 센 편이다. • 동료가 나를 모욕해도 무시할 수 있다. • 대개의 일을 목적한 대로 헤쳐나갈 수 있다고 생각한다.					

▶측정결과
㉠ '그렇다'가 많은 경우 : 자기 능력이나 외모 등에 자신감이 있고, 비판당하는 것을 좋아하지 않는다.
• 면접관의 심리 : '자만하여 지시에 잘 따를 수 있을까?'
• 면접대책 : 다른 사람의 조언을 잘 받아들이고, 겸허하게 반성하는 면이 있다는 것을 보여주고, 동료들과 잘 지내며 리더의 자질이 있다는 것을 강조한다.
㉡ '그렇지 않다'가 많은 경우 : 자신감이 없고 다른 사람의 비판에 약하다.
• 면접관의 심리 : '패기가 부족하지 않을까?', '쉽게 좌절하지 않을까?'
• 면접대책 : 극도의 자신감 부족으로 평가되지는 않는다. 그러나 마음이 약한 면은 있지만 의욕적으로 일을 하겠다는 마음가짐을 보여준다.

⑥ 고양성(분위기에 들뜨는 정도) … 자유분방함, 명랑함과 같이 감정(기분)의 높고 낮음의 정도를 측정한다.

질문	그렇다	약간 그렇다	그저 그렇다	별로 그렇지 않다	그렇지 않다
• 침착하지 못한 편이다. • 다른 사람보다 쉽게 우쭐해진다. • 모든 사람이 아는 유명인사가 되고 싶다. • 모임이나 집단에서 분위기를 이끄는 편이다. • 취미 등이 오랫동안 지속되지 않는 편이다.					

▶측정결과

㉠ '그렇다'가 많은 경우 : 자극이나 변화가 있는 일상을 원하고 기분을 들뜨게 하는 사람과 친밀하게 지내는 경향이 강하다.
- 면접관의 심리 : '일을 진행하는 데 변덕스럽지 않을까?'
- 면접대책 : 밝은 태도는 플러스 평가를 받을 수 있지만, 착실한 업무능력이 요구되는 직종에서는 마이너스 평가가 될 수 있다. 따라서 자기조절이 가능하다는 것을 보여준다.

㉡ '그렇지 않다'가 많은 경우 : 감정이 항상 일정하고, 속을 드러내 보이지 않는다.
- 면접관의 심리 : '안정적인 업무 태도를 기대할 수 있겠다.'
- 면접대책 : '고양성'의 낮음은 대체로 플러스 평가를 받을 수 있다. 그러나 '무엇을 생각하고 있는지 모르겠다' 등의 평을 듣지 않도록 주의한다.

⑦ 허위성(진위성) … 필요 이상으로 자기를 좋게 보이려 하거나 기업체가 원하는 '이상형'에 맞춘 대답을 하고 있는지, 없는지를 측정한다.

질문	그렇다	약간 그렇다	그저 그렇다	별로 그렇지 않다	그렇지 않다
• 약속을 깨뜨린 적이 한 번도 없다. • 다른 사람을 부럽다고 생각해 본 적이 없다. • 꾸지람을 들은 적이 없다. • 사람을 미워한 적이 없다. • 화를 낸 적이 한 번도 없다.					

▶측정결과

㉠ '그렇다'가 많은 경우 : 실제의 자기와는 다른, 말하자면 원칙으로 해답할 가능성이 있다.
- 면접관의 심리 : '거짓을 말하고 있다.'
- 면접대책 : 조금이라도 좋게 보이려고 하는 '거짓말쟁이'로 평가될 수 있다. '거짓을 말하고 있다.'는 마음 따위가 전혀 없다 해도 결과적으로는 정직하게 답하지 않는다는 것이 되어 버린다. '허위성'의 측정 질문은 구분되지 않고 다른 질문 중에 섞여 있다. 그러므로 모든 질문에 솔직하게 답하여야 한다. 또한 자기 자신과 너무 동떨어진 이미지로 답하면 좋은 결과를 얻지 못한다. 그리고 면접에서 '허위성'을 기본으로 한 질문을 받게 되므로 당황하거나 또 다른 모순된 답변을 하게 된다. 겉치레를 하거나 무리한 욕심을 부리지 말고 '이런 사회인이 되고 싶다.'는 현재의 자신보다, 조금 성장한 자신을 표현하는 정도가 적당하다.

㉡ '그렇지 않다'가 많은 경우 : 냉정하고 정직하며, 외부의 압력과 스트레스에 강한 유형이다. '대쪽같음'의 이미지가 굳어지지 않도록 주의한다.

(2) 행동적인 측면

행동적 측면은 인격 중에 특히 행동으로 드러나기 쉬운 측면을 측정한다. 사람의 행동 특징 자체에는 선도 악도 없으나, 일반적으로는 일의 내용에 의해 원하는 행동이 있다. 때문에 행동적 측면은 주로 직종과 깊은 관계가 있는데 자신의 행동 특성을 살려 적합한 직종을 선택한다면 플러스가 될 수 있다.

행동 특성에서 보여 지는 특징은 면접장면에서도 드러나기 쉬운데 본서의 모의 TEST의 결과를 참고하여 자신의 태도, 행동이 면접관의 시선에 어떻게 비치는지를 점검하도록 한다.

① 사회적 내향성 … 대인관계에서 나타나는 행동경향으로 '낯가림'을 측정한다.

질문	선택
A : 파티에서는 사람을 소개받는 편이다. B : 파티에서는 사람을 소개하는 편이다.	
A : 처음 보는 사람과는 어색하게 시간을 보내는 편이다. B : 처음 보는 사람과는 즐거운 시간을 보내는 편이다.	
A : 친구가 적은 편이다. B : 친구가 많은 편이다.	
A : 자신의 의견을 말하는 경우가 적다. B : 자신의 의견을 말하는 경우가 많다.	
A : 사교적인 모임에 참석하는 것을 좋아하지 않는다. B : 사교적인 모임에 항상 참석한다.	

▶측정결과

㉠ 'A'가 많은 경우 : 내성적이고 사람들과 접하는 것에 소극적이다. 자신의 의견을 말하지 않고 조심스러운 편이다.

• 면접관의 심리 : '소극적인데 동료와 잘 지낼 수 있을까?'

• 면접대책 : 대인관계를 맺는 것을 싫어하지 않고 의욕적으로 일을 할 수 있다는 것을 보여준다.

㉡ 'B'가 많은 경우 : 사교적이고 자기의 생각을 명확하게 전달할 수 있다.

• 면접관의 심리 : '사교적이고 활동적인 것은 좋지만, 자기주장이 너무 강하지 않을까?'

• 면접대책 : 협조성을 보여주고, 자기주장이 너무 강하다는 인상을 주지 않도록 주의한다.

② 내성성(침착도) … 자신의 행동과 일에 대해 침착하게 생각하는 정도를 측정한다.

질문	선택
A : 시간이 걸려도 침착하게 생각하는 경우가 많다. B : 짧은 시간에 결정을 하는 경우가 많다.	
A : 실패의 원인을 찾고 반성하는 편이다. B : 실패를 해도 그다지(별로) 개의치 않는다.	
A : 결론이 도출되어도 몇 번 정도 생각을 바꾼다. B : 결론이 도출되면 신속하게 행동으로 옮긴다.	
A : 여러 가지 생각하는 것이 능숙하다. B : 여러 가지 일을 재빨리 능숙하게 처리하는 데 익숙하다.	
A : 여러 가지 측면에서 사물을 검토한다. B : 행동한 후 생각을 한다.	

▶측정결과

㉠ 'A'가 많은 경우 : 행동하기 보다는 생각하는 것을 좋아하고 신중하게 계획을 세워 실행한다.
 • 면접관의 심리 : '행동으로 실천하지 못하고, 대응이 늦은 경향이 있지 않을까?'
 • 면접대책 : 발로 뛰는 것을 좋아하고, 일을 더디게 한다는 인상을 주지 않도록 한다.

㉡ 'B'가 많은 경우 : 차분하게 생각하는 것보다 우선 행동하는 유형이다.
 • 면접관의 심리 : '생각하는 것을 싫어하고 경솔한 행동을 하지 않을까?'
 • 면접대책 : 계획을 세우고 행동할 수 있는 것을 보여주고 '사려 깊다'라는 인상을 남기도록 한다.

③ 신체활동성 … 몸을 움직이는 것을 좋아하는기를 측정힌다.

질문	선택
A : 민첩하게 활동하는 편이다. B : 준비행동이 없는 편이다.	
A : 일을 척척 해치우는 편이다. B : 일을 더디게 처리하는 편이다.	
A : 활발하다는 말을 듣는다. B : 얌전하다는 말을 듣는다.	
A : 몸을 움직이는 것을 좋아한다. B : 가만히 있는 것을 좋아한다.	
A : 스포츠를 하는 것을 즐긴다. B : 스포츠를 보는 것을 좋아한다.	

▶측정결과

㉠ 'A'가 많은 경우 : 활동적이고, 몸을 움직이게 하는 것이 컨디션이 좋다.
- 면접관의 심리 : '활동적으로 활동력이 좋아 보인다.'
- 면접대책 : 활동하고 얻은 성과 등과 주어진 상황의 대응능력을 보여준다.

㉡ 'B'가 많은 경우 : 침착한 인상으로, 차분하게 있는 타입이다.
- 면접관의 심리 : '좀처럼 행동하려 하지 않아 보이고, 일을 빠르게 처리할 수 있을까?'

④ 지속성(노력성) … 무슨 일이든 포기하지 않고 끈기 있게 하려는 정도를 측정한다.

질문	선택
A : 일단 시작한 일은 시간이 걸려도 끝까지 마무리한다. B : 일을 하다 어려움에 부딪히면 단념한다.	
A : 끈질긴 편이다. B : 바로 단념하는 편이다.	
A : 인내가 강하다는 말을 듣는다. B : 금방 싫증을 낸다는 말을 듣는다.	
A : 집념이 깊은 편이다. B : 담백한 편이다.	
A : 한 가지 일에 구애되는 것이 좋다고 생각한다. B : 간단하게 체념하는 것이 좋다고 생각한다.	

▶측정결과

㉠ 'A'가 많은 경우 : 시작한 것은 어려움이 있어도 포기하지 않고 인내심이 높다.
- 면접관의 심리 : '한 가지의 일에 너무 구애되고, 업무의 진행이 원활할까?'
- 면접대책 : 인내력이 있는 것은 플러스 평가를 받을 수 있지만 집착이 강해 보이기도 한다.

㉡ 'B'가 많은 경우 : 뒤끝이 없고 조그만 실패로 일을 포기하기 쉽다.
- 면접관의 심리 : '질리는 경향이 있고, 일을 정확히 끝낼 수 있을까?'
- 면접대책 : 지속적인 노력으로 성공했던 사례를 준비하도록 한다.

⑤ 신중성(주의성) … 자신이 처한 주변상황을 즉시 파악하고 자신의 행동이 어떤 영향을 미치는지를 측정한다.

질문	선택
A : 여러 가지로 생각하면서 완벽하게 준비하는 편이다. B : 행동할 때부터 임기응변적인 대응을 하는 편이다.	
A : 신중해서 타이밍을 놓치는 편이다. B : 준비 부족으로 실패하는 편이다.	
A : 자신은 어떤 일에도 신중히 대응하는 편이다. B : 순간적인 충동으로 활동하는 편이다.	
A : 시험을 볼 때 끝날 때까지 재검토하는 편이다. B : 시험을 볼 때 한 번에 모든 것을 마치는 편이다.	
A : 일에 대해 계획표를 만들어 실행한다. B : 일에 대한 계획표 없이 진행한다.	

▶측정결과

㉠ 'A'가 많은 경우 : 주변 상황에 민감하고, 예측하여 계획 있게 일을 진행한다.
- 면접관의 심리 : '너무 신중해서 적절한 판단을 할 수 있을까?', '앞으로의 상황에 불안을 느끼지 않을까?'
- 면접대책 : 예측을 하고 실행을 하는 것은 플러스 평가가 되지만, 너무 신중하면 일의 진행이 정체될 가능성을 보이므로 추진력이 있다는 강한 의욕을 보여준다.

㉡ 'B'가 많은 경우 : 주변 상황을 살펴보지 않고 착실한 계획 없이 일을 진행시킨다.
- 면접관의 심리 : '사려 깊지 않고, 실패하는 일이 많지 않을까?', '판단이 빠르고 유연한 사고를 할 수 있을까?'
- 면접대책 : 사전준비를 중요하게 생각하고 있다는 것 등을 보여주고, 경솔한 인상을 주지 않도록 한다. 또한 판단력이 빠르거나 유연한 사고 덕분에 일 처리를 잘 할 수 있다는 것을 강조한다.

(3) 의욕적인 측면

의욕적인 측면은 의욕의 정도, 활동력의 유무 등을 측정한다. 여기서의 의욕이란 우리들이 보통 말하고 사용하는 '하려는 의지'와는 조금 뉘앙스가 다르다. '하려는 의지'란 그 때의 환경이나 기분에 따라 변화하는 것이지만, 여기에서는 조금 더 변화하기 어려운 특징, 말하자면 정신적 에너지의 양으로 측정하는 것이다.

의욕적 측면은 행동적 측면과는 다르고, 전반적으로 어느 정도 점수가 높은 쪽을 선호한다. 모의검사의 의욕적 측면의 결과가 낮다면, 평소 일에 몰두할 때 조금 의욕 있는 자세를 가지고 서서히 개선하도록 노력해야 한다.

① 달성의욕 … 목적의식을 가지고 높은 이상을 가지고 있는지를 측정한다.

질문	선택
A : 경쟁심이 강한 편이다. B : 경쟁심이 약한 편이다.	
A : 어떤 한 분야에서 제 1 인자가 되고 싶다고 생각한다. B : 어느 분야에서든 성실하게 임무를 진행하고 싶다고 생각한다.	
A : 규모가 큰일을 해보고 싶다. B : 맡은 일에 충실히 임하고 싶다.	
A : 아무리 노력해도 실패한 것은 아무런 도움이 되지 않는다. B : 가령 실패했을 지라도 나름대로의 노력이 있었으므로 괜찮다.	
A : 높은 목표를 설정하여 수행하는 것이 의욕적이다. B : 실현 가능한 정도의 목표를 설정하는 것이 의욕적이다.	

▶측정결과

㉠ 'A'가 많은 경우 : 큰 목표와 높은 이상을 가지고 승부욕이 강한 편이다.
- 면접관의 심리 : '열심히 일을 해줄 것 같은 유형이다.'
- 면접대책 : 달성의욕이 높다는 것은 어떤 직종이라도 플러스 평가가 된다.

㉡ 'B'가 많은 경우 : 현재의 생활을 소중하게 여기고 비약적인 발전을 위하여 기를 쓰지 않는다.
- 면접관의 심리 : '외부의 압력에 약하고, 기획입안 등을 하기 어려울 것이다.'
- 면접대책 : 일을 통하여 하고 싶은 것들을 구체적으로 어필한다.

② **활동의욕** … 자신에게 잠재된 에너지의 크기로, 정신적인 측면의 활동력이라 할 수 있다.

질문	선택
A : 하고 싶은 일을 실행으로 옮기는 편이다. B : 하고 싶은 일을 좀처럼 실행할 수 없는 편이다.	
A : 어려운 문제를 해결해 가는 것이 좋다. B : 어려운 문제를 해결하는 것을 잘하지 못한다.	
A : 일반적으로 결단이 빠른 편이다. B : 일반적으로 결단이 느린 편이다.	
A : 곤란한 상황에도 도전하는 편이다. B : 사물의 본질을 깊게 관찰하는 편이다.	
A : 시원시원하다는 말을 잘 듣는다. B : 꼼꼼하다는 말을 잘 듣는다.	

▶**측정결과**

㉠ 'A'가 많은 경우 : 꾸물거리는 것을 싫어하고 재빠르게 결단해서 행동하는 타입이다.
 • 면접관의 심리 : '일을 처리하는 솜씨가 좋고, 일을 척척 진행할 수 있을 것 같다.'
 • 면접대책 : 활동의욕이 높은 것은 플러스 평가가 된다. 사교성이나 활동성이 강하다는 인상을 준다.
㉡ 'B'가 많은 경우 : 안전하고 확실한 방법을 모색하고 차분하게 시간을 아껴서 일에 임하는 타입이다.
 • 면접관의 심리 : '재빨리 행동을 못하고, 일의 처리속도가 느린 것이 아닐까?'
 • 면접대책 : 활동성이 있는 것을 좋아하고 움직임이 더디다는 인상을 주지 않도록 한다.

3 성격의 유형

(1) 인성검사유형의 4가지 척도

정서적인 측면, 행동적인 측면, 의욕적인 측면의 요소들은 성격 특성이라는 관점에서 제시된 것들로 각 개인의 장·단점을 파악하는 데 유용하다. 그러나 전체적인 개인의 인성을 이해하는 데는 한계가 있다.

성격의 유형은 개인의 '성격적인 특색'을 가리키는 것으로, 사회인으로서 적합한지, 아닌지를 말하는 관점과는 관계가 없다. 따라서 채용의 합격 여부에는 사용되지 않는 경우가 많으며, 입사 후의 적정 부서 배치의 자료가 되는 편이라 생각하면 된다. 그러나 채용과 관계가 없다고 해서 아무런 준비도 필요없는 것은 아니다. 자신을 아는 것은 면접 대책의 밑거름이 되므로 모의검사 결과를 충분히 활용하도록 하여야 한다.

본서에서는 4개의 척도를 사용하여 기본적으로 16개의 패턴으로 성격의 유형을 분류하고 있다. 각 개인의 성격이 어떤 유형인지 재빨리 파악하기 위해 사용되며, '적성'에 맞는지, 맞지 않는지의 관점에 활용된다.

- 흥미 · 관심의 방향 : 내향형 ←———————→ 외향형
- 사물에 대한 견해 : 직관형 ←———————→ 감각형
- 판단하는 방법 : 감정형 ←———————→ 사고형
- 환경에 대한 접근방법 : 지각형 ←———————→ 판단형

(2) 성격유형

① 흥미 · 관심의 방향(내향⇆외향) … 흥미 · 관심의 방향이 자신의 내면에 있는지, 주위환경 등 외면에 향하는 지를 가리키는 척도이다.

질문	선택
A : 내성적인 성격인 편이다. B : 개방적인 성격인 편이다.	
A : 항상 신중하게 생각을 하는 편이다. B : 바로 행동에 착수하는 편이다.	
A : 수수하고 조심스러운 편이다. B : 자기 표현력이 강한 편이다.	
A : 다른 사람과 함께 있으면 침착하지 않다. B : 혼자서 있으면 침착하지 않다.	

▶측정결과
㉠ 'A'가 많은 경우(내향) : 관심의 방향이 자기 내면에 있으며, 조용하고 낯을 가리는 유형이다. 행동력은 부족하나 집중력이 뛰어나고 신중하고 꼼꼼하다.
㉡ 'B'가 많은 경우(외향) : 관심의 방향이 외부환경에 있으며, 사교적이고 활동적인 유형이다. 꼼꼼함이 부족하여 대충하는 경향이 있으나 행동력이 있다.

② 일(사물)을 보는 **방법**(직감⇆감각) … 일(사물)을 보는 법이 직감적으로 형식에 얽매이는지, 감각적으로 상식적인지를 가리키는 척도이다.

질문	선택
A : 현실주의적인 편이다. B : 상상력이 풍부한 편이다.	
A : 정형적인 방법으로 일을 처리하는 것을 좋아한다. B : 만들어진 방법에 변화가 있는 것을 좋아한다.	
A : 경험에서 가장 적합한 방법으로 선택한다. B : 지금까지 없었던 새로운 방법을 개척하는 것을 좋아한다.	
A : 성실하다는 말을 듣는다. B : 호기심이 강하다는 말을 듣는다.	

▶측정결과

㉠ 'A'가 **많은 경우**(감각) : 현실적이고 경험주의적이며 보수적인 유형이다.

㉡ 'B'가 **많은 경우**(직관) : 새로운 주제를 좋아하며, 독자적인 시각을 가진 유형이다.

③ 판단하는 **방법**(감정⇆사고) … 일을 감정적으로 판단하는지, 논리적으로 판단하는지를 가리키는 척도이다.

질문	선택
A : 인간관계를 중시하는 편이다. B : 일의 내용을 중시하는 편이다.	
A : 결론을 자기의 신념과 감정에서 이끌어내는 편이다. B : 결론을 논리적 사고에 의거하여 내리는 편이다.	
A : 다른 사람보다 동정적이고 눈물이 많은 편이다. B : 다른 사람보다 이성적이고 냉정하게 대응하는 편이다.	

▶측정결과

㉠ 'A'가 **많은 경우**(감정) : 일을 판단할 때 마음·감정을 중요하게 여기는 유형이다. 감정이 풍부하고 친절하나 엄격함이 부족하고 우유부단하며, 합리성이 부족하다.

㉡ 'B'가 **많은 경우**(사고) : 일을 판단할 때 논리성을 중요하게 여기는 유형이다. 이성적이고 합리적이나 타인에 대한 배려가 부족하다.

④ 환경에 대한 접근방법 … 주변상황에 어떻게 집근하는지, 그 판난기준을 어디에 두는지를 측정한다.

질문	선택
A : 사전에 계획을 세우지 않고 행동한다. B : 반드시 계획을 세우고 그것에 의거해서 행동한다.	
A : 자유롭게 행동하는 것을 좋아한다. B : 조직적으로 행동하는 것을 좋아한다.	
A : 조직성이나 관습에 속박당하지 않는다. B : 조직성이나 관습을 중요하게 여긴다.	
A : 계획 없이 낭비가 심한 편이다. B : 예산을 세워 물건을 구입하는 편이다.	

▶측정결과

㉠ 'A'가 많은 경우(지각) : 일의 변화에 융통성을 가지고 유연하게 대응하는 유형이다. 낙관적이며 질서보다는 자유를 좋아하나 임기응변식의 대응으로 무계획적인 인상을 줄 수 있다.

㉡ 'B'가 많은 경우(판단) : 일의 진행시 계획을 세워서 실행하는 유형이다. 순차적으로 진행하는 일을 좋아하고 끈기가 있으나 변화에 대해 적절하게 대응하지 못하는 경향이 있다.

(3) 성격유형의 판정

성격유형은 합격 여부의 판정보다는 배치를 위한 자료로써 이용된다. 즉, 기업은 입사시험단계에서 입사 후에도 사용할 수 있는 정보를 입수하고 있다는 것이다. 성격검사에서는 어느 척도가 얼마나 고득점이었는지에 주시하고 각각의 측면에서 반드시 하나씩 고르고 편성한다. 편성은 모두 16가지가 되나 각각의 측면을 더 세분하면 200가지 이상의 유형이 나온다.

여기에서는 16가지 편성을 제시한다. 성격검사에 어떤 정보가 게재되어 있는지를 이해하면서 자기의 성격유형을 파악하기 위한 실마리로 활용하도록 한다.

① 내향 - 직관 - 감정 - 지각(TYPE A)

관심이 내면에 향하고 조용하고 소극적이다. 사물에 대한 견해는 새로운 것에 대해 호기심이 강하고, 독창적이다. 감정은 좋아하는 것과 싫어하는 것의 판단이 확실하고, 감정이 풍부하고 따뜻한 느낌이 있는 반면, 합리성이 부족한 경향이 있다. 환경에 접근하는 방법은 순응적이고 상황의 변화에 대해 유연하게 대응하는 것을 잘한다.

② 내향 – 직관 – 감정 – 사고(TYPE B)

관심이 내면으로 향하고 조용하고 쑥스러움을 잘 타는 편이다. 사물을 보는 관점은 독창적이며, 자기 나름대로 궁리하며 생각하는 일이 많다. 좋고 싫음으로 판단하는 경향이 강하고 타인에게는 친절한 반면, 우유부단하기 쉬운 편이다. 환경 변화에 대해 유연하게 대응하는 것을 잘한다.

③ 내향 – 직관 – 사고 – 지각(TYPE C)

관심이 내면으로 향하고 얌전하고 교제범위가 좁다. 사물을 보는 관점은 독창적이며, 현실에서 먼 추상적인 것을 생각하기를 좋아한다. 논리적으로 생각하고 판단하는 경향이 강하고 이성적이지만, 남의 감정에 대해서는 무반응인 경향이 있다. 환경의 변화에 순응적이고 융통성 있게 임기응변으로 대응할 수가 있다.

④ 내향 – 직관 – 사고 – 판단(TYPE D)

관심이 내면으로 향하고 주의 깊고 신중하게 행동을 한다. 사물을 보는 관점은 독창적이며 논리를 좋아해서 이치를 따지는 경향이 있다. 논리적으로 생각하고 판단하는 경향이 강하고, 객관적이지만 상대방의 마음에 대한 배려가 부족한 경향이 있다. 환경에 대해서는 순응하는 것보다 대응하며, 한 번 정한 것은 끈질기게 행동하려 한다.

⑤ 내향 – 감각 – 감정 – 지각(TYPE E)

관심이 내면으로 향하고 조용하며 소극적이다. 사물을 보는 관점은 상식적이고 그대로의 것을 좋아하는 경향이 있다. 좋음과 싫음으로 판단하는 경향이 강하고 타인에 대해서 동정심이 많은 반면, 엄격한 면이 부족한 경향이 있다. 환경에 대해서는 순응적이고, 예측할 수 없다 해도 태연하게 행동하는 경향이 있다.

⑥ 내향 – 감각 – 감정 – 판단(TYPE F)

관심이 내면으로 향하고 얌전하며 쑥스러움을 많이 탄다. 사물을 보는 관점은 상식적이고 논리적으로 생각하는 것보다도 경험을 중요시하는 경향이 있다. 좋고 싫음으로 판단하는 경향이 강하고 사람이 좋은 반면, 개인적 취향이나 소원에 영향을 받는 일이 많은 경향이 있다. 환경에 대해서는 영향을 받지 않고, 자기 페이스대로 꾸준히 성취하는 일을 잘한다.

⑦ 내향 – 감각 – 사고 – 지각(TYPE G)

관심이 내면으로 향하고 얌전하고 교제범위가 좁다. 사물을 보는 관점은 상식적인 동시에 실천적이며, 틀에 박힌 형식을 좋아한다. 논리적으로 판단하는 경향이 강하고 침착하지만 사람에 대해서는 엄격하여 차가운 인상을 주는 일이 많다. 환경에 대해서 순응적이고, 계획적으로 행동하지 않으며 자유로운 행동을 좋아하는 경향이 있다.

⑧ 내향 - 감각 - 사고 - 판단(TYPE H)

관심이 내면으로 향하고 주의 깊고 신중하게 행동을 한다. 사물을 보는 관점이 상식적이고 새롭고 경험하지 못한 일에 대응을 잘 하지 못한다. 논리적으로 생각하고 판단하는 경향이 강하고, 공평하지만 상대방의 감정에 대해 배려가 부족할 때가 있다. 환경에 대해서는 작용하는 편이고, 질서 있게 행동하는 것을 좋아한다.

⑨ 외향 - 직관 - 감정 - 지각(TYPE I)

관심이 외향으로 향하고 밝고 활동적이며 교제범위가 넓다. 사물을 보는 관점은 독창적이고 호기심이 강하며 새로운 것을 생각하는 것을 좋아한다. 좋음 싫음으로 판단하는 경향이 강하다. 사람은 좋은 반면 개인적 취향이나 소원에 영향을 받는 일이 많은 편이다.

⑩ 외향 - 직관 - 감정 - 판단(TYPE J)

관심이 외향으로 향하고 개방직이며 누구와도 쉽게 친해질 수 있다. 사물을 보는 관점은 독창적이고 자기 나름대로 궁리하고 생각하는 면이 많다. 좋음과 싫음으로 판단하는 경향이 강하고, 타인에 대해 동정적이기 쉽고 엄격함이 부족한 경향이 있다. 환경에 대해서는 작용하는 편이고 질서 있는 행동을 하는 것을 좋아한다.

⑪ 외향 - 직관 - 사고 - 지각(TYPE K)

관심이 외향으로 향하고 태도가 분명하며 활동적이다. 사물을 보는 관점은 독창적이고 현실과 거리가 있는 추상적인 것을 생각하는 것을 좋아한다. 논리적으로 생각하고 판단하는 경향이 강하고, 공평하지만 상대에 대한 배려가 부족할 때가 있다.

⑫ 외향 - 직관 - 사고 - 판단(TYPE L)

관심이 외향으로 향하고 밝고 명랑한 성격이며 사교적인 것을 좋아한다. 사물을 보는 관점은 독창적이고 논리적인 것을 좋아하기 때문에 이치를 따지는 경향이 있다. 논리적으로 생각하고 판단하는 경향이 강하고 침착성이 뛰어나지만 사람에 대해서 엄격하고 차가운 인상을 주는 경우가 많다. 환경에 대해 작용하는 편이고 계획을 세우고 착실하게 실행하는 것을 좋아한다.

⑬ 외향 - 감각 - 감정 - 지각(TYPE M)

관심이 외향으로 향하고 밝고 활동적이고 교제범위가 넓다. 사물을 보는 관점은 상식적이고 종래대로 있는 것을 좋아한다. 보수적인 경향이 있고 좋아함과 싫어함으로 판단하는 경향이 강하며 타인에게는 친절한 반면, 우유부단한 경우가 많다. 환경에 대해 순응적이고, 융통성이 있고 임기응변으로 대응할 가능성이 높다.

⑭ 외향 – 감각 – 감정 – 판단(TYPE N)

관심이 외향으로 향하고 개방적이며 누구와도 쉽게 대면할 수 있다. 사물을 보는 관점은 상식적이고 논리적으로 생각하기보다는 경험을 중시하는 편이다. 좋아함과 싫어함으로 판단하는 경향이 강하고 감정이 풍부하며 따뜻한 느낌이 있는 반면에 합리성이 부족한 경우가 많다. 환경에 대해서 작용하는 편이고, 한 번 결정한 것은 끈질기게 실행하려고 한다.

⑮ 외향 – 감각 – 사고 – 지각(TYPE O)

관심이 외향으로 향하고 시원한 태도이며 활동적이다. 사물을 보는 관점이 상식적이며 동시에 실천적이고 명백한 형식을 좋아하는 경향이 있다. 논리적으로 생각하고 판단하는 경향이 강하고, 객관적이지만 상대 마음에 대해 배려가 부족한 경향이 있다.

⑯ 외향 – 감각 – 사고 – 판단(TYPE P)

관심이 외향으로 향하고 밝고 명랑하며 사교적인 것을 좋아한다. 사물을 보는 관점은 상식적이고 경험하지 못한 새로운 것에 대응을 잘 하지 못한다. 논리적으로 생각하고 판단하는 경향이 강하고 이성적이지만 사람의 감정에 무심한 경향이 있다. 환경에 대해서는 작용하는 편이고, 자기 페이스대로 꾸준히 성취하는 것을 잘한다.

4 도형심리검사

최근 도형을 이용하여 인성검사를 실시하는 곳이 늘고 있다. 보통 선호하는 도형을 선택하라는 질문으로 이루어지며, 그 선택한 도형을 토대로 지원자의 성향을 파악하는 것이다. 도형심리검사는 간단한 검사과정과 다른 검사에서는 알 수 없는 결과를 알 수 있기 때문에 각광받고 있다. 도형심리검사는 지원자의 기질 확인뿐만 아니라 일부 신경증과 정신병에 대한 확인도 가능하다고 한다. 또한 현재의 심리적인 상태를 진단하는데 유용하다. 그렇기 때문에 기업 채용 시 도형심리검사를 일부 시행하여 결과를 지원자의 성향을 파악하고, 자신의 회사에 적합한 인재인지, 조직문화에 잘 융화될 수 있을지 파악하기 위하여 쓰이고 있다.

(2) 도형심리검사의 예시

① 도형심리검사 시 자주 쓰이는 도형으로는 정사각형, 직사각형, 원형, 삼각형, S형이 있다.

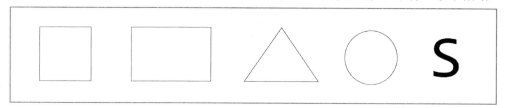

② 각 도형을 선택하였을 때, 일반적으로 평가될 수 있는 성향이다.

    ㉠ **정사각형** : 조직적이며, 성실한 사람이라고 생각되어 진다. 규칙을 지키는 것을 좋아하며, 돌발적인 상황에 대해서는 싫어하는 한편, 팀보다는 혼자서 일하는 것을 좋아하고 체계적으로 근무하는 성향을 보인다고 생각되어질 수 있디.

    ㉡ **직사각형** : 탐험가적인 성향이 있는 사람, 변화를 추구하며 새로운 것을 배우는 것을 잘 수용하는 편이라고 평가될 수 있으며 변화의 선상에 있을 때 많은 사람들이 직사각형의 성향을 겪게 된다고 생각한다.

    ㉢ **삼각형** : 목표를 향해 추구하는 지도자적 타입으로 평가 된다. 자신감이 있으며, 현실을 이야기 하는데 주저함이 없고, 많은 미국 경영인들의 성향과 흡사하다. 하지만 자기중심적이며 독단적일 수도 있다고 생각되어 진다.

    ㉣ **원형** : 사교적인 사람, 공감능력이 좋고 사려 깊음, 커뮤니케이션 능력이 좋고 외향적인 사람으로 평가된다. 하지만 강력한 계급사회를 견디기 힘들어 하기도 한다고 생각되기도 한다.

    ㉤ **S형** : 구불구불한 S형은 창의적인 사람이라고 생각되어 진다. 전체를 볼 줄 알며 일상적이고 재미없는 것을 참기 힘들어 한다고 평가되며, 조직에 완벽히 융화되기 어렵다고 생각되어지기도 한다.

---

5   **인성검사의 대책**

(1) 미리 알아두어야 할 점

① **출제 문항 수** … 인성검사의 출제 문항 수는 특별히 정해진 것이 아니며 각 기업체의 기준에 따라 달라질 수 있다. 보통 100문항 이상에서 600문항까지 출제된다고 예상하면 된다.

② 출제형식

　㉠ '예' 아니면 '아니오'의 형식

다음 문항을 읽고 자신에게 해당되는지 안 되는지를 판단하여 해당될 경우 '예'를, 해당되지 않을 경우 '아니오'를 고르시오.

질문	예	아니오
1. 자신의 생각이나 의견은 좀처럼 변하지 않는다.	○	
2. 구입한 후 끝까지 읽지 않은 책이 많다.		○

다음 문항에 대해서 평소에 자신이 생각하고 있는 것이나 행동하고 있는 것에 ○표를 하시오.

질문	그렇다	약간 그렇다	그저 그렇다	별로 그렇지 않다	그렇지 않다
1. 시간에 쫓기는 것이 싫다.		○			
2. 여행가기 전에 계획을 세운다.			○		

　㉡ A와 B의 선택형식

A와 B에 주어진 문장을 읽고 자신에게 해당되는 것을 고르시오.

질문	선택
A : 걱정거리가 있어서 잠을 못 잘 때가 있다.	(○)
B : 걱정거리가 있어도 잠을 잘 잔다.	( )

(2) 임하는 자세

① 솔직하게 있는 그대로 표현한다 … 인성검사는 평범한 일상생활 내용들을 다룬 짧은 문장과 어떤 대상이나 일에 대한 선로를 선택하는 문장으로 구성되었으므로 평소에 자신이 생각한 바를 너무 골똘히 생각하지 말고 문제를 보는 순간 떠오른 것을 표현한다.

② 모든 문제를 신속하게 대답한다 … 인성검사는 시간제한이 없는 것이 원칙이지만 기업체들은 일정한 시간제한을 두고 있다. 인성검사는 개인의 성격과 자질을 알아보기 위한 검사이기 때문에 정답이 없다. 다만, 기업체에서 바람직하게 생각하거나 기대되는 결과가 있을 뿐이다. 따라서 시간에 쫓겨서 대충 대답을 하는 것은 바람직하지 못하다.

▮1~400▮ 다음 (   ) 안에 진술이 자신에게 적합하면 YES, 그렇지 않다면 NO를 선택하시오(인성검사는 응시자의 인성을 파악하기 위한 자료이므로 정답이 존재하지 않습니다).

	YES	NO
1. 사람들이 붐비는 도시보다 한적한 시골이 좋다.	( )	( )
2. 전자기기를 잘 다루지 못하는 편이다.	( )	( )
3. 인생에 대해 깊이 생각해 본 적이 없다.	( )	( )
4. 혼자서 식당에 들어가는 것은 전혀 두려운 일이 아니다.	( )	( )
5. 남녀 사이의 연애에서 중요한 것은 돈이다.	( )	( )
6. 걸음걸이가 빠른 편이다.	( )	( )
7. 육류보다 채소류를 더 좋아한다.	( )	( )
8. 소곤소곤 이야기하는 것을 보면 자기에 대해 험담하고 있는 것으로 생각된다.	( )	( )
9. 여럿이 어울리는 자리에서 이야기를 주도하는 편이다.	( )	( )
10. 집에 머무는 시간보다 밖에서 활동하는 시간이 더 많은 편이다.	( )	( )
11. 무엇인가 창조해내는 작업을 좋아한다.	( )	( )
12. 자존심이 강하다고 생각한다.	( )	( )
13. 금방 흥분하는 성격이다.	( )	( )
14. 거짓말을 한 적이 많다.	( )	( )
15. 신경질적인 편이다.	( )	( )
16. 끙끙대며 고민하는 타입이다.	( )	( )
17. 자신이 맡은 일에 반드시 책임을 지는 편이다.	( )	( )
18. 누군가와 마주하는 것보다 통화로 이야기하는 것이 더 편하다.	( )	( )
19. 운동신경이 뛰어난 편이다.	( )	( )
20. 생각나는 대로 말해버리는 편이다.	( )	( )
21. 싫어하는 사람이 없다.	( )	( )
22. 학창시절 국·영·수보다는 예체능 과목을 더 좋아했다.	( )	( )

23. 쓸데없는 고생을 하는 일이 많다. ·······················( )( )

24. 자주 생각이 바뀌는 편이다. ···························( )( )

25. 갈등은 대화로 해결한다. ·····························( )( )

26. 내 방식대로 일을 한다. ······························( )( )

27. 영화를 보고 운 적이 많다. ··························( )( )

28. 어떤 것에 대해서도 화낸 적이 없다. ···············( )( )

29. 좀처럼 아픈 적이 없다. ·····························( )( )

30. 자신은 도움이 안 되는 사람이라고 생각한다. ·······( )( )

31. 어떤 일이든 쉽게 싫증을 내는 편이다. ············( )( )

32. 개성적인 사람이라고 생각한다. ·····················( )( )

33. 자기주장이 강한 편이다. ····························( )( )

34. 뒤숭숭하다는 말을 들은 적이 있다. ···············( )( )

35. 인터넷 사용이 아주 능숙하다. ·····················( )( )

36. 사람들과 관계 맺는 것을 보면 잘하지 못한다. ·····( )( )

37. 사고방식이 독특하다. ································( )( )

38. 대중교통보다는 걷는 것을 더 선호한다. ···········( )( )

39. 끈기가 있는 편이다. ·································( )( )

40. 신중한 편이라고 생각한다. ·························( )( )

41. 인생의 목표는 큰 것이 좋다. ······················( )( )

42. 어떤 일이라도 바로 시작하는 타입이다. ···········( )( )

43. 낯가림을 하는 편이다. ·····························( )( )

44. 생각하고 나서 행동하는 편이다. ···················( )( )

45. 쉬는 날은 밖으로 나가는 경우가 많다. ············( )( )

46. 시작한 일은 반드시 완성시킨다. ···················( )( )

47. 면밀한 계획을 세운 여행을 좋아한다. ·············( )( )

48. 야망이 있는 편이라고 생각한다. ···················( )( )

49. 활동력이 있는 편이다. ·····························( )( )

50. 많은 사람들과 왁자지껄하게 식사하는 것을 좋아하지 않는다. ·······( )( )

51. 장기적인 계획을 세우는 것을 꺼려한다. ···········( )( )

52. 자기 일이 아닌 이상 무심한 편이다. ···(　)(　)

53. 하나의 취미에 열중하는 타입이다. ···(　)(　)

54. 스스로 모임에서 회장에 어울린다고 생각한다. ·······························(　)(　)

55. 입신출세의 성공이야기를 좋아한다. ···(　)(　)

56. 어떠한 일도 의욕을 가지고 임하는 편이다. ···································(　)(　)

57. 학급에서는 존재가 희미했다. ···(　)(　)

58. 항상 무언가를 생각하고 있다. ···(　)(　)

59. 스포츠는 보는 것보다 하는 게 좋다. ···(　)(　)

60. 문제 상황을 바르게 인식하고 현실적이고 객관적으로 대처한다. ···(　)(　)

61. 흐린 날은 반드시 우산을 가지고 간다. ···(　)(　)

62. 여러 명보다 1 : 1로 대화하는 것을 선호한다. ·····························(　)(　)

63. 공격하는 타입이라고 생각한다. ···(　)(　)

64. 리드를 받는 편이다. ···(　)(　)

65. 너무 신중해서 기회를 놓친 적이 있다. ···(　)(　)

66. 시원시원하게 움직이는 타입이다. ···(　)(　)

67. 야근을 해서라도 업무를 끝낸다. ···(　)(　)

68. 누군가를 방문할 때는 반드시 사전에 확인한다. ···························(　)(　)

69. 아무리 노력해도 결과가 따르지 않는다면 의미가 없다. ···············(　)(　)

70. 솔직하고 타인에 대해 개방적이다. ···(　)(　)

71. 유행에 둔감하다고 생각한다. ···(　)(　)

72. 정해진 대로 움직이는 것은 시시하다. ···(　)(　)

73. 꿈을 계속 가지고 있고 싶다. ···(　)(　)

74. 질서보다 자유를 중요시하는 편이다. ···(　)(　)

75. 혼자서 취미에 몰두하는 것을 좋아한다. ···(　)(　)

76. 직관적으로 판단하는 편이다. ···(　)(　)

77. 영화나 드라마를 보며 등장인물의 감정에 이입된다. ·····················(　)(　)

78. 시대의 흐름에 역행해서라도 자신을 관철하고 싶다. ·····················(　)(　)

79. 다른 사람의 소문에 관심이 없다. ···(　)(　)

80. 창조적인 편이다. ···(　)(　)

81. 비교적 눈물이 많은 편이다. ···( )( )

82. 융통성이 있다고 생각한다. ···( )( )

83. 친구의 휴대전화 번호를 잘 모른다. ···( )( )

84. 스스로 고안하는 것을 좋아한다. ··( )( )

85. 정이 두터운 사람으로 남고 싶다. ··( )( )

86. 새로 나온 전자제품의 사용방법을 익히는 데 오래 걸린다. ··········( )( )

87. 세상의 일에 별로 관심이 없다. ··( )( )

88. 변화를 추구하는 편이다. ···( )( )

89. 업무는 인간관계로 선택한다. ··( )( )

90. 환경이 변하는 것에 구애되지 않는다. ···( )( )

91. 다른 사람들에게 첫인상이 좋다는 이야기를 자주 듣는다. ············( )( )

92. 인생은 살 가치가 없다고 생각한다. ···( )( )

93. 의지가 약한 편이다. ··( )( )

94. 다른 사람이 하는 일에 별로 관심이 없다. ····································( )( )

95. 자주 넘어지거나 다치는 편이다. ··( )( )

96. 심심한 것을 못 참는다. ··( )( )

97. 다른 사람을 욕한 적이 한 번도 없다. ···( )( )

98. 몸이 아프더라도 병원에 잘 가지 않는 편이다. ·····························( )( )

99. 금방 낙심하는 편이다. ··( )( )

100. 평소 말이 빠른 편이다. ···( )( )

101. 어려운 일은 되도록 피하는 게 좋다. ··( )( )

102. 다른 사람이 내 의견에 간섭하는 것이 싫다. ·································( )( )

103. 낙천적인 편이다. ···( )( )

104. 남을 돕다가 오해를 산 적이 있다. ···( )( )

105. 모든 일에 준비성이 철저한 편이다. ··( )( )

106. 상냥하다는 말을 들은 적이 있다. ···( )( )

107. 맑은 날보다 흐린 날을 더 좋아한다. ··( )( )

108. 많은 친구들을 만나는 것보다 단 둘이 만나는 것이 더 좋다. ·······( )( )

109. 평소에 불평불만이 많은 편이다. ···( )( )

110. 가끔 나도 모르게 엉뚱한 행동을 하는 때가 있다. ·················( )( )

111. 생리현상을 잘 참지 못하는 편이다. ·····························( )( )

112. 다른 사람을 기다리는 경우가 많다. ···························( )( )

113. 술자리나 모임에 억지로 참여하는 경우가 많다. ···········( )( )

114. 결혼과 연애는 별개라고 생각한다. ···························( )( )

115. 노후에 대해 걱정이 될 때가 많다. ···························( )( )

116. 잃어버린 물건은 쉽게 찾는 편이다. ·························( )( )

117. 비교적 쉽게 감격하는 편이다. ·····························( )( )

118. 어떤 것에 대해서는 불만을 가진 적이 없다. ··············( )( )

119. 걱정으로 밤에 못 잘 때가 많다. ···························( )( )

120. 자주 후회하는 편이다. ···( )( )

121. 쉽게 학습하지만 쉽게 잊어버린다. ·························( )( )

122. 낮보다 밤에 일하는 것이 좋다. ·····························( )( )

123. 많은 사람 앞에서도 긴장하지 않는다. ·····················( )( )

124. 상대방에게 감정 표현을 하기가 어렵게 느껴진다. ········( )( )

125. 인생을 포기하는 마음을 가진 적이 한 번도 없다. ·········( )( )

126. 규칙에 대해 드러나게 반발하기보다 속으로 반발한다. ·····( )( )

127. 자신의 언행에 대해 자주 반성한다. ·······················( )( )

128. 활동범위가 좁아 늘 가던 곳만 고집한다. ·················( )( )

129. 나는 끈기가 다소 부족하다. ·································( )( )

130. 좋다고 생각하더라도 좀 더 검토하고 나서 실행한다. ·····( )( )

131. 위대한 인물이 되고 싶다. ·····································( )( )

132. 한 번에 많은 일을 떠맡아도 힘들지 않다. ·················( )( )

133. 사람과 약속은 부담스럽다. ·································( )( )

134. 질문을 받으면 충분히 생각하고 나서 대답하는 편이다. ···( )( )

135. 머리를 쓰는 것보다 땀을 흘리는 일이 좋다. ··············( )( )

136. 결정한 것에는 철저히 구속받는다. ·························( )( )

137. 아무리 바쁘더라도 자기관리를 위한 운동을 꼭 한다. ·····( )( )

138. 이왕 할 거라면 일등이 되고 싶다. ·························( )( )

139. 과감하게 도전하는 타입이다. ┄┄┄┄┄┄┄┄┄┄┄┄┄┄┄┄┄( )( )

140. 자신은 사교적이 아니라고 생각한다. ┄┄┄┄┄┄┄┄┄┄┄┄┄( )( )

141. 무심코 도리에 대해서 말하고 싶어진다. ┄┄┄┄┄┄┄┄┄┄┄( )( )

142. 목소리가 큰 편이다. ┄┄┄┄┄┄┄┄┄┄┄┄┄┄┄┄┄┄┄┄┄┄┄( )( )

143. 단념하기보다 실패하는 것이 낫다고 생각한다. ┄┄┄┄┄┄┄( )( )

144. 예상하지 못한 일은 하고 싶지 않다. ┄┄┄┄┄┄┄┄┄┄┄┄┄( )( )

145. 파란만장하더라도 성공하는 인생을 살고 싶다. ┄┄┄┄┄┄┄( )( )

146. 활기찬 편이라고 생각한다. ┄┄┄┄┄┄┄┄┄┄┄┄┄┄┄┄┄┄┄( )( )

147. 자신의 성격으로 고민한 적이 있다. ┄┄┄┄┄┄┄┄┄┄┄┄┄( )( )

148. 무심코 사람들을 평가한다. ┄┄┄┄┄┄┄┄┄┄┄┄┄┄┄┄┄┄┄( )( )

149. 때때로 성급하다고 생각한다. ┄┄┄┄┄┄┄┄┄┄┄┄┄┄┄┄┄( )( )

150. 자신은 꾸준히 노력하는 타입이라고 생각한다. ┄┄┄┄┄┄┄( )( )

151. 터무니없는 생각이라도 메모한다. ┄┄┄┄┄┄┄┄┄┄┄┄┄┄┄( )( )

152. 리더십이 있는 사람이 되고 싶다. ┄┄┄┄┄┄┄┄┄┄┄┄┄┄┄( )( )

153. 열정적인 사람이라고 생각한다. ┄┄┄┄┄┄┄┄┄┄┄┄┄┄┄┄( )( )

154. 다른 사람 앞에서 이야기를 하는 것이 조심스럽다. ┄┄┄┄┄( )( )

155. 세심하기보다 통찰력이 있는 편이다. ┄┄┄┄┄┄┄┄┄┄┄┄┄( )( )

156. 엉덩이가 가벼운 편이다. ┄┄┄┄┄┄┄┄┄┄┄┄┄┄┄┄┄┄┄┄( )( )

157. 여러 가지로 구애받는 것을 견디지 못한다. ┄┄┄┄┄┄┄┄( )( )

158. 돌다리도 두들겨 보고 건너는 쪽이 좋다. ┄┄┄┄┄┄┄┄┄┄( )( )

159. 자신에게는 권력욕이 있다. ┄┄┄┄┄┄┄┄┄┄┄┄┄┄┄┄┄┄┄( )( )

160. 자신의 능력보다 과중한 업무를 할당받으면 기쁘다. ┄┄┄┄( )( )

161. 사색적인 사람이라고 생각한다. ┄┄┄┄┄┄┄┄┄┄┄┄┄┄┄┄( )( )

162. 비교적 개혁적이다. ┄┄┄┄┄┄┄┄┄┄┄┄┄┄┄┄┄┄┄┄┄┄┄┄( )( )

163. 좋고 싫음으로 정할 때가 많다. ┄┄┄┄┄┄┄┄┄┄┄┄┄┄┄┄( )( )

164. 전통에 얽매인 습관은 버리는 것이 적절하다. ┄┄┄┄┄┄┄( )( )

165. 교제 범위가 좁은 편이다. ┄┄┄┄┄┄┄┄┄┄┄┄┄┄┄┄┄┄┄( )( )

166. 발상의 전환을 할 수 있는 타입이라고 생각한다. ┄┄┄┄┄┄( )( )

167. 주관적인 판단으로 실수한 적이 있다. ┄┄┄┄┄┄┄┄┄┄┄┄( )( )

YES　NO

168. 현실적이고 실용적인 면을 추구한다. ·····················(　)(　)

169. 타고난 능력에 의존하는 편이다. ························(　)(　)

170. 다른 사람을 의식하여 외모에 신경을 쓴다. ··············(　)(　)

171. 마음이 담겨 있으면 선물은 아무 것이나 좋다. ············(　)(　)

172. 여행은 내 마음대로 하는 것이 좋다. ··················(　)(　)

173. 추상적인 일에 관심이 있는 편이다. ···················(　)(　)

174. 큰일을 먼저 결정하고 세세한 일을 나중에 결정하는 편이다. ·····(　)(　)

175. 괴로워하는 사람을 보면 답답하다. ···················(　)(　)

176. 자신의 가치기준을 알아주는 사람은 아무도 없다. ··········(　)(　)

177. 인간성이 없는 사람과는 함께 일할 수 없다. ·············(　)(　)

178. 상상력이 풍부한 편이라고 생각한다. ·················(　)(　)

179. 의리, 인정이 두터운 상사를 만나고 싶다. ··············(　)(　)

180. 인생은 앞날을 알 수 없어 재미있다. ·················(　)(　)

181. 조직에서 분위기 메이커다. ·······················(　)(　)

182. 반성하는 시간에 차라리 실수를 만회할 방법을 구상한다. ······(　)(　)

183. 늘 하던 방식대로 일을 처리해야 마음이 편하다. ···········(　)(　)

184. 쉽게 이룰 수 있는 일에는 흥미를 느끼지 못한다. ··········(　)(　)

185. 좋다고 생각하면 바로 행동한다. ····················(　)(　)

186. 후배들은 무섭게 가르쳐야 따라온다. ·················(　)(　)

187. 한 번에 많은 일을 떠맡는 것이 부담스럽다. ·············(　)(　)

188. 능력 없는 상사라도 진급을 위해 아부할 수 있다. ··········(　)(　)

189. 질문을 받으면 그때의 느낌으로 대답하는 편이다. ··········(　)(　)

190. 땀을 흘리는 것보다 머리를 쓰는 일이 좋다. ·············(　)(　)

191. 단체 규칙에 그다지 구속받지 않는다. ·················(　)(　)

192. 물건을 자주 잃어버리는 편이다. ····················(　)(　)

193. 불만이 생기면 즉시 말해야 한다. ···················(　)(　)

194. 안전한 방법을 고르는 타입이다. ····················(　)(　)

195. 사교성이 많은 사람을 보면 부럽다. ··················(　)(　)

196. 성격이 급한 편이다. ···························(　)(　)

197. 갑자기 중요한 프로젝트가 생기면 혼자서라도 야근할 수 있다. ··············( )( )

198. 내 인생에 절대로 포기하는 경우는 없다. ··············( )( )

199. 예상하지 못한 일도 해보고 싶다. ··············( )( )

200. 평범하고 평온하게 행복한 인생을 살고 싶다. ··············( )( )

201. 상사의 부정을 눈감아 줄 수 있다. ··············( )( )

202. 자신은 소극적이라고 생각하지 않는다. ··············( )( )

203. 이것저것 평하는 것이 싫다. ··············( )( )

204. 자신은 꼼꼼한 편이라고 생각한다. ··············( )( )

205. 꾸준히 노력하는 것을 잘 하지 못한다. ··············( )( )

206. 내일의 계획이 이미 머릿속에 계획되어 있다. ··············( )( )

207. 협동성이 있는 사람이 되고 싶다. ··············( )( )

208. 동료보다 돋보이고 싶다. ··············( )( )

209. 다른 사람 앞에서 이야기를 잘한다. ··············( )( )

210. 실행력이 있는 편이다. ··············( )( )

211. 계획을 세워야만 실천할 수 있다. ··············( )( )

212. 누구라도 나에게 싫은 소리를 하는 것은 듣기 싫다. ··············( )( )

213. 생각으로 끝나는 일이 많다. ··············( )( )

214. 피곤하더라도 웃으며 일하는 편이다. ··············( )( )

215. 과중한 업무를 할당받으면 포기해버린다. ··············( )( )

216. 상사가 지시한 일이 부당하면 업무를 하더라도 불만을 토로한다. ··············( )( )

217. 또래에 비해 보수적이다. ··············( )( )

218. 자신에게 손해인지 이익인지를 생각하여 결정할 때가 많다. ··············( )( )

219. 전통적인 방식이 가장 좋은 방식이라고 생각한다. ··············( )( )

220. 때로는 친구들이 너무 많아 부담스럽다. ··············( )( )

221. 상식적인 판단을 할 수 있는 타입이라고 생각한다. ··············( )( )

222. 너무 객관적이라는 평가를 받는다. ··············( )( )

223. 안정적인 방법보다는 위험성이 높더라도 높은 이익을 추구한다. ··············( )( )

224. 타인의 아이디어를 도용하여 내 아이디어처럼 꾸민 적이 있다. ··············( )( )

225. 조직에서 돋보이기 위해 준비하는 것이 있다. ··············( )( )

	YES	NO

226. 선물은 상대방에게 필요한 것을 사줘야 한다. ·····( )( )

227. 나무보다 숲을 보는 것에 소질이 있다. ·····( )( )

228. 때때로 자신을 지나치게 비하하기도 한다. ·····( )( )

229. 조직에서 있는 듯 없는 듯한 존재이다. ·····( )( )

230. 다른 일을 제쳐두고 한 가지 일에 몰두한 적이 있다. ·····( )( )

231. 가끔 다음 날 지장이 생길 만큼 술을 마신다. ·····( )( )

232. 같은 또래보다 개방적이다. ·····( )( )

233. 사실 돈이면 안 될 것이 없다고 생각한다. ·····( )( )

234. 능력이 없더라도 공평하고 공적인 상사를 만나고 싶다. ·····( )( )

235. 사람들이 자신을 비웃는다고 종종 여긴다. ·····( )( )

236. 내가 먼저 적극적으로 사람들과 관계를 맺는다. ·····( )( )

237. 모임을 스스로 만들기보다 이끌려가는 것이 편하다. ·····( )( )

238. 몸을 움직이는 것을 좋아하지 않는다. ·····( )( )

239. 꾸준한 취미를 갖고 있다. ·····( )( )

240. 때때로 나는 경솔한 편이라고 생각한다. ·····( )( )

241. 때로는 목표를 세우는 것이 무의미하다고 생각한다. ·····( )( )

242. 어떠한 일을 시작하는데 많은 시간이 걸린다. ·····( )( )

243. 초면인 사람과도 바로 친해질 수 있다. ·····( )( )

244. 일단 행동하고 나서 생각하는 편이다. ·····( )( )

245. 여러 가지 일 중에서 쉬운 일을 먼저 시작하는 편이다. ·····( )( )

246. 마무리를 짓지 못해 포기하는 경우가 많다. ·····( )( )

247. 여행은 계획 없이 떠나는 것을 좋아한다. ·····( )( )

248. 욕심이 없는 편이라고 생각한다. ·····( )( )

249. 성급한 결정으로 후회한 적이 있다. ·····( )( )

250. 많은 사람들과 왁자지껄하게 식사하는 것을 좋아한다. ·····( )( )

251. 상대방의 잘못을 쉽게 용서하지 못한다. ·····( )( )

252. 주위 사람이 상처받는 것을 고려해 발언을 자제할 때가 있다. ·····( )( )

253. 자존심이 강한 편이다. ·····( )( )

254. 생각 없이 함부로 말하는 사람을 보면 불편하다. ·····( )( )

255. 다른 사람 앞에 내세울 만한 특기가 서너 개 정도 었다. ·············( )( )

256. 거짓말을 한 적이 한 번도 없다. ·······························( )( )

257. 경쟁사라도 많은 연봉을 주면 옮길 수 있다. ···············( )( )

258. 자신은 충분히 신뢰할 만한 사람이라고 생각한다. ··········( )( )

259. 좋고 싫음이 얼굴에 분명히 드러난다. ·····················( )( )

260. 다른 사람에게 욕을 한 적이 한 번도 없다. ···············( )( )

261. 친구에게 먼저 연락을 하는 경우가 드물다. ···············( )( )

262. 밥보다는 빵을 더 좋아한다. ·······························( )( )

263. 누군가에게 쫓기는 꿈을 종종 꾼다. ·······················( )( )

264. 삶은 고난의 연속이라고 생각한다. ·······················( )( )

265. 쉽게 화를 낸다는 말을 듣는다. ···························( )( )

266. 지난 과거를 돌이켜 보면 괴로운 적이 많았다. ···········( )( )

267. 토론에서 진 적이 한 번도 없다. ·························( )( )

268. 나보다 나이가 많은 사람을 대하는 것이 불편하다. ········( )( )

269. 의심이 많은 편이다. ·····································( )( )

270. 주변 사람이 자기 험담을 하고 있다고 생각할 때가 있다. ··( )( )

271. 이론만 내세우는 사람이라는 평가를 받는다. ·············( )( )

272. 실패보다 성공을 먼저 생각한다. ·························( )( )

273. 자신에 대한 자부심이 강한 편이다. ·····················( )( )

274. 다른 사람들의 장점을 잘 보는 편이다. ··················( )( )

275. 주위에 괜찮은 사람이 거의 없다. ·······················( )( )

276. 법에도 융통성이 필요하다고 생각한다. ··················( )( )

277. 쓰레기를 길에 버린 적이 없다. ·························( )( )

278. 차가 없으면 빨간 신호라도 횡단보도를 건넌다. ··········( )( )

279. 평소 식사를 급하게 하는 편이다. ·······················( )( )

280. 동료와의 경쟁심으로 불법을 저지른 적이 있다. ··········( )( )

281. 자신을 배신한 사람에게는 반드시 복수한다. ·············( )( )

282. 오히려 고된 일을 헤쳐 나가는데 자신이 있다. ···········( )( )

283. 착한 사람이라는 말을 들을 때가 많다. ··················( )( )

284. 업무적인 능력으로 칭찬 받을 때가 자주 있다. ·····················( )( )

285. 개성적인 사람이라는 말을 자주 듣는다. ·····························( )( )

286. 누구와도 편하게 대화할 수 있다. ··································( )( )

287. 나보다 나이가 많은 사람들하고도 격의 없이 지낸다. ···········( )( )

288. 사물의 근원과 배경에 대해 관심이 많다. ·························( )( )

289. 쉬는 것보다 일하는 것이 편하다. ································( )( )

290. 계획하는 시간에 직접 행동하는 것이 효율적이다. ···············( )( )

291. 높은 수익이 안정보다 중요하다. ··································( )( )

292. 지나치게 꼼꼼하게 검토하다가 시기를 놓친 경험이 있다. ·······( )( )

293. 이성보다 감성이 풍부하다. ·······································( )( )

294. 약속한 일을 어기는 경우가 종종 있다. ··························( )( )

295. 생각했다고 해서 꼭 행동으로 옮기는 것은 아니다. ·············( )( )

296. 목표 달성을 위해서 타인을 이용한 적이 있다. ·················( )( )

297. 적은 친구랑 깊게 사귀는 편이다. ································( )( )

298. 경쟁에서 절대로 지고 싶지 않다. ································( )( )

299. 내일해도 되는 일을 오늘 안에 끝내는 편이다. ·················( )( )

300. 정확하게 한 가지만 선택해야 하는 결정은 어렵다. ·············( )( )

301. 시작하기 전에 정보를 수집하고 계획하는 시간이 더 많다. ·····( )( )

302. 복잡하게 오래 생각하기보다 일단 해나가며 수정하는 것이 좋다. ····( )( )

303. 나를 다른 사람과 비교하는 경우가 많다. ·······················( )( )

304. 개인주의적 성향이 강하여 사적인 시간을 중요하게 생각한다. ····( )( )

305. 논리정연하게 말을 하는 편이다. ·································( )( )

306. 어떤 일을 하다 문제에 부딪히면 스스로 해결하는 편이다. ·····( )( )

307. 업무나 과제에 대한 끝맺음이 확실하다. ·························( )( )

308. 남의 의견에 순종적이며 지시받는 것이 편안하다. ·············( )( )

309. 부지런한 편이다. ···( )( )

310. 뻔한 이야기나 서론이 긴 것을 참기 어렵다. ···················( )( )

311. 창의적인 생각을 잘 하지만 실천은 부족하다. ·················( )( )

312. 막판에 몰아서 일을 처리하는 경우가 종종 있다. ···············( )( )

313. 나는 의견을 말하기에 앞서 신중히 생각하는 편이다. ·····························( )( )

314. 선입견이 강한 편이다. ··( )( )

315. 돌발적이고 긴급한 상황에서도 쉽게 당황하지 않는다. ······················( )( )

316. 새로운 친구를 사귀는 것보다 현재의 친구들을 유지하는 것이 좋다. ···········( )( )

317. 글보다 말로 하는 것이 편할 때가 있다. ···································( )( )

318. 혼자 조용히 일하는 경우가 능률이 오른다. ·······························( )( )

319. 불의를 보더라도 참는 편이다. ···( )( )

320. 기회는 쟁취하는 사람의 것이라고 생각한다. ·····························( )( )

321. 사람을 설득하는 것에 다소 어려움을 겪는다. ·····························( )( )

322. 착실한 노력의 이야기를 좋아한다. ···( )( )

323. 어떠한 일에도 의욕없이 임하는 편이다. ···································( )( )

324. 학급에서는 존재가 두드러졌다. ···( )( )

325. 아무것도 생각하지 않을 때가 많다. ·······································( )( )

326. 스포츠는 하는 것보다는 보는 게 좋다. ····································( )( )

327. '좀 더 노력하시오'라는 말을 듣는 편이다. ································( )( )

328. 비가 오지 않으면 우산을 가지고 가지 않는다. ····························( )( )

329. 1인자보다는 조력자의 역할을 좋아한다. ···································( )( )

330. 의리를 지키는 타입이다. ···( )( )

331. 리드를 하는 편이다. ··( )( )

332. 신중함이 부족해서 후회한 적이 있다. ·····································( )( )

333. 여유 있게 대비하는 타입이다. ···( )( )

334. 업무가 진행 중이라도 야근을 하지 않는다. ·······························( )( )

335. 생각날 때 방문하므로 부재중일 때가 있다. ·······························( )( )

336. 노력하는 과정이 중요하고 결과는 중요하지 않다. ·························( )( )

337. 무리해서 행동할 필요는 없다. ···( )( )

338. 종교보다 자기 스스로의 신념을 더 중요하게 생각한다. ···················( )( )

339. 정해진 대로 움직이는 편이 안심된다. ·····································( )( )

340. 현실을 직시하는 편이다. ···( )( )

341. 자유보다 질서를 중요시하는 편이다. ·······································( )( )

342. 모두와 잡담하는 것을 좋아한다. ·····················( )( )

343. 경험에 비추어 판단하는 편이다. ·····················( )( )

344. 영화나 드라마는 각본의 완성도나 화면구성에 주목한다. ··········( )( )

345. 시대의 흐름 속에서 자신을 살게 하고 싶다. ···············( )( )

346. 다른 사람의 소문에 관심이 많은 편이다. ················( )( )

347. 실무적인 편이다. ·······························( )( )

348. 비교적 냉정한 편이다. ·························( )( )

349. 협조성이 있다고 생각한다. ····················( )( )

350. 오랜 기간 사귄 친한 친구가 많은 편이다. ···············( )( )

351. 정해진 순서에 따르는 것을 좋아한다. ·················( )( )

352. 이성적인 사람으로 남고 싶다. ·····················( )( )

353. 평소 조바심을 느끼는 경우가 종종 있다. ···············( )( )

354. 세상의 일에 관심이 많다. ·····················( )( )

355. 안정을 추구하는 편이다. ·······················( )( )

356. 업무는 내용으로 선택한다. ·····················( )( )

357. 되도록 환경은 변하지 않는 것이 좋다. ················( )( )

358. 밝은 성격이다. ·······························( )( )

359. 별로 반성하지 않는다. ·························( )( )

360. 자신을 시원시원한 사람이라고 생각한다. ···············( )( )

361. 활동범위가 비교적 넓은 편이다. ···················( )( )

362. 좋은 사람이 되고 싶다. ·························( )( )

363. 사람과 만날 약속은 즐겁다. ·····················( )( )

364. 이미 결정된 것이라도 그다지 구속받지 않는다. ············( )( )

365. 공과 사는 확실히 구분해야 된다고 생각한다. ·············( )( )

366. 지위에 어울리면 된다. ·························( )( )

367. 도리는 상관없다. ·····························( )( )

368. '참 착하네요'라는 말을 자주 듣는다. ·················( )( )

369. 단념이 중요하다고 생각한다. ·····················( )( )

370. 누구도 예상하지 못한 일을 해보고 싶다. ···············( )( )

371. 평소 몹시 귀찮아하는 편이라고 생각한다. ···············( )( )

372. 특별히 소극적이라고 생각하지 않는다. ·····················(　)(　)

373. 자신은 성급하지 않다고 생각한다. ························(　)(　)

374. 내일의 계획은 머릿속에 기억한다. ························(　)(　)

375. 엉덩이가 무거운 편이다. ·································(　)(　)

376. 특별히 구애받는 것이 없다. ·····························(　)(　)

377. 돌다리는 두들겨 보지 않고 건너도 된다. ·················(　)(　)

378. 활동적인 사람이라고 생각한다. ·························(　)(　)

379. 비교적 보수적이다. ····································(　)(　)

380. 전통을 견실히 지키는 것이 적절하다. ····················(　)(　)

381. 교제 범위가 넓은 편이다. ·······························(　)(　)

382. 너무 객관적이어서 실패하는 경우가 종종 있다. ············(　)(　)

383. 내가 누구의 팬인지 주변의 사람들이 안다. ···············(　)(　)

384. 가능성보다 현실이다. ··································(　)(　)

385. 그 사람에게 필요한 것을 선물하고 싶다. ·················(　)(　)

386. 여행은 계획적으로 하는 것이 좋다. ·····················(　)(　)

387. 구체적인 일에 관심이 있는 편이다. ·····················(　)(　)

388. 일은 착실히 하는 편이다. ·······························(　)(　)

389. 괴로워하는 사람을 보면 우선 이유를 생각한다. ············(　)(　)

390. 가치 기준은 자신의 밖에 있다고 생각한다. ···············(　)(　)

391. 밝고 개방적인 편이다. ··································(　)(　)

392. 현실 인식을 잘하는 편이라고 생각한다. ··················(　)(　)

393. 시시해도 계획적인 인생이 좋다. ························(　)(　)

394. 특정 인물이나 집단에서라면 가볍게 대화할 수 있다. ·······(　)(　)

395. 사물에 대해 가볍게 생각하는 경향이 있다. ···············(　)(　)

396. 계획을 정확하게 세워서 행동하는 것을 못한다. ···········(　)(　)

397. 주변의 일을 여유 있게 해결한다. ·······················(　)(　)

398. 생각한 일은 반드시 행동으로 옮긴다. ····················(　)(　)

399. 목표 달성에 별로 구애받지 않는다. ·····················(　)(　)

400. 경쟁하는 것을 좋아하지 않는다. ························(　)(　)

PART

IV

면접

01 면접의 기본

1 면접의 준비

면접관은 면접을 통해서 서류만으로는 알 수 없었던 당신에 대해서 알고 싶어 한다. 성품과 지적 수준, 잠재능력 등은 서류만으로는 확인할 수 없다. 이에 기업은 면접을 통하여 지원자가 회사에 이익을 가져다 줄 수 있는 우수한 인재인지 검증하려는 것이다.

최근에는 서류전형은 일정한 자격만 갖추면 통과할 수 있도록 가능성을 넓히고, 다양한 면접을 통해서 지원자들의 역량을 평가하는 기업이 늘고 있다. 단순히 SPEC으로 지원자를 판단하는 것이 아니라 여러 가지 상황과 질문에 대처해 나가는 자세를 보고 사람을 평가하겠다는 취지인 것이다.

이에 따라 지원자들은 면접관이 중요하게 생각하는 사항과 최근 면접의 유형, 그리고 각 기업의 정보를 통해서 면접에 철저하게 대비할 필요가 있다.

2 면접관의 주요 평가 사항

(1) 첫인상

면접시간이 짧은 만큼 첫인상이 당락에 차지하는 비중은 상당하다. 자세, 표정, 목소리, 사회인으로서의 기본 매너, 복장 등에 의해 첫인상이 결정되므로 이에 대한 준비는 철저하게 하는 것이 좋다.

① 답변에만 신경을 쓰거나 긴장하다 보면 다리를 떠는 등 평소의 좋지 않은 습관을 드러낼 수 있으므로 주의하여야 한다.

② 면접은 처음 몇 초, 지원자가 인사하는 모습에 의해 판가름 나기도 한다. 긴장한 나머지 구부정한 자세와 작은 목소리로 인사하게 되면 좋은 인상을 주기 어렵다. 큰 목소리로 밝게 인사하여 면접관이 자신에게 호감을 느끼도록 만들어야 한다.

③ 지나친 당당함, 거친 걸음걸이 등 무례한 태도로는 면접관에게 호감을 줄 수 없다.

④ 등을 굽히거나 몸을 움츠리고 있으면 소극적이고 소심한 사람으로 보일 수 있다. 머리를 심하게 만지거나 옷매무새를 빈번하게 고치게 되면 면접관이 지원자의 답변에 집중하지 못한다.

⑤ 논쟁의 여지가 있는 주제에 대해서는 면접관과 심각하게 논쟁할 필요가 없다. 자신의 주장을 겸손하게 드러내는 것으로 족하다.

⑥ 미리 준비한 모범답변으로 의기양양하게 대답한다거나 쉽고 간결하게 답할 수 있음에도 불구하고 장황하게 설명하는 모습은 면접관을 불쾌하게 할 수 있다.

⑦ 시선을 피해 입실하여 면접관을 힐끗힐끗 쳐다보거나, 두리번거리는 모습으로는 호감을 줄 수 없다. 지원자가 눈길을 피하는 순간에도 면접관은 지원자에게 오감을 집중하고 있다.

(2) 1분 자기소개

1분 자기소개의 가장 효과적인 방법은 절도 있는 자기소개나 명랑한 아이디어가 아니다. 바로 자신이 업계와 기업에 대하여 관심이 많고, 기업에 유익한 인재임을 설득력 있게 소개하는 것이다.

① **상품가치** … 업계의 트렌드, 회사의 당면과제를 짚어주고 자신의 강점이 회사에 얼마나 도움이 되는지 소개하여야 한다.

② **에피소드** … 에피소드를 활용하여 자신의 강점을 보다 객관적, 구체적으로 전달하여야 한다. 그 경험을 통해 얻은 교훈과 성과를 덧붙여 자신의 강점이 직무에 큰 도움이 됨을 보여주는 것이다.

(3) 업무에 대한 열정 및 기본능력

기업은 업무수행과정에서 발생하는 여러 난관을 극복하고 직무를 지속해서 담당할 수 있는 능력과 열정을 갖춘 인재를 원한다. 따라서 무기력한 이미지를 보여주거나, 지원 분야에 대해 관심이 적고 업무와 관련된 기본 지식이 부족해 보이는 지원자는 채용하지 않는다.

① **열정** … 업무를 제대로 수행하기 위해서는 전문성도 중요하지만 지원 분야에 대한 의욕과 도전정신이 반드시 필요하기 때문에 열정 역시 중요한 평가 대상이 된다.
　　㉠ **자세** : 면접에 임하는 태도만으로도 열의를 보여줄 수 있다. 등은 곧게 펴고 시선은 면접관을 정면으로 바라보며 대답은 크고 자신감 있게 하여야 한다.
　　㉡ **자기소개** : 해당 분야와 직무에 관한 트렌드 및 당면과제를 언급하고, 이에 대한 의견과 대안 등을 제시함으로써 그 분야에 열정을 가진 인재임을 보여주어야 한다.

ⓒ 질문 면접관이 질문할 기회를 준다면 복리후생에만 집착하는 모습을 보이지 않도록 하고, 직무에 관련된 질문을 함으로써 지원 분야에 대한 열정을 드러내어야 한다.

ⓔ **마지막으로 하고 싶은 말** : 마지막으로 할 말이 있느냐는 질문에는 오히려 지망 분야의 전문가로 성장하기 위한 노하우 등을 되묻는 것도 좋다.

② **업무수행능력** … 직무에 필수적인 전문성 외에도 담당 업무를 원활히 수행하는데 필요한 기본 능력을 평가한다.

ⓐ **사고력** : 이해력, 분석력, 창의력 등의 기초적인 사고 능력

ⓑ **팀워크** : 호감을 유발하는 언어구사력, 원활한 의사소통 능력과 같이 팀 단위의 업무수행에 영향을 주는 요소

ⓒ **업무에 대한 이해도** : 업무수행에 필요한 기초 지식, 업무 프로세스 이해 등 담당 업무 전반에 대한 이해력

(4) 인성

면접관은 지원자의 답변을 통해 타인과 잘 어울리고 업무를 제대로 수행할 만한 인격을 갖추었는지를 평가한다.

① Key point … 기업 특유의 인재상과 같이 기업은 지원자의 인성에 대한 나름의 평가 기준을 가지고 있다. 지원자가 이런 기업의 요구에 자신의 강점을 연결시켜 소개하는 것도 좋지만 자신의 개성을 알고 이를 직무와 연관된 강점으로 부각시키는 것이 더욱 중요하다.

② 평가요소

ⓐ **사교성 및 협조성** : 말투, 표정에서 친밀감을 표현하는지, 타 지원자의 의견을 경청하고 있으며, 정확한 의사소통능력을 보여주는지를 본다.

ⓑ **이해력 및 표현력** : 타인의 말을 바르게 이해하고 이에 대한 자신의 생각을 명확하게 전하는지, 알기 쉬운 말투로 적절한 표현을 하고 있는지를 살펴본다.

ⓒ **성실성** : 침착한 자세로 끈기 있게 답변하고 있는지 무책임한 답변을 하고 있지는 않는지 살펴본다.

ⓔ **외관이나 언행 등** : 답변 시 표정이나 태도와 압박 질문에 어떤 대응을 살펴본다. 또 외관이 청결하고 자세는 바른지 살펴본다.

(5) 적성 적합 여부

위의 조건을 모두 갖추고, 스펙도 좋으며 업무에 대한 열정도 있지만 지원자의 적성이 업무에 적합하지 않은 것으로 평가되어 불합격하는 경우도 있다. 그 만큼 지원자의 적성이 중요한 평가 대상인 것이다.

① 사전조사 … 미리 지원 분야와 담당할 직무를 조사하여 해당 분야에 관심과 지식이 많다는 것을 보여주어야 한다.

② 연결고리 … 사전 조사한 내용을 자신의 인성적인 측면에서의 강점과 연결하여 담당 직무에 어떻게 기여할 것인지를 보여준다면, 면접관은 지원자가 직무를 담당하기에 적합한 적성을 가진 사람이라고 생각하게 된다.

3 면접 과정

(1) 입실

① 노크 … 2, 3회 정도 하는 것이 기본이다. 노크하는 간격에 여유를 두고, 면접 장소로 들어가기 전부터 미소를 머금도록 하여야 한다. 집단 면접에서는 첫 번째 사람만 노크한다. 입실 후에는 시끄럽지 않을 정도의 큰 소리로 인사를 하고 웃는 얼굴로 자리로 이동한다.

② 착석 … 서 있을 때는 등을 곧게 펴고, 머리를 숙이지 않도록 한다. 웃는 얼굴로 서 있다가 면접관이 자리에 앉으라고 할 때는 눈길을 마주하고 자신의 성명을 밝히며 간단히 인사한 후 자리에 앉는다. 자리에 앉을 때에는 신발 뒤꿈치를 가지런하게 하고, 다리가 벌어지지 않도록 주의하여 자세가 흐트러지지 않도록 한다. 착석 후에는 어깨의 힘을 빼고 등은 곧게 편다. 무릎 위에 손을 가지런히 두고 의자의 등받이와 등 사이에 주먹을 넣을 정도의 간격을 두어 깊게 앉도록 한다.

(2) 대화

① 시선 … 면접관의 질문에 답변할 때는 상대방의 아이 존(눈매로부터 넥타이 부근까지)에 눈길을 두자. 턱을 들어 올리며 눈을 살며시 아래로 뜨는 거만한 자세는 아닌지, 턱을 너무 집어넣어 눈을 치켜뜨며 노려보고 있지는 않은지 점검한다. 또, 타 지원자가 답변할 때는 천장이나 아래를 보며 어색해하거나 다른 생각에 빠져 있지 않도록 주의한다.

② 표정… 인상이 좋아 보이는 눈매가 되기 위해서는 눈을 적절히 크게 뜨는 것이 좋으며, 항상 상대방과 시선을 마주치면서 미소를 짓는다. 면접관의 이야기에 귀 기울이다가 인상적인 말에는 적절한 반응을 취하도록 한다.

③ 목소리… 목소리에 기운이 있고 밝아 보인다는 인상을 면접관에게 주도록 한다. 이름이 호명될 때 긴장하지 않은 목소리로 크게 대답한다. 말하는 속도는 적절히 조절하여 안정적인 분위기를 유도하는 것이 유리하다.

④ 태도… 면접 도중 자주 머리를 만지든지 옷을 신경 쓰는 모습을 보여주지 않도록 한다. 정서불안이나 긴장하고 있음을 나타내는 증거이기 때문이다.

(3) 퇴실

① 인사… 면접이 끝나면 일어나서 정중하게 인사하고 퇴장한다. 이때 지나치게 허리를 굽혀 인사하면 오히려 좋은 인상을 주지 못한다. 밝은 인상으로 천천히 30도 정도 굽혀 인사하는 모습이 훨씬 공손해 보인다. 인사한 후에는 의자를 정리하는 것을 잊지 않도록 한다.

② 표정… 간혹 실수했다는 생각에 빠져 어두운 표정을 짓는 지원자도 있다. 그러나 당신이 크게 실수했다고 자책하는 부분을 면접관이 아무렇지 않게 여기는 경우도 있다. 면접의 결과를 예상하여 들뜨거나 낙심하지 말고 끝까지 최선을 다하는 것이 중요하다.

4 면접의 유형

(1) 개인면접

① 특징
　㉠ 형식 : 면접관 1~3명이 지원자 1명을 평가하는 형식으로 지원자에 대한 심도 있는 평가가 가능하다. 면접관과 독대하는 경우가 많으므로 상당히 긴장할 수 있다. 하지만 집단 면접보다는 차분하게 이야기를 나눌 수 있으므로 면접관에게 질문이 있으면 해도 좋다.
　㉡ 평가항목 : 답변의 내용뿐 아니라 자세와 태도 및 기본 매너 등을 관찰한다.
② 대책
　㉠ 진실성 : 특히 개인면접은 장시간에 걸쳐 연속해서 질문을 받게 되므로 솔직하게 답변하는 것이 좋다.

ⓛ 기회 : 비교적 많은 시간이 주어지므로 자기소개, 지원동기 등을 통해서 자신의 생각을 분명히 나타낼 수 있다.

ⓒ 대화 : 답변을 외워서 대답하는 것보다 실수하지 않을 정도로 암기하고 자연스럽게 대화하는 기분으로 면접에 임하는 것이 좋다.

(2) 집단면접

① 특징

ⓖ 형식 : 집단면접은 다수의 지원자를 여러 명 혹은 한 명의 면접관이 대면한다. 주로 면접관이 질문하고 지원자가 순서대로 답변하는 형식이다.

ⓛ 평가항목 : 논리력, 표현력, 설득력, 사회성 등을 주로 평가한다.

② 대책

ⓖ 명확성 : 각자에게 배당된 시간이 적은만큼 간결하고 확실하게 답하는 것이 중요하다.

ⓛ 경청 : 다른 지원자의 발표를 경청하도록 한다. 일부 지원자들은 긴장한 나머지 자신의 답변만 신경쓰는데, 이때 면접관이 타 지원자의 답변에 대한 의견을 물어오면 당황할 수 있다.

(3) 그룹토의

① 특징

ⓖ 형식 : 다수의 지원자가 한 주제에 대해 토의하게 된다. 평가항목 의사소통능력, 리더십, 팀워크, 전문지식 등을 평가한다.

ⓛ 진행방식 : 주제에 대해 자유롭게 대화하는 자유토론 형식과 대립하는 2개 조로 나뉘어서 토론하는 디베이트(debate) 형식이 있다.

② 대책

ⓖ 적극성 : 면접에 적극적으로 임하려는 자세와 타인의 의견을 경청하는 태도가 중요하다.

ⓛ 배려 : 타 지원자의 발언을 모두 들은 후에 자신의 의견을 제시해야 하며, 소극적이고 발언이 적은 지원자를 배려해주면 좋은 평가를 받을 수 있다.

(4) 그룹과제

① 특징

    ㉠ 형식 : 다수의 지원자로 구성된 그룹에 과제가 주어지고 구성원들이 협력하여 과제를 해
        결해 나가게 된다.

    ㉡ 평가항목 : 집단 속에서의 협력성, 적극성과 독창성 등을 주로 평가받는다.

② 대책

    ㉠ 협동 : 개인의 능력을 과시하고 성과에 집착하기보다 집단 속에서 잘 어우러져 협력하는
        모습을 보여주는 것이 중요하다.

    ㉡ 업무파악능력 : 전반적인 작업 과정을 빠르게 파악하여 자신의 역할을 바르게 이해하고,
        정확한 발언과 행동을 하는 것이 중요하다.

    ㉢ 리더십 : 자신만의 리더십을 겸손하게 보여주면 더욱 좋은 평가를 받을 수 있다.

(5) PT면접

① 특징

    ㉠ 형식 : 사전에 준비된 과제를 부여받아 정해진 시간 내에 발표하는 것으로서 주로 기획
        능력이 필요한 분야에서 시행하는 형식이다. 최근에는 거의 모든 업계에서 PT면접을 진
        행하고 있다.

    ㉡ 평가요소 : 기획력, 전문지식에 대한 이해력을 주로 평가받는다.

② 대책

    ㉠ 규정 : 시간, 자료, 분량의 제한 등을 통해 규칙을 준수하는 의식을 평가하므로 규정 준수가
        중요하다.

    ㉡ 문제해결능력 : PT주제는 거의 전공과 관련된 문제가 많다. 사실 지원자들에게 확실한 답
        변을 얻기 위한 것이라기보다는 문제를 해결해 나가는 능력과 순발력을 평가하기 위한
        면접이다. 모르는 문제라고 해서 당황하거나 자신감 없는 모습을 보이는 것보다는 자신
        만의 논리를 가지고 자신감 있게 문제를 해결해 나가는 모습을 보여주는 것이 좋다.

(6) 합숙면접

① 특징

　㉠ **형식** : 면접관과 지원자가 하루 혹은 이틀 동안 합숙하는 형식이다.

　㉡ **평가요소** : 적응력, 문제해결능력, 팀워크, 리더십을 주로 평가하며 면접관은 지원자의 숨겨진 재능까지도 유심히 살핀다.

② 대책

　㉠ **자연스러움** : 새로운 친구를 사귀는 기분으로 다른 지원자들과 자연스럽게 어울리며 자신의 능력을 한껏 드러내도록 한다.

　㉡ **팀워크, 리더십** : 팀을 이루어 수행하는 과제가 대부분이므로 팀에 잘 융화되고 타 지원자들을 적극적으로 리드하는 모습을 보여주면 좋은 평가를 받을 수 있다.

02 면접기출

❋ SR 면접기출

1. 자기소개를 해보시오. 성격, 별명 등을 포함하여 간단히 소개하시오.

2. 지원동기에 대해 말해보시오.

3. 본인만의 무기가 무엇이라고 생각하는가?

4. 본인이 대외활동이나 봉사활동, 아르바이트 등을 포함하여 성공적으로 마쳤거나 즐겁게 참여했었던 활동에 대해 말해보시오.

5. 고객이 클레임을 걸어온다면 본인은 어떻게 대처할 것인가?

6. 객실장이 하는 일이 무엇인지 아는 대로 이야기해 보시오.

7. 덩치가 크고 온 몸에 문신을 하고 있는 한 남성이 객실 내에서 흡연을 하고 있다면 어떻게 하겠는가?

8. 본인이 할 줄 아는 제2외국어는 무엇인가?

9. 우리 회사에 지원한 이유는 무엇인가?

10. 본인의 강점과 약점에 대해 말해보시오.

11. SR이 도입하면 좋은 서비스는 무엇이 있는가?

12. 객실칸 가방 안에 폭탄이 설치되어 있을 경우 어떻게 대처하겠는가?

13. 열차 출발 시간이 지나 문을 닫고 출발하려는데 몸이 불편하신 할머니가 오고 계신다면 어떻게 하겠는가?

14. 철도에 대해 본인만이 알고 있는 것이 있는가?

15. 역무원은 무엇을 하는 직업이라고 알고 있는가?

16. 본인의 전공을 직무에 활용할 방법에 대해 말해보시오.

17. 본인을 한 단어로 표현해보시오.

18. 최근에 감명 깊게 본 책이 있다면 이야기해 보시오.

19. 우리 회사에 대해 아는 대로 이야기해 보시오.

20. 기차에 대해 아는 대로 설명해 보시오.

21. 우리 회사를 어떻게 알게 되었는지 말해보시오.

22. SRT의 영업속도에 대해 말해보시오.

23. 외국인들에게 앞차 때문에 우리 열차가 지연된다는 설명으로 영어로 해보시오.

24. 외국인 승객에게 본인의 자리가 아닌 곳에 앉아 있다는 것을 영어로 설명해 보시오.

서원각과 함께

꿈의 날개를 펴요

한전KPS

KAC 한국공항공사

안전보건공단

예금보험공사

온라인강의와
함께 공부하자!

공무원 | 자격증 | NCS | 부사관·장교

네이버 검색창과 유튜브에 소정미디어를 검색해보세요.
다양한 강의로 학습에 도움을 받아보세요.

유튜브무료강의

소정미디어 홈페이지에서
다양한 강의를 확인해보세요.